괴테 사전 II

GOETHE LEXIKON II

괴테 사전 II

한국괴테학회

HU:iNE

발간사

이번 〈괴테사전〉은 1차 『괴테사전』의 증보판이 아닌 『괴테사전2』로 간행하게 되었다. 지난 2016년 말경 『괴테사전』이 처음 발간되었을 때, 후속 사전이 증보판의 이름도 고려할 수 있다고 했지만 실제 작업 추진에서 사전의 연관성과 독립성을 적절히 고려하고 미래 작업을 위해 『괴테사전2』로 결정했다.

하지만 이번 2차 〈괴테사전〉의 간행은 1차 『괴테사전』의 연장선상에서 이루어졌기 때문에 사전의 기본적 체제와 형식은 그대로 유지했다. 1차 작업의 경험에 힘입어 편집/발간위원회를 축소해서 구성했고, 편집의 원칙도 1차에 준용했다. 이를테면 사전 1, 2장의 주제를 〈인물〉과 〈지역〉으로 시작해서, 〈소설/산문〉, 〈드라마〉, 〈시/서사시〉의 문학 장르를 그 다음으로, 〈개념〉과 〈문학/예술/자연〉에 관한 장을 그 후에 배치했다. 1차와 같은 방식이다. 각 장 항목의 선정은 괴테의 함부르크 작품 선집과 프랑크푸르트 및 뮌헨 판 작품 선집에서 2차 사전작업으로 미리 선정해 둔 것을 바탕으로 개별 필자들의 기고를 검토해서 보충했다. 개별 항목의 분량도 필자들의 원고를 최대한 존중해서 가

급적 분량을 정하지 않고 허용했다. 다만 항목의 순서는 1차와는 달리 일괄 가나다 순으로 수록했다. 또한 일부 고유명사의 우리말 표기법을 출판사의 표기 방식에 따라 변화시켰다. 대표적으로 쉴러를 '실러'로, 괴팅엔을 '괴팅겐'으로 통일한 것이 그 예다. 독일어 고유명사의 발음에 따르면 각각 전자가 옳지만 현재 시중 출판물에서 대부분 후자를 선택하고 있기 때문에 아쉽지만 출판사의 권유를 수용했다. 이렇게 하면 인터넷 등의 검색에서 용이한 측면이 있는 것은 장점이라 위무한다.

이번 사전은 원래 1차 사전에서 빠진 중요한 작품들과 항목들을 보완하는 성격으로 간행을 준비하게 되었다. 이를테면 소설 『독일 피난민들의 대화』와 산문 『프랑스 출정』과 『마인츠 포위』 등이나 『공범자들』과 『연인의 변덕』 등의 드라마, 『크세니엔』과 『헤르만과 도로테아』 등의 운문 작품 등이 그러하다. 또한 슐레겔과 훔볼트 형제, 안나 아말리아, 셸링, 피히테, 뫼저 등의 당대 인물에서 현대의 토마스 만과 헤세까지 이르는 인물과 미국과 중국 등의 지역, '범신론'과 '영원히 여성적인 것'의 개념 등이 수록되었다.

나아가 이번 사전에서 보강된 특징적 내용이라 할 수 있는 것은 8장의 '편지 교환'과 9장의 '괴테와 세계/문화' 부분이다. 18세기 후반 독일에서 편지 혹은 편지 교환은 독특한 문화사적 의미를 지니고 있다. 당시 서간은 단순히 사적 소식을 교환하는 수단이 아니라 인간의 삶과 일상에 대한 기록이자 그 보관 수단으로 역할했다. 나아가 문인, 작가는 물론 적지 않은 여성들의 경우 그것은 문학적 표현 도구이기도 했다. 서간 소설이나 서간 문학이 익숙하게 되었던 것도 이런 맥락 때문이다. 괴테 역시 여기에 많은 기여를 했다. 그의 『베르테르/베르터』 소설이 그렇고, 그가 교환한 편지들이 그것을 전시하고 있다. 그의 다양한 편지들은 시대를 보여주는 방대한 자료로 역할한다. 이런 사정은 비단 괴테만이 아니다. 실러 역시 비슷했다. 이번 사전에 수록된 〈괴테와 실러의 편지 왕래〉와 〈샤를로테 폰 슈타인과 서신 왕래〉는 괴테 주변의 대표적 인물에 속하는 실러와 슈타인 부인과 주고받은 편지들을 통해 그 시대 맥락의 일단을 알 수 있게 해주었다.

또한 9장에 수록된 〈괴테와 경제〉, 〈괴테와 미국 독립〉, 〈화가 괴테〉 등의 항목은 지금까지 괴테와 관련해서 많이 알려지지 않은 부분이라 할 수 있다. 다소 생소한 이 내용들은 일반 대중들에게는 더욱 그럴 것이지만, 괴테 연구에서는 충분히 가치가 있는 분야이며 앞으로도 연구가 기대되는 영역이다. 일반 독자들은 이 항목들을 통해 괴테가 가졌던 관심 영역의 넓이와 깊이를 새삼 짐작할 수 있을 것이다. 이를테면 〈괴테와 경제〉는 당대에 본격 형성되었던 경제학과 그 분야의 지식을 괴테가 어떻게 수용하고 그의 경제학적 시각을 형성했는지 보여주는 내용을 찾을 수 있다. 비슷하게 〈괴테와 미국 독립〉은 괴테가 가진 미국에 대한 시각은 물론 미국 독립에 대한 입장을 보여주는 것이라 흥미롭고, 〈화가 괴테〉는 평생 그림을 그리는 데 관심을 가졌던 괴테가 미술에 대해 가졌던 시각을 쉽게 설명하는 내용으로 의미가 있다.

우리가 간행하는 『괴테사전』의 지향점이 괴테문학과 괴테에 관심 있는 일반 독자들을 염두에 두고 있다는 점은 이미 1차 간행에서 밝힌 바 있는데, 이번 2차 〈괴테사전〉에서도 같은 원칙으로 집필했지만, 독일에서 간행된 자료를 참고하고 개별 필자들의 연구를 추가했기 때문에 일부 전문적인 내용들이 있을 수도 있다. 그런 경우 일차적으로 색인을 이용해서 관련 내용을 찾아볼 것을 권한다. 어떤 경우 1차 『괴테사전』도 참조하면 도움이 될 수 있으리라 생각한다.

또한 좀 더 상세한 설명이나 정보가 필요하다면 각 항목의 집필자들에게 직접 연락해서 알아보거나 우리 학회로 연락해도 도움을 받을 수 있을 것이다. 일반 독자들의 관심과 질문에 우리 학회는 항상 열려 있음을 특별히 언급해 둔다.

이번 『괴테사전2』는 총 9장, 49항목으로 분량으로만 본다면 1차보다 다소 축소되었는데, 일단 1차 『괴테사전』에 계획했으나 소개되지 못한 항목들을 중심으로 구성했기 때문이다. 하지만 내용 면에서는 많은 항목에서 최신의 관련 연구 동향이나 업데이트 된 자료를 알려주고 있어 결코 1차에 뒤지지 않는다고 말할 수 있다. 특히 괴테 관련 새로운 분야나 항목들을 수록한 것은 2차 사전이 『괴테사전2』로 간행된 이유를 잘 보여준다. 다만 기고를 부탁드린 집필자들 중에 시간과 상황이 여의치 않아 이번에 수록하지 못한 경우도 있고, 최신의 연구 분야나 흥미 있는 주제 내지 항목을 중심으로 계획은 했으나 집필하지 못한 경우도 있어 적잖이 아쉬움이 남는 것도 사실이다. 이런 점에서 3차 〈괴테사전〉 작업이 필요함을 고백할 수밖에 없는데, 차후 『괴테사전3』의 간행이 실현될 수 있기를 기대해본다.

이번 2차 괴테사전 작업은 1차 『괴테사전』의 간행(임우영 회장)에서 계획되어 곧바로 전창배 회장 재임 시에 2차 괴테사전 편집위원회(위원장 조우호)가 구성되어 추진되었고, 후임 오순희 회장 재임 시기에는 더욱 적극적으로 지원을 아끼지 않았다. 이전 회장과 회장단에 진심으로 감사를 말씀을 전한다. 무엇보다 어려운 시기에 기꺼이 집필을 맡아주신 집필자들 한분 한분의 노고에 감사드리며, 아울러 이번 사전에서 많은 항목을 기꺼이 맡아 열정적으로 옥고를 보내주셨던 안진태 교수님과 1차 사업에 참여한 한철 교수님께서 안타깝게도 타계하신 것에 추도의 말씀과 심심한 조의를 진심으로 표한다. 마지막으로 2차 사전도 계속 맡아준 출판사와 애초 편집위원으로 참여했다가 사정상 끝까지 하지 못한 장제형 교수님과 조향 박사님에게도 감사의 말씀을 드린다.

2021년 2월
『괴테사전2』 편집/발간위원(조우호, 정원석, 서송석, 김혜진) 일동을 대신해서
한국괴테학회장 조우호

차례

Chapter Ⅱ 지역

Chapter Ⅲ 소설 / 산문

Chapter Ⅳ 드라마

Chapter Ⅴ 시 / 서사시 / 담시

Chapter Ⅵ 개념

Chapter Ⅶ 문학 / 예술 / 자연에 관한 글들

Chapter Ⅷ 편지 교환

Chapter Ⅸ 괴테와 세계/문화

Chapter Ⅰ
인물

GOETHE LEXIKON II

발터 벤야민

바이마르 공화국 시대 독일의 유대계 지식인이자 비평가인 발터 벤야민Walter Benjamin(1892–1940)이 청년기부터 품은 생각은 위기에 처한 유럽 문화를 유대 정신으로 완성하고 구제하는 일이었다. 일찍이 20세기 독일어권 최고의 비평가라는 자부심을 표명하기도 하고, 비범한 사변적 능력과 고도로 문학적인 문체가 결합된 글들을 남긴 그는 생전에는 무명의 작가였다. 하지만 그는 문예학·예술학·미학·철학·인류학·사회학·정치학·매체 이론 등 여러 분야를 아우르는 이론적 성찰을 펼쳤고, 이 점에서 오늘날 이른바 '통섭'적 사유를 선취한 이론가로 주목받고 있다. '정치적인 것으로의 전환'을 이룬 1920년대 중반부터 그는 초기의 형이상학적·신학적 사유를 역사적 유물론의 방향으로 다듬으면서 독특한 사유를 펼쳐 나간다. 그러나 초기의 글들에도 후기에 전유한 유물론적 사유의 맹아들이 이미 다분히 함축되어 있다.

그가 괴테에 관해 쓴 글들 가운데 소설 『친화력』에 대한 비평인 「괴테의 친화력」과 백과사전 항목 「괴테」가 가장 길고 중요한 글이지만, 그 밖에도 괴테 관련 문헌들에 대한 서평이 다수 있다. 괴테를 주제로 다루지 않은 글들에서도 괴테에 대한 언급이 여러 맥락에서 종종 등장한다. 『일방통행로』에서는 꿈에 괴테를 만나는 장면을 기록하기도 한다. 「독일 낭만주의의 예술비평 개념」의 말미에 초기 낭만파의 예술관과 괴테의 예술관을 비교한 글은 고전주의와 낭만주의의 핵심적인 차이를 성찰한 점에서 주목할 만하다. 또한 「보들레르의 몇 가지 모티프에 관하여」와 「기술 복제 시대의 예술 작품」에서 '아름다운 가상(미적 가상)' 또는 '아우라'와 관련해 괴테를 고전적 미의 정수를 파악하고 표현한 작가로 인용하면서 논의하는 부분도 중요하다. 그에 따르면 고전적 미의 본질을 파악한 것은 헤겔이 아니라 괴테였다. 한편 벤야민은 「괴테의 친화력」을 쓴 뒤에 괴테의 『판도라』와 「새로운 멜루지네」에 대한 연구를 계속하려고 했으나 이 계획은 실현되지 못한다. 그는 "커다란 영향을 끼쳤던 모든 것은 원래 더 이상 판단될 수 없다"라는 괴테의 명제에 맞서 일찍이 자신의 비평관을 정립했다. 그도 그럴 것이 벤야민에 따르면 커다란 영향을 끼친 고전 작품이야말로 바로 비평을 요구하기 때문이다.

전체적으로 볼 때 괴테는 벤야민에게 중요한 작가임이 틀림없지만, 괴테를 대하는 그의 태도는 '대가Olympier'를 대하는 숭배의 태도가 결코 아니다. 오히려 그는 신학적·형이상학적 성격이 두드러진 초기의 글들에서 이미 후기의 유물론적 단계에서 더욱 분명하게 드러날 역사철학적인 해석 작업을 펼친다. 그의 신학과 유물론은 사람들이 통상적으로 이해하는 교조주의에서 벗어나 있다. 이는 연구자들이 그의 신학을 '부정신학', '반反신학', '역신학'으로 특징짓는 데서도 알 수 있다. 그는 자신의 유물론을 마르크스의 역사적 유물론에 정향한 '인간학적 유물론'으로 특징짓는다. 그리고 두 요소는 변증법적으로 매개되어 있다. 이제 「괴테의 친화력」과 「괴테」를 상세히 살펴보기로 하자.

우선 1922년 집필을 시작해 1924년 《신독일 기고Neue Deutsche Beiträge》지에 실린 에세이 「괴테의 친화력」은 '친화력–에세이'로 불리며, 박사학위 논문 「독일 낭만주의의 예술비평 개념」(1919) 그리고 교수 자격 논문인 『독일 비애극의 원천』('비애극서', 1928)과 함께 초·중기 벤야민의 주요 3대 저작 가운데 하나다. 스스로 '전범典範적 비평'이라고 자부한 이 에세이에서 그는 괴테의 이 소설과 자신의 시대 사이에 존재하는 100년이 넘는 역사적 거리를 충분히 의식하고서, 괴테의 신화적 예술관에 대한 비판적 성찰뿐만 아니라 그동안의 괴테 문헌학을 비롯해 괴테 문학의 수용사 그리고 이른바 '정신사적 방법론'으로 알려진 동시대 강단 독문학의 풍토에 대한 논쟁적 비판도 펼친다.

벤야민이 이 만년의 괴테 작품을 택한 것은 여러 차원에서 의미가 깊다. 우선 괴테는 독일 문학을 대표하는 고전 작가인 데다 그의 사상은 벤야민이 자신의 비평관을 정립하거나 여러 이론적 성찰을 할 때 끊임없이 참조해 왔으며 또한 벤야민이 근대 독일 문학비평의 모범으로 본 《아테네움Athenäum》이라는 잡지를 통해 혁신적인 비평 활동을 펼친 초기 낭만파가 철학적 비평의 전범으로 제시한 것이 바로 괴테의 『빌헬름 마이스터의 수업시대』 비평이기도 하기 때문이다. 또한 당시의 정신사적 문예학을 지배해 온 관찰 방식, 특히 '괴테 숭배'의 분위기에 대한 날카로운 비판을 전개하는데, 이것은 그 자신의 비평관을 드러내기 위해 피할 수 없는 대결 부분이기도 했다. 그는 이 에세이를 그러한 관찰 방식과 분위기의 중심에 있는 당대 문예학의 거장 프리드리히 군돌프Friedrich Gundolf의 괴테 해석에 대한 적법한 심판으로 의도했다고 밝혔다.

또한 이 에세이는 초기에 일찍 형성된 그의 비평관을 비롯해 미학, 예술철학, 언어철학, 역사철학적 사유의 모티프들이 집약되어 있다는 점에서 벤야민 연구에서 빠뜨릴 수 없는 중요한 저술이다. 예를 들어 이 에세이는 얼마 뒤 『독일 비애극의 원천』에서 탐구될 모티프들을 선취하고 있으며, 「폭력비판을 위하여」와 「운명과 성격」 등에서 전개한 신화, 법, 죄, 성격, 운명과 같은 모티프들, 특히 나중에 기술 복제-논문과 보들레르-에세이에서 집중적으로 논의하게 될 '아우라' 개념의 원형으로서 '아름다운 가상'의 모티프도 천착하고 있다.

벤야민은 나중에 이 에세이를 두고 "작품을 그 자체로부터 밝혀내고자 한 생각"을 실현하고자 했다고 밝힌다. 그는 이 에세이에서 괴테의 소설에 대한 철학적 비평을 시도하고 또한 비평의 방법론에 대한 철학적 성찰과 연관된 새로운 개념들을 도입하지만, 그것을 작품에 대한 철저히 내재적이고 문헌학적인 분석을 바탕으로 전개한다. 이것은 그가 에세이 모두冒頭에서 비평이 추구한다고 정의한 '진리 내용'이 결국 '사실 내용'의 진리 내용으로 판명된다고 하는 언명에도 상응한다. 따라서 진리 내용을 추구하는 비평은 사실 내용을 추구하는 주해를 바탕으로 해야 하고, 문헌학은 비평과 구별되면서도 비평의 근거가 되는데, 그렇다면 결국 비평은 주해의 자기 인식인 셈이다.

이 에세이에서 또 한 가지 특기할 점은 글의 구성이 벤야민이 즐겨 사용하는 변증법적인 삼분三分 구조를 취하는 점이다. 즉 전체를 이루는 세 개의 장은 각각 '정립Thesis으로서의 신화', '반정립Antithesis으로서의 구원', '종합Synthesis으로서의 희망'으로 나뉜다. (이 제목들은 이 당시 적어둔 노트에서 밝혀졌지만, 실제로 발표된 글은 장과 절의 구별 없이 한 덩어리로 되어 있다.) 또한 각 장은 내재비평의 원칙들을 각각 주해와 전기傳記와 철학과의 관계 속에서 논구하는 이론적 성찰들로 시작한다. 그런데 종합에 구원이 아니라 '희망의 신비'가 놓인다는 점도 특이하다.

왜냐하면 신화적 폭력이 정립이라면 우리는 신화에 대한 비판이 반정립이 되고 결국 소설을 구원하는 것이 종합이라고 생각하기 쉽기 때문이다.

벤야민은 이 에세이의 제1부 '정립으로서의 신화'에서 "신화적인 것이 이 책의 사실 내용이다. 소설의 내용은 괴테 시대의 의상을 입고 벌이는 신화적인 그림자놀이로서 나타난다"고 규정한다. 나중에 이러한 신화에 대한 반정립으로서 구원의 모티프가 작품 자체에서, 즉 이 소설 속에 삽입된 노벨레 「놀라운 이웃 아이들」에서 전개된다. 그러나 종합으로서의 희망은 다시금 소설 자체에서 실현된다. 이때 신화에 대한 비판(반정립)의 심급은 노벨레에서만 추적되지 않고 소설 자체에서—자세히 말하면 소설의 주인공 오틸리에가 구현하는 꺼져가는 '아름다운 가상'과 '화자의 태도'에서—추적된다. 여하튼 신화에 대한 벤야민의 비판은 작품의 사실 내용을 이루는 신화적 소재층에 대한 비판이기만 한 것이 아니라, 스스로 신화에 대한 두려움 속에 살아가고 창작하면서도 여러 차원에서 신화적 마법을 부리는 작가의 태도에 대한 비판이기도 하며, 더 나아가 작가 괴테를 신화화·영웅화하는 문헌학의 태도에 대한 비판도 포괄한다. 따라서 어떤 의미에서는 벤야민적 비평의 특징을 신화 비판이라고 할 수 있다.

벤야민의 신화 개념의 특징은 그가 이 에세이에서 언명하듯이 "진리에 대해 갖는 파괴적 무차별성", 인식 불가능성, '이의성二義性, Zweideutigkeit'이다. 아울러 신화적인 것은 그가 「운명과 성격」에서 처음 제시했고 이 에세이에서도 다시 인용하는 명제, 즉 "운명은 살아 있는 것의 죄 연관이다"라는 명제에서 표명되고 있듯이, 불행으로서의 운명을 의미하고, 자연적이고 단순한 생명이 정신이 결여된 채 연루되어 있는 영역을 뜻한다. 그런데 벤야민에 따르면 이러한 신화와 운명의 영역은 인간의 역사에서 이성과 정신을 집약적으로 표현한다고 여겨지는 법法에 의해 극복된 것이 아니라 오히려 그 법에 의해 상속되어 왔다. 그러한 법 규범 가운데 하나가 바로 사랑이 결여된 상태의 결혼이라는 제도다. 물론 결혼 자체가 신화적인 것은 아니다. 그러나 오틸리에와 에두아르트의 사랑은 소설에서 이미 의심스러운 상태로 제시된다. 벤야민에 따르면 결국 사랑에는 결단과 충실성이 전제되는데, 이것들이 결여된 결혼은 결국 그것이 깨질 때 신화적이고 파괴적인 힘들을 방출하게 되고, 이 힘들의 희생 제물이 된 것이 바로 소설의 주인공들이다. 이 소설에서 신화적 폭력의 발현을 가져오는 것은 이 결혼이라는 제도만이 아니다. 벤야민에 따르면 이 소설을 관통하는 "괴테적 형상화의 전형" 자체가 "죽음의 상징학"이다. 소설의 등장인물들과 이들의 행동에서뿐만 아니라 소설 곳곳에 등장하는 사물과 사건들 거의 모두에서 드러나는 죽음의 상징은 바로 이 모든 것을 예속하는 신화적 폭력의 증거다. "왜냐하면 가장 내적으로 상이한 느낌 앞에서도 굳게 관철되는 '모든 동일한 것의 영원회귀'는 운명의 징표이기 때문이다. 그 운명이 여러 사람의 삶 속에서 동일하게 작용하든 아니면 개인에게서 반복적으로 작용하든 마찬가지다." 그에 따라 벤야민은 이 소설에 대한 비평을 위해 무엇보다 이 소설이 독자에게 끼치는 마법적이고 심미적인 영향을 감당하고 규명할 능력이 있는 '이성'을 요구한다.

그렇다면 그가 이 소설의 사실 내용으로 규정한 신화적인 것(운명, 영원회귀)과 비평이 드러내야 할 진리 내용 간에는 어떤 관계에 있는가? 벤야민은 신화와 진리의 관계에 대해 이렇게 설명한다. "신화 속에는 진리가 없다. 왜냐하면 신화 속에는 어떠한 일의성도 없고, 그에 따라 오류도 없기 때문이다. 그러나 신화에 대한 진리라는 것도 있을 수 없기 때문에(왜냐하면 진리는 사태 속에만 있고 사실성은 진리 속에만 있기 때문에), 신화의 정신에 관한 한, 단 하나의 인식만이 있다. 그리고 진리의 현존이 가능해야 한다면, 그것은 오로지 신화의 인식이라는 조건 아래에서만 가능하다. 즉 신화가 진리에 대해 갖는 파괴적 무차별성에 대한 인식이 그것이다." 벤야민의 의미심장한 이 말에 따르면 비평이 추구하는 진리 내용은 다름 아닌 사실 내용으로서의 '신화적인 것'에 대한 통찰, 신화와 진리의 거짓 동일성에 대한 인식이다.

그리고 비평의 이러한 인식을 가능케 하는 것은 바로 비평가가 그 작품 자체에서 전개하는, 비평가 자신의 현재에 대한 역사철학적 해석이다. 이 역사철학적 해석은 작품에서 잠재적으로 주어진 것이기는 하지만 근본적으로 해석하는 자의 '구성'의 결과이다. 그에 따라 비평은 이중적 의미를 띠는데, 즉 텍스트에 대한 역사적 서술이면서 동시에 비평가의 현재에 대한 인식의 서술이다.

그러나 벤야민은 이 에세이에서 작품의 신화적 층위를 해독하는 데 머물지 않고, 그것을 넘어 이러한 인식을 가능케 한 실마리를 소설 자체에서 입증하면서 소설을 구제한다. 그는 작가 괴테의 삶 속에 이 신화적 세계로부터 벗어나고자 하는 노력이 함께 작용하고 있음을 강조한다. 그가 그 증거로 드는 것은 소설에 삽입된 「놀라운 이웃 아이들」이라는 노벨레인데, 그는 이 노벨레로부터 소설의 신화적 세계 전체에 대한 비판적 빛이 비춰 나온다고 해석한다. 아울러 그는 소설 자체에서도 '표현할 수 없는 것'—사랑하는 연인들 위에 '떨어지는 별'로 묘사된 구절—의 표현에서 그러한 구제의 모티프를 읽어 낸다.

벤야민의 역사철학적 신화 비판은 한편으로 작품이 그 언어적 구조에서 표현하는 신화적인 것을 신화적인 것 자체로 인식하면서(작품의 파괴), 다른 한편으로는 작품을 신화적인 것을 극복하려는 작가의 무의식적 노력의 증거물로서 변증법적으로 구제하는 것(작품의 구제)을 목표로 삼고 있음을 드러내 준다. 흔히 벤야민적 비평을 '구제 비평'으로 특징짓는데, 이것이 「괴테의 친화력」에서 구현되고 있다.

또한 벤야민의 신화 비판의 모티프를 두고 보자면 괴테의 소설을 두고 수행한 신화 비판은 나중에 그의 미완의 주저인 『파사주』 프로젝트에서 텍스트의 차원을 넘어 현실과 역사의 차원에서 집약적으로 수행된다. 모더니티가 형성된 19세기의 현대는 일견 과학과 이성이 지배한 시대인 듯 보이지만, 상품을 만들어 내는 사회로서 '상품 물신'과 그것이 빚어내는 신화적 '꿈' 또는 '마술 환등Phantasmagoria'이 지배한 시대였다. 이 19세기를 꿈의 층위 속으로 깊이 침잠시키지 않고서는 그 꿈에서 온전히 깨어날 수 없다. 벤야민이 「괴테의 친화력」에서 소설이 펼치는 신화적인 것의 세계에 침잠해 깨어나는 순간 읽어 내는 이미지(역사철학적 인식)는 보들레르를 비롯해 19세기의 현대가 펼치는 신화적인 꿈에서 깨어나는 순간 읽어 내는 이미지와 같은 구조를 보여 준다.

그렇다면 이렇게 소설의 사실 내용인 '신화적인 것'에 대한 인식과 그에 대한 비판을 정립과 반정립으로 읽어 낸 뒤 종합에서는 어떤 인식으로 구제가 이뤄질까? 벤야민의 구제 비평은 그 인식을 소설 속에서 아무런 희망도 없이 몰락하는 주인공 오틸리에와 에두아르트에 대해 소설의 화자가 품었다고 비평가가 상정하는 '희망'의 신비로 제시한다. "오로지 희망 없는 자들을 위해 우리에게 희망이 주어져 있다"가 바로 그 명제다. 그리고 이 명제는 어떤 의미에서는 그의 마지막 글인 「역사의 개념에 대해」(일명: 역사철학 테제)를 요약해 주는 명제이기도 하다. 이 글의 2번 테제에 따르면, 우리가 실패한 과거의 역사를 기억하는 이유는, 한때 가능성으로 존재했지만 결국 실현되지 못한 채 좌절되고 흘러가 버린 과거가 품은 기대와 약속을 실현하기 위해서다. 또 그것을 지금 여기에서 실현할 수 있는 '미약한 메시아적 힘'이 우리에게 주어져 있다면, 우리는 지상에서 기다려졌던 사람들이다. 우리에게 희망이 주어져 있는 것은 우리를 위해서가 아니라 희망 없는 자들—괴테의 소설에서는 몰락해 가는 두 주인공—을 위해서이고, 바로 희망 없는 자들을 구제함으로써 우리 자신을 구제할 수 있다. '희망의 신비'는 이처럼 벤야민 사상의 초기와 후기를 관통하는 역사철학적 구제 비평의 전범을 보여 준다고 할 수 있다. 그리고 그 구제가 작품 자체에서 이뤄짐으로써 내재비평의 원칙, 즉 작품의 비평은 작품의 자기비판이라는 원칙도 구현된다. 또한 이로써 고전적 작품에 대한 벤야민 초기의 형이상학적 비평은 후기의 유물론적 역사철학과 별개의 것이 아니라 내용적으로 긴밀하게 상통함을 알 수 있다. 결국 벤야민은 이 희망과 구원의 모티프를 끊임없이 생각했던 것이고, 그것을 19세기 역사에 적용한 것이 바로 『파사주』 프로젝트라고 할 수 있다. 그로써 벤야민에게서 역사철학적 사유는 결코 초·중기의 사유와 단절된 유물론적 후기 단계의 특징이 아니라는 점, 그에게서 형이상학적 언어철학과 예술철학은 후기의 유물론적 정치철학 또는 정치 신학과 긴밀하게 연결되어 있다는 점도 확인할 수 있다.

'좌파 아웃사이더'로서 자신의 지적 작업을 적극 마르크스주의적 방향으로 조정해 나가기 시작한 20년대 중반 벤야민은 러시아 대백과사전 신판에 실릴 「괴테」 항목에 대해 마르크스주의적 관점에서 써 달라는 청탁을 받는다. 그는 이 과제를 맡으면서 기존의 문학사 서술 방식과 변별되는 마르크스주의적 서술 방식을 실험하고자 하며 흥미를 갖고 추진하게 된다. 그러나 그가 나중에 「모스크바 일기」에서 고백하듯이 이 글은 수많은 우여곡절을 거쳐 러시아의 사전편찬위원회에서 심사를 받고 거절되다가 결국 왜곡된 형태로 출판된다. 벤야민은 "사람들은 근본적으로 한 작가의 삶이 아니라 사후의 영향만을 유물론적으로 기술할 수 있다"고 말한다. 왜냐하면 "한 예술가의 삶과 단순히 시간이 흐르면서 생성된 그의 전 작품은 그의 사후의 삶을 도외시한다면 유물론적 분석을 위해 아무런 대상도 제공하지 못하기 때문"이라는 것이다. 여기서 '사후의 삶'이란 작가의 사후에 작품이 영향을 끼쳐 온 역사를 가리킨다. 벤야민 자신의 비평을 포함해 해석·비평·번역이 이 '사후의 삶'에 속한 형식들로서 각각의 고유한 특징이 있으면서 모두 창조적인 행위이며, 이들은 평화롭게 공존하기만 하는 게 아니라 '현재성'을 두고 서로 각축을 벌이면서 그때그때 새로운 인식을 준비한다.

벤야민은 인식과 실천, 역사와 현재 사이의 긴장을 해체해 버린 채 문학 작품에 대한 인식을 문화재에 대한 박물관적 지식으로 환원하는 당대 문예학의 비역사적 태도를 비판하면서 문예학과 문학사의 역사철학적 과제를 다음과 같이 제시한다.

> 중요한 것은 문학 작품들을 그것들의 시대의 연관 속에서 서술하는 일이 아니라, 그것들이 탄생한 시대 속에서 그것들을 인식한 시대, 즉 우리 자신의 시대를 기술하는 일이다. 이로써 문학은 역사의 기관이 되며, 문학을 그렇게 만드는 일—문헌들을 역사의 소재 영역으로 만드는 대신—이야말로 바로 문학사의 과제다(「문학사와 문예학」).

그렇기 때문에 벤야민에게는 엄밀한 의미에서 문학사와 "예술사는 존재하지 않는다". 이 말은 예술 작품이 수용자의 주관적 인상에 따라 다양하게 해석

될 수 있다는 뜻이 아니며, 예술사란 그때그때 현재의 관점에서 새로이 해석되고 쓰여야 한다는 뜻이다. 즉 해석이란 문학 작품을 둘러싼 사실들을 역사적 자료로서 실증주의적으로 확정하는 일도 아니고 수용자의 일시적이고 우연적인 인상을 기술하는 일도 아니며 그때그때 시간적 제약 속에 있는 주체가 자신이 처한 현재에 대한 역사적 문제의식을 갖고 대상과 만나는 데서 생겨난다. 「괴테의 친화력」에서와 마찬가지로 백과사전 항목 「괴테」에서도 벤야민은 그러한 '현재성'의 인장이 찍힌 인식을 추구했으며, 자신이 살아가는 시대를 꿈에서 깨어나는 시대로 인지했다.

벤야민은 자신이 청탁받아 쓴 다른 많은 글에서 그랬듯이 이 글을 쓴 뒤에 나름대로 흡족해 했다. "유물론적 관점에서 대중적인 괴테를 그려 낸다는, 해결될 수 없는 이율배반"을 예상하고서 착수한 이 글은 오랫동안 다뤄 온 괴테와 괴테 시대에 대한 결산과 함께 괴테의 수용사, 독일 문학사 전통 및 당대의 문예학에 대한 그의 가감 없는 평결을 담고 있다는 점에서 중요한 글이 되었다. 벤야민은 「괴테」를 쓰면서 부르주아적 문학사 기술의 문제점을 더 날카롭게 파악하는 동시에 이미 쓰인 유물론적 문학사들이 전하는 천편일률적이고 빈약한 인식들도 일별하면서 자신의 과제를 스스로 의식하게 된다. 그는 "우리에게 지금까지 유물론적 문학사로 알려진 것들은 하나같이 작품들 속에—그 사회적 경향이 아니라면—사회적 내용이 부분적으로 명백히 드러나 있는 선들을 굵다랗게 긋는 일로 귀결되고 있다"고 쓴다. 「괴테」에서 벤야민은 어느 면에서 봐도 관념론적인 작가 괴테와 괴테의 시대를 유물론적으로 다시 서술하고 있다면, 나중에 그는 부르주아 진영의 '스파이'로 간주되는 샤를 보들레르와 모더니티를 그와 비슷한 의미에서—역사의 결을 거슬러—유물론적으로 다시 독해하고,

그 구상을 토대로 해서 『파사주』 프로젝트를 이끌게 된다.

종합하자면 벤야민에게 괴테는 중요한 작가이고 그 자신에게도 많은 영향을 끼쳤지만, 독일 문학사에서 가장 중요한 작가는 아니었다. 특히 마르크스주의에 경도한 이후에 쓴 「괴테」에서 괴테는 시민 계급 출신으로서 봉건적 이상을 추구한 작가로 드러나며 이 점에서 실러와 달랐다. 벤야민은 독일 고전주의를 이끈 두 작가 사이에 "타협이 이뤄졌다는 사실은 독일 시민 계급의 계급의식이 얼마나 견고하지 못한 상태였는지를 여실하게 보여 준다"고 냉철하게 평가한다. 반면에 독일 문학사에서 벤야민이 높이 평가하는 작가들은 장 파울, 요한 페터 헤벨, 게오르크 뷔히너 등으로 이들은 그 자신이 추구한 '인간학적 유물론'의 계보에 들어간다. 또한 벤야민이 중기 이후 집중적으로 연구한 작가들은 동시대 작가인 프란츠 카프카, 카를 크라우스, 마르셀 프루스트, 베르톨트 브레히트 그리고 모더니티의 증인 보들레르였다. 그럼에도 괴테는 앞서 언급한 여러 모티프에서 그리고 그가 독일 문학을 다루는 한 끊임없이 대결할 수밖에 없는 작가로서 그의 역사철학적 사유에서 한 자리를 차지하고 있음은 분명하다.

최성만

GOETHE
LEXIKON
II

베티나 폰 아르님

베티나 폰 아르님Bettina[e] von Arnim(1785–1859)은 이태리 귀족 가문 출신의 프랑크푸르트 대상인, 아버지 페터 안톤 브렌타노Peter Anton Brentano(1735–1797)와 어머니 막시밀리아네 라 로슈Maximiliane La Roche(1756–1793) 사이에서 태어난 열두 형제 가운데 일곱 번째 자식이다. 베티나는 그녀의 나이 여덟 살인 1793년에 어머니가 세상을 떠나고 카셀의 기숙사 학교에서 공부하다가, 아버지 역시 4년 후인 1797년에 죽음을 맞고부터는 오펜바흐에 사는 외할머니 소피 폰 라 로슈Sophie von La Roche(1730–1807) 집에서 성장했다. 1806년 베티나는 괴테의 초기 작품 원고들과 1772부터 1775년까지 괴테와 외할머니 사이에서 오간 편지들, 베티나의 어머니 막시밀리아네에 대한 괴테의 연정을 외할머니를 통해서 알게 되면서 괴테를 만나고자 하는 소망을 가지게 된다. 괴테의 문학에 대한 베티나의 관심은 괴팅겐에서 수학했던 오빠 클레멘스 브렌타노Clemens Brentano(1778–1842)가 베티나에게 『빌헬름 마이스터의 수업시대Wilhelm Meisters Lehrjahre』 등의 작품들을 소개하면서 더욱더 커졌다. 두 남매 사이의 깊은 우애를 담은 편지들은 훗날 『클레멘스 브렌타노의 봄의 화환Clemens Brentanos Frühlingskranz』(1844)으로 출간되었다.

베티나는 오빠의 친구였던 아힘 폰 아르님Achim von Arnim(1781–1831)과 결혼하기 전, 외할머니와 약혼한 적이 있는 작가 빌란트Wieland(1733–1813)의 주선으로 1807년 4월 23일, 36살이나 연상인 괴테를 처음 만나게 되었다. 베티나는 같은 해 4월 말과 5월 초에 오빠 클레멘스에게 보내는 편지에서 "모든 세상이 그—괴테—를 인정하지 않아도 이 베티네는 그의 탁월함에 환호할 것이며 (중략) 나는 그의 삶의 향기로 날아올라 그 향기를 붙잡으려고 할 것입니다. 그리고 영원히 그에 대한 기억을 간직할 것입니다"라고 괴테와의 첫 만남에서 받은 깊은 인상과 생각을 표현했다. 이때의 첫 만남은 훗날 괴테에 대한 베티나의 편지 소설 『괴테가 한 아이와 주고받은 편지Goethes Briefwechsel mit einem Kinde』(1835) 출간의 중요한 계기가 되었다. 1807년부터 1811년까지 베티나와 괴테 사이에서 오간 편지를 살펴볼 때, 베티나는 종종 자세한 내용들을 담아 편지들을 보냈지만 괴테는 답장을 자주 쓰지 않았던 것으로 미뤄, 괴테가 베티나에 대해 매우 소극적인 태도를 보였음을 짐작할 수 있다. 그러나 이 시기의 편지 몇 편은 괴테의 작품들 가운데 소네트 연작시나 연애시 등에 영향을 줬다.

베티나는 1810년과 1811년, 괴테를 만나기 위해 직접 바이마르를 방문했다. 특히 1811년 봄에 아힘 폰 아르님과 결혼한 베티나는 남편과 함께 괴테를 방문했는데, 이때 베티나와 괴테의 부인 크리스티아네Christiane 사이에 심한 불화가 일어나자 괴테는 베티나가 집에 발을 들이지 못하도록 했다. 이러한 관계 단절의 또 다른 원인으로는 아힘 폰 아르님의 소설 『돌로레스 백작부인의 가난, 부, 죄 그리고 속죄Armut, Reichtum, Schuld und Buße der Gräfin Dolores』(1810)와 낭만주의 문학 이념에 대해 당시 괴테가 비판적 견해를 가지고 있었다는 점을 들 수도 있다. 1816년, 크리스티아네의 죽음 이후에야 비로소 관계 복원이 가능하게 되었다. 1821년부터 1830년 사이에 여행을 하면서 베티나 폰 아르님은 일곱 차례 바이마르를 방문했고, 괴테가 다섯 번이나 베티나를 직접 맞아 줬다. 그러나 괴테는 너무도 적극적인 베티나에 대해서 어느 정도 거리를 두는 입장을 견지했다.

1820년대 초 프랑크푸르트 시민들이 괴테 기념비를 세우려고 했을 때 베티나는 괴테 기념비에 대한 생각을 밝혔는데, 괴테를 프쉬케와 함께 있는 올림푸스의 신으로 묘사하고자 했던 것이다. 『괴테가 한 아이와 주고받은 편지』의 부제 '괴테의 기념비'가 암시하듯, 베티나는 이 책의 출판수익금을 이 기념비 제작에 충당하고자 했지만 뜻을 이루지 못했고, 경제적인 어려움으로 기념비 제작도 착수할 수 없었다. 나중에 조각가 칼 슈타인호이저Karl Steinhäuser가 로마에서 베티나의 생각을 완벽히 표현한 동상을 제작했다. 이 기념 동상은 1853년 바이마르로 옮겨져 우선 '템펠헤렌하우스Tempelherrenhaus'에 놓였고, 1865년 새로 지어진 국립박물관의 현관에 세워졌다. 1817년 이후부터 괴테는 베티나의 편지를 받고도 답장을 쓰지 않았다. 1820년대부터 베티나는 허구의 편지글들을 창작하기 시작했고, 1832년에 괴테가 죽자 편지들을 정리해 1835년에 『괴테가 한 아이와 주고받은 편지』를 출판했다. 이 책은 원래 3권으로 구성되어 있다. 제1권과 제2권은 베티나가 괴테의 어머니 그리고 괴테와 주고받은 편지들을 수록하고 있는데 부분적으로 수정된 편지들이고, 제3권은 허구의 일기로서 '사랑의 책Buch der Liebe'이라는 부제가 덧붙여져 있다. 이 책은 베티나의 나이 51세에 발간된 첫 저서인데 베티나에게 작가로서의 큰 명성을 안겨 줬다. 그리고 문학사적으로 볼 때 베티나의 이 작품은 편지와 소설을 혼융한 장르적 특성과 자서전적 문체와 여성주의적 글쓰기가 돋보인다. 베티나가 품고 있었던 괴테에 대한 사랑이 환상 속에서 표현되는 '소원을 담은 자서전'인 동시에 50대의 성숙한 여성작가가 아니라 '아이 베티네'의 심정 고백이 담긴 글인 것이다. 베티나는 1859년에 죽음을 맞이할 때까지 괴테 시대와 독일의 3월 혁명 전후의 정치 현실 앞에서 침묵하지 않고 자신의 정치 이념을 담은 작품들 —『이 책은 왕의 것Dies Buch gehört dem König』(1843), 『가난한 사람들의 책Armenbuch』(1844) —을 집필했다.

장영은

GOETHE
LEXIKON
II

빌헬름 폰 훔볼트

빌헬름 폰 훔볼트Wilhelm von Humboldt(1767–1835)와 알렉산더 폰 훔볼트Alexander von Humboldt(1769–1859) 형제는 각각 인문과학자와 자연과학자로 서로 다른 길을 추구했으나 1794년, 실러의 소개로 괴테와 예나에서 만나게 된 이후 4인 회동을 통해 바이마르 고전주의를 완성하는 데에 큰 기여를 했다.

훔볼트 형제의 부친 알렉산더 게오르크 폰 훔볼트Alexander Georg von Humboldt(1720–1779)는 프로이센 왕실 소령 출신으로 포머른 지방의 체멘츠에서 태어났다. 그는 46세 되던 1766년에 21년 연하인 마리 엘리자베트 콜롬브와 혼인했다. 훔볼트 형제의 모친은 부유한 프랑스계 위그노 가문 출신이며, 사별한 전 남편과의 사이에 아들 1명을 두고 있었다. 많은 지참금을 가지고 당시 시종관 직책에 있던 왕실 소령과 재혼한 그녀는 연이어 태어난 훔볼트 형제의 교육에 많은 공을 들였다. 그러나 훔볼트 형제는 학교에 다니지 않고 가정교사를 통해 기초교육을 받았다. 요한 하인리히 캄페Johann Heinrich Kampe가 최초의 가정교사였으며, 1777년 이후에는 고트로프 요한 크리스티안 쿤트가 훔볼트 형제의 가정교육을 맡았다. 특히 쿤트는 베를린에서 당대의 저명한 학자들을 섭외해 훔볼트 형제가 개인 교습을 통해 대학 수준의 강의를 받을 수 있도록 했으며, 헨리에테 헤르츠 부인이 주관하는 베를린의 계몽주의 지식인 모임 '미덕결사Tugendbund'의 회원이 되도록 주선해 줬다.

빌헬름 폰 훔볼트는 프랑크푸르트 안 데어 오더 대학교에서 1787년 가을부터 1788년 봄 학기까지 2학기 법학을 공부한 후 괴팅겐 대학으로 옮겨 3학기를 수학했다. 그는 이곳에서 게오르크 크리스토프 리히텐베르크의 물리학, 아우구스트 루트비히 폰 슐뢰처August Ludwig von Schlözer의 보편사, 크리스티안 고트로프 하이네의 고전어 강의를 듣는 한편 칸트의 철학을 독학으로 공부했다. 그는 1789년 캄페와 함께 혁명이 일어난 프랑스 파리를 방문했으며, 12월에 귀국하며 에어푸르트에 들러 카롤리네 폰 다허로덴과 약혼했다. 그곳에서 실러와 가까워졌으며, 처음으로 괴테도 잠시 만났으나 프리드리히 하인리히 야코비와 요한 카스파르 라바터Johann Caspar Lavater의 추천장에도 불구하고 괴테와의 개인적인 교류는 이뤄지지 않았다. 빌헬름 폰 훔볼트는 잠시 프로이센 정부의 법률 공무원 직책을 맡았으나 곧 휴가를 내고 튀링겐 지방의 장인 소유 영지에서 가정과 개인적인 연구 생활에 몰두했다. 그는 1794년 2월, 가족과 함께 예나로 이주해 실러가 편집책임을 맡은 문예지 《호렌(계절과 질서의 여신들)》 발간에 참여했으며, 괴테를 공동 발행인으로 초빙하려고 노력했다. 괴테와의 접촉은 카롤리네를 통해 이뤄졌으나 괴테는 곧 빌헬름 폰 훔볼트의 집안 손님이 되었고, 당시 형을 자주 방문했던 알렉산더 폰 빌헬름이 합류해 괴테, 실러와 훔볼트 형제, 4인의 예나 시대가 꽃을 피우게 되었다.

괴테는 철학과 운율학에 관련된 문제에 대한 자문과 특히 소설 『빌헬름 마이스터의 수업시대』에 대한 빌헬름 폰 훔볼트의 건설적인 문학 이론적 비판을 높이 평가했다. 그들은 3학기 동안 함께 유스투스 크리스티안 로더의 해부학 강의를 들었으며, 자연과학과 미학에 관련된 문제들을 토론했다. 이때 괴테는 비교해부학적 관점에서 모든 동물에게 공통적인 '전형Typus'의 원리에 대한 공식을 수립했다. 괴테, 실러 그리고 훔볼트 형제에게 가장 행복한 시절로 기억된 이 모임은 빌헬름 폰 훔볼트가 병상의 어머니를 보살피기 위해 1795년 7월 베를린으로 떠남으로써 중단되었다. 1796년 그가 예나로 돌아온 후 몇 달 동안 괴테, 실러와의 공동 연구가 잠시 재개되었으나 그는 1797년 4월, 가족과 함께 예나를 떠나 여행길에 올랐다. 전쟁의 혼란 속에 이탈리아가 봉쇄되었기 때문에 파리로 간 빌헬름 폰 훔볼트는 1801년까지 그곳에 머물면서 괴테, 실러와 계속 연락했다. 그는 1800년 9월에 쓴 장문의 편지에서 실러의 희곡 『발렌슈타인』에 대한 소견을 피력했고, 1799년에 그 자신이 발간한 유일한 저서 『미학적 시론. 제1부. 괴테의 〈헤르만과 도로테아〉에 대해』를 통해 괴테의 최근작에 대한 서평을 내놓기도 했다. 그는 이미 예나 시절에 괴테가 이 작품을 구상하고 있을 때 비판적인 의견을 제시한 바도 있다. 서평은 괴테의 작품에 대한 해설에 앞서 예술의 본질에 대한 철학적 성찰과 예술이 인간 정신 일반을 위해 지니는 의미로부터 시작해, '시민적 서사시'라는 특수 장르를 논구하고 있다. 이 책은 예술철학적인 면에서 중요한 구절들을 포함하고는 있었지만 당대의 독자들은 사변적인 그의 서술 방식에 그다지 호의를 보이지 않았다.

빌헬름 폰 훔볼트는 파리로부터 독일 최근작들에 대한 분석과 함께 프랑스 국민성의 관상학에 관한 자료와 프랑스의 예술과 학문에 관한 소식들을 바이마르로 보냈고, 이것들을 관심 깊게 받아들인 괴테는 그 일부를 《프로퓔레엔》

지에 싣기도 했다. 「현대 프랑스 비극 무대」에 관한 빌헬름 폰 훔볼트의 보고서는 볼테르의 『마호메트』를 독일어로뿐만 아니라 어쩌면 독일인들을 위해 번역하려는 괴테 자신의 시도를 이끌어 준 가장 행복한 별 같은 것이었다.

빌헬름 폰 훔볼트는 1802년, 프로이센의 공직자로 다시 복귀하여 로마 교황청의 프로이센 공사를 역임하고, 16개월 동안 문화교육국장으로서 전쟁에 패한 프로이센의 교육개혁을 맡았고, 빈, 프랑크푸르트, 런던 등지의 외교관으로 파견되었다. 이 시기에 괴테와 빌헬름 폰 훔볼트 사이에는 예나에서와 같은 직접적인 또는 파리에서처럼 서신을 통한 것과 같은 협력은 계속될 수 없었다. 그러나 그들의 우정 어린 관계는 보다 굳건해졌고 보다 더 친밀해졌으며 평생 지속되었다. 빌헬름 폰 훔볼트는 라이프치히 전투 이후 바이마르로 괴테를 방문했을 때, 괴테가 독일의 해방에 별로 감격하지 않고 '모든 정치적인 것과 독일적인 것'에 대해 무관심하다는 사실을 확인할 수밖에 없다고 생각했음에도 불구하고, 우정으로 그러한 의혹을 극복했다. 그는 기회가 있을 때마다 바이마르에 여러 날 머물며 괴테를 방문했고, 1826년 12월에는 리머와 함께 실러의 두개골 앞에 오랫동안 앉아 있기도 했다. 괴테는 실러의 유골을 새로 만든 묘실로 옮기도록 했다. 괴테와 빌헬름 폰 훔볼트는 또한 서신 교환을 통해 오랜 세월 동안 우정을 쌓았다. 괴테가 1832년 3월 17일에 쓴 마지막 편지도 빌헬름 폰 훔볼트에게 보낸 것이었다. 빌헬름 폰 훔볼트가 쓴 「괴테의 두 번째 로마 체류에 관한 서평」은 《과학비평을 위한 베를린 연감》 1830년 9월 호에 실렸다.

괴테와 빌헬름 폰 훔볼트는 38년 이상 편지를 주고받았다. 이 편지들은 시기마다 그 성격이 달랐다. 1794년 11월부터 1797년 6월까지 오간 25통의 편지는 예나에서 함께 보낸 시절 나눈 대화를 보충하는 성격이었다. 빌헬름 폰 훔볼트가 1797년 11월부터 1800년 12월 사이 파리 여행 중에 쓴, 부분적으로 매우 긴 10통의 편지는 독자적인 작품의 성격을 띠고 있으며, 중단된 대화를 지속하고 보완하려고 했다. 공동 추구의 시대는 그것으로 끝났다. 그다음 계속된 로마로부터의 편지는 멀리 떨어진 곳에서 매달 편지를 쓰겠다는 무모한 계획이 실패한 이후 다만 연결 끈이 끊어지지 않게 하려는 노력이었다. 이 시기에 두 사람의 공동 관심사는 고대, 예술 그리고 독일 문학이었다. 그러나 실제로 그들에게는 어떤 근본적인 문제보다 일상적으로 기쁘거나 괴로운 일들을 전하고 싶다는 소망이 더 중요했다. 그 이후 오랜 기간 주고받은 편지는 훔볼트의 바이마르 방문 준비 등 사적인 내용이 주를 이룬다. 두 사람의 편지 교환은 마지막 2년간 다시 심도 있게 진행되었다. 다음과 같은 빌헬름 폰 훔볼트의 평가에는 괴테도 동의했다.

> 선생님의 자연과학 연구는 창작의 천재성과 하나입니다. 두 가지 활동은 선생님의 본질로부터, 자연을 바라보고 거기서 문학의 개념을 만들어 내는 선생님의 방식으로부터 유래하는 것입니다.

안문영

아우구스트 빌헬름 슐레겔

아우구스트 빌헬름 슐레겔August Wilhelm Schlegel(1767–1845)은 프리드리히 슐레겔의 형으로 문학평론가, 번역가 및 문학 교수로 활동했다. 그는 1790년대부터 실러가 기획한 문예 잡지《호렌》과《문예 연감Musen-Almanach》및 예나의《일반문학신문Allgemeine Literartur-Zeitung》등에서 활발하게 활동하면서 괴테의 주목을 받는다. 괴테는 그의 문학비평과 서평 및 번역 그리고 문학 이론 관련 글을 높이 평가하고 지원하기도 한다. 비록 1800년경 초기 낭만주의 운동이 두 사람의 관계에 어느 정도 영향을 주기는 했지만, 아우구스트 슐레겔은 항상 괴테의 문학을 인정했고, 괴테는 많은 문학적 관심사를 그와 공유하고 특정 영역의 작업에 있어서는 그와 긴밀하게 협력하는 사이였다.

아우구스트 슐레겔은 목사이자 문학잡지《브레머 바이트레게Bremer Beiträge》의 공동 발행인이었던 아버지 요한 아돌프 슐레겔Johann Adolf Schlegel의 영향을 받아 일찍부터 어학과 문학에 관심을 가졌다. 그의 첫 번째 부인 카롤리네Caroline는 동양학자 집안의 딸이며 괴팅겐에 형성된 괴테의 열렬한 지지 그룹의 일원이었다. 괴팅겐에서 대학을 마치고 암스테르담 은행가의 가정교사 시절을 거친 슐레겔은 실러와 서신 교류를 하고 《호렌》 문예지와 관계하면서 본격적으로 문학 활동을 하게 된다. 즉 《호렌》지에 단테와 셰익스피어의 번역과 세 편의 논문—「시문학과 운율 및 언어에 대한 편지Briefe über Poesie, Silbenmaß und Sprache」(1795), 「빌헬름 마이스터 소설에 나타난 윌리엄 셰익스피어의 경우Etwas über William Shakespeare bei Gelegenheit Wilhelm Meisters」(1796), 「셰익스피어의 로메오와 줄리아Über Shakespeares Romeo und Julia」(1797)—을 내면서 주목을 받는다. 그는 이를 통해 초기 낭만주의의 언어와 운율 이론 및 (괴테의 시각과 연결되는) 자율적 문학론을 펼친다.

결혼 후 1796년 7월부터는 예나로 이주하면서 그의 문학 활동은 더욱 탄력을 받는다. 괴테의 중개로 예나대학의 (원외) 교수를 하면서 문학 강의를 한다. 그는 1796년 가을부터 1799년 말까지 예나의 《일반문학신문》에 300편 이상의 문학 서평을 내는데, 괴테의 작품 『로마 비가Römische Elegien』와 『헤르만과 도로테아Hermann und Dorothea』에 대한 열광적 서평도 여기에 실린다. 이 시기 그는 괴테에게 문학 작품의 운율 문제에 대해 조언을 해 주는 역할도 했다.

그는 예나의 초기 낭만주의 운동의 구심점에 있는 인물이기도 하다. 그의 부부 외에, 동생 프리드리히 슐레겔, 노발리스, 루트비히 티크와 도로테아 바이트Dorothea Veit 등이 그의 집에 모인 초기 낭만주의 핵심 멤버였다. 이들은 피히테와 셸링의 철학을 공유했으며 괴테의 문학을 높이 샀다. 하지만 처음엔 좋은 관계에 있었던 실러와는 이즈음부터 반목했다. 실러의 시 「종의 노래Das Lied von der Glocke」에 대한 그의 비판으로부터 시작해, 그의 동생 프리드리히 슐레겔의 《호렌》 지에 대한 풍자적 서평이 반목을 가져오게 했다.

그들의 반목은 개인적 성향의 차이보다는 초기 낭만주의와 실러의 문학 이념이 다른 것에 근본적 원인이 있다. 괴테는 이들의 반목을 중재하려 했고, 젊은 낭만주의자들이 실러에 대한 공격이나 논쟁을 하지 못하도록 막았다. 이에 슐레겔 형제는 그들의 비평에서 실러의 작품에 대해서는 일체 언급을 하지 않는 무시의 전략을 구사한다. 실러 역시 괴테에게 슐레겔 형제에 대한 비판을 지속하나 괴테는 크게 영향을 받지 않는다. 이처럼 독일 문학사에서 고전주의와 낭만주의의 대립이라 부르는 것은 적어도 초기에서는 실러와 낭만주의, 특히 슐레겔 형제와의 대립이라 할 수 있다.

물론 괴테와의 시각차도 드러난다. 슐레겔 형제가 간행한 문예지 《아테네움Athenaeum》(1798–1800)에서 초기 낭만주의자들은 적어도 괴테의 예술관과는 암묵적으로 거리를 둔다. 이를테면 아우구스트 슐레겔이 그의 부인과 함께한 대화 형식의 예술론 「회화Die Gemälde」(1799)를 보면 근대(즉 낭만주의)적 회화를 당시 괴테가 주장하는 의疑고전적 예술과는 대립되는 것으로 파악하고 있음을 알 수 있다.

1800년에 그는 베를린으로 간다. 그곳에서 1801년 겨울부터 1804년까지 연속 강의—'순수 문학과 예술Über schöne Literatur und Kunst'—를 한다. 예나 초기 낭만주의 문학과 예술 이념을 쉽게 설명하는 강의였는데, 이 강의에서 괴테는 '독일 시문학의 재건자Wiederhersteller der Poesie in Deutschland'로 평가받는다.

1803년 괴테는 슐레겔에게 당시 예나에서 할레로 옮겨간 《일반문학신문》에 대항해서 새로 창간할 《예나 일반문학신문Jenaische Allgemeine Literatur-Zeitung》의 창간에 함께해 줄 것을 부탁한다. 그리고 1804년 괴테는 당시 프랑스에서 온 저명한 귀족인 자크 네케르 프랑스 전 재무총감의 딸 스탈 부인Madame de Staël에게 그를 소개하기도 했는데, 스탈 부인은 슐레겔을 자신의 비서 및 문학 조언자이자 아이들의 교육자로 임명해 스위스 제네바 호수 근교 코페로 간다. 슐레겔은 그곳에서 스탈 부인이 죽는 1817년까지 체류한다.

1808년 슐레겔은 빈에서 '드라마 예술과 문학의 역사Geschichte der dramatischen Kunst und Literatur'라는 제목의 강의를 통해 낭만주의 이념을 유럽 전역에 알리려 시도한다. 여기서도 괴테가 독일 연극에서 차지하는 역할이 비중 있게 평가되지만, 이전에 비해 뚜렷이 괴테와 거리를 두고 있음을 느낄 수 있다. 그는 근대(낭만주의) 문학의 모범으로 중세와 근세의 시인 단테, 세르반테스, 칼데론, 셰익스피어 등을 내세웠다. 이에 괴테는 슐레겔이 강의에서 자신의 연극 『서출의 딸Die natürliche Tochter』을 고려하지 않은 것 등의 이유로 호의적인 반응을 보이지 않는다. 이후 1812년 《하이델베르크 문학연감Heidelbergische Jahrbücher der Literatur》에 나온 드레스덴 판 빙켈만 작품집에 대한 슐레겔의 서평은 괴테와 바이마르(의) 고전주의 문학과 예술에 대한 공개적인 선 긋기라고 할 수 있다.

아우구스트 슐레겔은 스탈 부인이 죽고 독일로 돌아온 이후 1818년 당시 새로 창립된 본 대학교의 문학과 예술사 교수로 임명되고 죽을 때까지 재직한다. 아우구스트 슐레겔은 그의 동생 프리드리히 슐레겔과 더불어 독일 문학에서 최초의 본격적(어)문학 전공 세대의 대표자로 평가할 수 있다. 괴테가 1831년 10월 20일, 첼터Carl Friedrich Zelter에게 보낸 편지에서 한 다음의 언급은, 괴테의 평생에 걸친 슐레겔 형제와의 관계와 그들의 공과에 대한 괴테 자신의(다소 일면적인) 판단을 잘 요약하고 있다.

슐레겔 형제는 그 많은 훌륭한 재주에도 불구하고 평생 불행했고 지금도 그렇습니다. 그들은 자연이 그들에게 부여한 것보다 더 많은 것을 상상하려 했고, 그들이 할 수 있는 것보다 더 많이 영향을 미치려고 했어요. 그래서 예술과 문학에 많은 화(禍)를 가져왔어요.

조우호

GOETHE
LEXIKON
II

안나 아말리아

안나 아말리아Anna Amalia(1739–1807)는 독일의 작은 공국 작센–바이마르–아이제나흐가 독일 고전주의의 산실, 유럽의 문화도시로 발전하는 데 초석을 놓고 길을 튼 계몽주의적 여제후로 문화사에서 주목받는 인물이다. 그녀의 가장 큰 업적은 아들 카를 아우구스트 공작이 훌륭한 군주로 자라날 수 있도록 교육에 힘을 기울이고 문화적 환경을 조성해 그 노력이 결실을 맺도록 이끌었다는 데 있다.

브라운슈바이크 볼펜뷔텔 공작 카를 1세Karl Ⅰ. Braunschweig-Wolfenbüttel와 프로이센의 왕녀였던 필리피네 샤를로테의 딸이며 프리드리히 2세의 조카딸이기도 했던 그녀는 가문의 전통에 따라 개신교 종교 교육, 계몽주의적 사고를 바탕으로 프랑스어·역사·지리·예술·춤·피아노 교육을 받았고, 1756년 16세가 되던 해 작센–바이마르–아이제나흐의 공작 에른스트 아우구스트 2세Ernst August Ⅱ. Sachsen-Weimar-Eisenach와 결혼했다. 그런데 1757년 9월에 장남 카를 아우구스트가 태어나고 얼마 되지 않은 1758년 5월, 남편이 7년 전쟁에서 요절한다. 둘째를 임신한 채로 18세의 공비가 어린 아들을 대신해 공국을 섭정하게 되었고, 그해에 유복자인 차남 프리드리히 페르디난트가 태어났다. 안나 아말리아는 법률·행정·조세·교육 분야에서 개혁 정책들을 펼치고자 했지만 추밀원의 저항에 부딪치고 소요가 일어나는 등 어려운 일들을 겪기도 했다. 그녀는 무엇보다 아들들의 교육에 온 힘을 쏟았다. 훌륭한 스승들을 세심히 골랐고 그 스승들의 영향이 어느 한 곳에 치우치지 않고 균형과 조화를 이루도록 애썼다. 그 스승들 중에는 당대의 유명한 시인이자 철학자인 크리스토프 마틴 빌란트도 있었다. 그렇게 17년을 섭정하는 동안 카를 아우구스트가 계몽 군주로서의 자질을 갖추며 성장하자 그녀는 1775년, 아들에게 통치권을 넘기고 자리에서 물러난다.

인간의 정신과 의지가 삶에서 어떤 힘을 발휘하는지를 사람들은 바이마르를 중심으로 일어나는 당대 지성들 간의 오묘한 상호 작용에서 읽어 낼 수 있다. 공들여 교육한 덕에 명석하고 결단력 있는 군주의 재목으로 자라난 18세의 카를 아우구스트는 1774년, 파리로 가는 여행 중에 프랑크푸르트에서 괴테를 만나고는 단 사흘 만에 그의 진가를 알아본다. 이 만남에 모후가 관여했는지는 알려진 바 없으나 빌란트를 스승으로 골라 줬던 그녀의 선택은 이미 카를 아우구스트의 안목에 작용을 했을 것이고, 그는 자신의 치세가 열리려는 시점에 괴테를 함께 일할 파트너로 점찍었다. 이 선택이 바이마르가 독일 고전주의의 산실이요, 유럽의 문화도시로 발전하는 데 결정적이었음을 오늘날 사람들은 다 안다. 이제는 그 누구도 괴테 없는 바이마르를 상상하기 힘들기에. 공국의 통치권을 넘겨받자 카를 아우구스트는 26세의 괴테를 바이마르로 불러 추밀원 고문관 자리에 앉히고 둘도 없는 조력자로 삼아 온갖 일을 함께하며 생의 마지막까지 서로 우의와 신뢰를 지킨다. 괴테는 1776년, 자신에게 많은 영향을 준 당대의 신학자이자 사상가 헤르더를 바이마르로 불러 궁정 목사 겸 교구장 자리에 앉히는 데 노력을 아끼지 않았다. 빌란트는 당시 공작의 스승 자리에서는 물러났지만 모후 안나 아말리아와 절친한 사이가 되어 죽을 때까지 바이마르에 머물렀다. 1787년, 실러가 바이마르로 와 시대를 이끄는 이 두뇌들의 활동에 합류한다. 개성도 취향도 천차만별이었던 이 천재들이 서로 끌어당기고 충돌하고 화합하며 만들어 낸 살아 있는 문화 집성체가 바로 전성기 바이마르였다. 흡사 페리클레스 시대의 아테네처럼 온갖 지성이 바이마르로 몰려들어 생각을 나누고, 토론을 하고, 문학과 음악, 연극을 즐기며 교류했다. 이런 것을 보면 지성들 간에는 상호 모종의 인력이 작용하는 게 아닌가 하는 생각이 든다.

안나 아말리아는 카를 아우구스트가 즉위하자 비툼스팔레라고 불리는 작은 궁으로 물러나 거기서 자신이 중심이 되는 문화 모임을 이끌어 나갔다. 17년의 통치 기간에 늘 궁정 중심인물이었던 그녀가 힘의 중심이 아들에게로 옮겨 가는 것이 한편 씁쓸하지 않았을 리 없지만 영특한 이 어머니는 바이마르에 온 당대의 지성들이 자연스레 문안드리고 문화를 논할 만큼 높은 교양과 너그러움을 갖추고 있었다. 매주 수요일 그녀의 궁이나 근처의 성에서 괴테도 참여하는 독서 모임이 열렸고, 자주 음악회가 열렸으며, 궁 건너편의 극장에서는 연극이 상연되곤 했다. 그녀 스스로도 글을 쓰고, 번역과 작곡을 하고 음악 이론을 논할 만큼 전문적인 지식을 갖추고 있었고, 시대의 흐름을 읽고 있었으며, 각 분야의 수준 높은 지성들과 교류했다. 비툼스팔레로 물러났을 때 그녀의 나이 겨우 35세였다.

안나 아말리아의 공적 중 빼놓을 수 없는 또 한 가지가 바로 그녀의 이름이 붙은 안나 아말리아 대공비 도서관이다. 원래 이 도서관은 바이마르의 빌헬름 에른스트 공작이 1691년에 자신이 소장하고 있던 1,400여 권의 책을 기증한 것이 기초가 되었다. 안나 아말리아는 1761년, 궁의 일부를 개조해 도서관을 세우고 장서들을 이곳으로 옮겼으며 본격적으로 도서를 수집하기 시작했다. 그녀가 일찌감치 도서관에 힘을 기울인 데에는 자신의 친정 볼펜뷔텔에 있는 도서관이 영향을 미쳤을 것으로 보인다. 독서광이었던 볼펜뷔텔 공작 아우구스트 2세의 3만 5,000권 장서로 시작한 아우구스트 대공 도서관이 원래 유명한데, 이 도서관은 오늘날 바이마르의 안나 아말리아 대공비 도서관, 마르바흐 국립문서고와 더불어 독일의 3대 도서관 중 하나이다. 도서관에 안나 아말리아의 이름이 붙게 된 것은 1766년의 일이다. 앞을 내다볼 줄 아는 문화 제후로서 그녀의 진면목을 보여 주는 좋은 사례라고 생각된다. 1797년부터 카를 아우구스트 공작의 부탁으로 괴테가 도서관의 총 관리 관장을 맡은 후 1832년, 숨을 거둘 때까지 35년 관장으로 있는 동안 장서가 12만 권까지 늘어나 독일에서 가장 중요한 도서관 중 한 곳이 되었다.

지금은 18, 19세기에 중점을 두고 100만여 권의 장서를 보유하고 있는 연구 중심 도서관으로 루터 번역 성서 초판본, 괴테의 파우스트 초판본, 코타 출판사의 파우스트 완판본, 빌란트 번역의 셰익스피어 전집 등 수많은 귀중본과 세계 최대의 파우스트 설화 관련 자료들이 보존되어 있다. 그 밖에도 니체, 리스트, 아르님 관련 도서들, 바이마르 셰익스피어 협회의 장서, 1만여 점의 지도를 소장한 세계적인 도서관이 되었다.

안나 아말리아 대공비 도서관은 괴테 탄생 250주년인 1999년에 확장 공사에 들어가 지하에 대규모 장서고를 짓고 현대적인 신관을 짓기 시작했는데

2004년, 구동독 시절의 낡은 전선 때문에 화재가 일어나 대공비가 모으고 작곡한 악보 2,000여 점과 5만여 권의 장서가 불타 버렸다. 2007년, 약 200억 원의 공사비가 든 건물 보수가 끝나 그해 10월, 안나 아말리아의 268번째 생일에 다시 개관했다.

이영임

GOETHE LEXIKON II

알렉산더 폰 훔볼트

알렉산더 폰 훔볼트Alexander von Humboldt(1769–1859)는 자연과학자로서 두 살 위인 빌헬름과 더불어 바이마르 고전주의를 꽃피우는 데 큰 기여를 했다.

알렉산더 폰 훔볼트는 괴테가 1778년 5월 20일, 테겔 성에 손님으로 방문했을 때까지만 해도 아직 어린아이였다. 괴테의 사망까지 지속된 그들의 긴밀한 관계는 1790년대 중반에 시작되었다. 알렉산더는 프라이베르크 광산학교를 초고속으로 졸업한 후 1793년에 광산 감독관이 되었고, 1792년부터 프로이센에 속하게 된 안스바흐와 바이로이트에서 근무하면서 예나로 형 빌헬름을 자주 방문했다. 이 무렵 자연과학적 문제와 관련된 경험 교환에 깊은 관심을 가졌던 괴테는 곧 알렉산더 폰 훔볼트가 매우 흥미로운 대화 상대임을 발견했다. 이 시기에 광물학과 식물학이 두 사람의 우선적인 공동 관심 영역이었으나 그들의 대화는 처음부터 단순한 전문 분야의 관심 범위를 벗어나는 것이었다. 알렉산더 폰 훔볼트는 1790년 광물학 논문을, 1793년에는 식물학 논문을 집필했다. 식물학 논문의 부록 「식물의 화학적 생리학이 주는 잠언」(1794)에는 갈바니의 실험과 화학적 생리학적 실험을 묘사하고 있다. 당시 많은 논란이 있던 생명력 현상이 그의 관심을 끌었으며, 생명력의 작용과 원인을 규명하려고 노력했다. 1795년 그는 괴테, 실러와의 대화를 통해 「생명력 또는 로도스의 수호천사」를 집필해 《호렌》지에 실었으며, 괴테에게 헌정할 식물학 저서를 기획했다. 괴테는 알렉산더 폰 훔볼트의 갈바니 실험에 적극적 관심을 보였고, 그 결과를 빨리 발표하라고 격려했다. 이에 자극을 받은 알렉산더는 더욱 광범위하고 다양하게 실험해 그 결과를 「자극받은 근육과 신경섬유에 관한 실험」(1797)으로 발표했다. 이 논문에는 '동물의 전형'과 '동물 영역에서의 일반적 변용'에 대한 괴테의 생각에서 받은 깊은 인상이 잘 나타나 있다. 알렉산더 폰 훔볼트는 국가 공무원직을 사임한 후 1797년 3월 1일부터 5월 31일까지 예나에 머물며 장래의 탐험 여행을 준비하던 기간에 괴테와 가장 활발히 교류했다. 괴테는 1797년 3월 28일 자로 카를 루트비히 크네벨에게 보낸 편지에서, 알렉산더 폰 훔볼트가 옆에 있기만 해도 전체 생애를 흥미롭게 만들기에 충분하며, '그가 화학적, 물리학적 또는 생리학적으로 흥미를 끌 만한 것이라면 모두 활발하게 움직이게 만들기 때문에 내 사적인 울타리로 물러나기가 제법 어려워질 때가 많다'고 말했다. 실제로 괴테는 1797년 3월 한 달 동안을 예나에 머물면서 자연과학연구회의 실험실에서 이뤄진 알렉산더 폰 훔볼트의 실험에 참여했다. 알렉산더 또한 4월 18일부터 며칠 동안 바이마르에서 괴테와 카를 아우구스트 대공과 함께 지냈다. 그는 1806년 5월 14일에 카롤리네 폰 볼쪼겐에게 보낸 편지에서 과거를 회상하며 그가 1799년부터 1804년까지 아메리카를 여행하는 동안 '예나의 관계들'이 그에게 매우 중요한 영향을 끼쳤으며, 그 자신이 '괴테의 자연관을 통해서 고무된 동시에 새로운 감각기관을 갖추게 되었음을 깨닫게 되었다'

고 말했다.

알렉산더 폰 훔볼트의 학술적 권위를 국제적으로 인정받게 한 위대한 아메리카 여행 이후에도 괴테와의 상호 우정 관계는 지속되었다. 괴테는 훔볼트가 귀국 후 처음으로 베를린 학술원에서 강연한 『식물관상학에 대한 이념』을 출판했을 때 서평을 썼다. 그는 훔볼트가 헌정한 「열대 국가들의 자연의 회화를 곁들인 식물 지리학에 대한 이념」(1807)을 받고 이 논문이 문체와 내용 면에서 자신의 영향을 많이 받은 사실을 명예롭게 생각했을 뿐만 아니라, 그 논문에서 자극을 받아 스스로도 구세계와 신세계의 산악의 높이를 비교하는 글을 구상해 이 세계 여행가에게 헌정했다. 괴테는 또한 낯선 풍경을 그토록 쉽게 설명하는 자연과학자로서의 훔볼트의 모습을 1809년에 쓴 소설 『친화력』에 실명으로 적어 놓았다. 훔볼트는 답례로 『코르딜레라스의 전경』(1810)을 보내면서 다음과 같은 주석을 달았다.

> 자연과 예술은 저의 책에서 자매가 되었습니다. (중략) 선생님께서는 하나하나의 견해에서 선생님 자신을, 선생님의 저서가 저에게 끼친 영향, 곁에서 지도하시는 선생님의 영향을 알아보실 것입니다.

괴테의 시 「알렉산더 폰 훔볼트에게」는 훔볼트의 『식물의 신품종』(1816)의 「서론」에 대한 응답이다.

알렉산더 폰 훔볼트는 여행기 집필을 위해 20년 동안 파리에 머물렀다가 1826년 베를린으로 돌아오는 길에 바이마르에 들렀다. 괴테는 에커만에게 훔볼트의 다재다능하고도 비범한 능력에 대한 놀라움을 표현했으며, 같은 달 16

일 자 일기에는 훔볼트의 영향을 적기도 했다. 훔볼트와 괴테의 관계는 1831년 1월 26일, 27일 훔볼트가 마지막으로 괴테를 방문했을 때 정점에 도달했는데, 이때 훔볼트는 1829년에 다녀온 러시아-시베리아 여행의 결과를 보고했으며, 특히 파리 학술원 논쟁의 목격담이 괴테에게 중요한 의미를 지녔다. 알렉산더 폰 훔볼트는 1830년 10월부터 1831년 1월까지 다시 파리에 머물며 과학학술원의 회의에 참여했다. 그곳에서는 1830년 2월에 조르쥬 퀴비에와 에티엔느 조프로이 생-힐레르 사이에 불붙기 시작한 논쟁이 계속 벌어지고 있었다. 퀴비에가 반대 의견을 설파하는 동안 훔볼트는 괴테가 1830년 9월에 쓴 『동물학 철학의 원리』에 대한 서평을 소곤거리는 말로 설명했으며, 본질적으로는 죠프로이와 괴테가 주장한 통일의 이념이 옳다고 생각했다.

알렉산더 폰 훔볼트가 편지를 주고받은 상대자는 2,500명 정도나 되는데, 괴테는 가장 오랜 교신자였다. 수많은 편지 가운데 극히 일부분인 21통의 편지만 남아 있어—훔볼트는 보낸 편지의 복사본도 남겨 놓지 않았고, 받은 편지도 대부분 폐기했다—그것으로 상호 영향 관계를 가늠할 수는 없다. 훔볼트의 다양하고 종합을 지향하는 지식이 괴테에게 자주 자연과학적 문제들을 다루고자 하는 새로운 충동을 준 반면, 훔볼트의 '자연사적 대상의 심미적 논의'(『자연의 모습』, 1808)와 후기 저술의 특징을 이루는 언어의 구체성에서는 괴테의 영향이 두드러진다. 알렉산더 폰 훔볼트의 마지막 저작 『코스모스』(1845-1862)도 괴테의 이념에 의해 형성된 것이며, 이 책 서문에 '모든 형상의 원초적 비밀'과 '괴테가 그토록 다행스럽게 다룬 변용의 문제들'을 언급하고 있다.

안문영

GOETHE
LEXIKON
II

요한 고틀리프 피히테

18세기 중엽부터 19세기 중엽까지의 시기를 소위 괴테 시대라고 일컬을 수 있다면, 그것은 당대의 수많은 학문적 이념이 괴테라는 스펀지 같은 존재 속에 흡수되어 하나의 거대한 사상적 유동체가 만들어졌을 뿐 아니라 괴테라는 허브 같은 존재를 중심으로 수많은 네트워크가 형성되었기 때문일 것이다. 이 중에서도 특히 당대 철학자들과의 교류는 괴테의 백과전서적 지식들이 일정한 질서를 갖추도록 하는 데 커다란 기여를 했다. 괴테는 거의 모든 철학적 사상에 관심을 가졌지만, 지속적으로 그의 관심을 끈 철학자들은 스피노자와 칸트였다. 내적인 관조의 충만함으로 창조적인 사상을 피력했던 스피노자의 사상은 괴테의 문학적 열정에 잘 부합했으며 노년까지 괴테의 삶에 중요한 길잡이 역할을 했다. 칸트의 비판철학은 괴테가 비판적 사유의 과제를 해결하고 나서는 뒤로 물러났지만, 칸트의 『판단력 비판Kritik der Urteilskraft』(1790)은 괴테에게 지속적인 가치를 지니는 인식의 좌표 역할을 했다.

바이마르 공작 카를 아우구스트의 친구이자 오랫동안 장관을 지냈던 괴테는 재능 있는 인재가 모여 들었던 예나에 특별한 관심을 갖고서 다양한 학문적 교류를 했다. 당시 예나에는 이미 1789년부터 교수직을 수행하던 실러가 있었으며, 칸트 철학의 권위자 라인홀트Carl Leonhard Reinhold가 명성을 떨치고 있었고, 노발리스와 슐레겔 등과 긴밀한 관계를 가지고 있었던 니이트함머Friedrich Immanuel Niethammer가 철학과 신학을 가르치고 있었다. 이뿐 아니라 《일반문학신문》, 《호렌》, 《철학 저널das Philosophische Journal》과 같은 매우 영향력 있는 저널들이 간행되고 있었다. 이런 학문적 융성의 분위기는 1800년대 초 학자들이 떠나면서 시들기는 했지만 18세기 독일의 사상적 지형의 대미를 장식하는 중요한 의미를 갖고 있었다.

이때 예나대학의 학문적 융성 분위기에 한 가지 문제가 발생했는데, 바로 칸트 권위자인 라인홀트가 보다 나은 보수를 제공하는 킬Kiel대학으로 자리를 옮기게 된 것이다. 당시 추밀고문관이었던 포크트Christian Gottlieb Voigt와 괴테는 후임자를 물색하던 중 칸트의 저작이라고 간주될 만큼 너무도 칸트적이었던 『모든 현현의 비판을 위한 시도Versuch einer Critik aller Offenbarung』(1792)를 출간한 피히테Johann Gottlieb Fichte(1762–1814)와 맞닥뜨리게 되었다. 1794년 라인홀트의 후임으로 철학과 교수가 된 피히테는 괴테에게 커다란 영향을 준 『학문론 혹은 그렇게 불리는 철학의 개념에 관하여Ueber den Begriff der Wissenschaftslehre oder der sogenannten Philosophie』를 저술했으며, 이듬해 피히테 철학의 기초로 여겨지는 『전체 학문론의 토대Grundlage der gesammten Wissenschaftslehre』를 출간했다.

피히테의 학문론에서 괴테의 집중적 관심의 대상이었던 부분은 '학문 일반은 그 어떤 증명도 필요로 하지 않고 그 어떤 더 높은 명제로 환원될 수도 없으며 전적으로 전제될 뿐인 기본명제에 기초해 있어야만 한다'는 피히테의 요청이었다. 피히테는 이러한 요청을 수행할 수 있는 철학이 바로 '최상의 기본명제에 기초한 학문론Wissenschaftslehre auf dem obersten Grundsatz'이라고 주장했다. 그러나 사실상 괴테의 진짜 관심은 '최상의 기본명제에 의거한 철학' 자체보다는 이러한 방법론에 착안해 그 어떠한 증명도 필요로 하지 않는 무조건적인 정립을 통해 개별 자연과학들을 근거·규정하는 것이다. 말하자면 괴테는 당대 자연과학에서 모범으로 삼을 만한 것을 발견하지 못했던 자신의 원현상 개념의 원형을 피히테의 '최상의 기본명제'에서 엿볼 수 있었던 것이다. 1798년, 괴테는 '모든 경험과 실험의 결과'를 '순수한 현상'으로 규정하면서 궁극적으로는 '원인에 대해서가 아니라 현상들이 나타나는 조건들에 대해 물음을 제기하는 것'이 목표라고 한다. 그 후 괴테는 1810년 출간된 『색채론에 대해Zur Farbenlehre』에서 '근원현상' 개념을 처음으로 정의 내리는데, 거기서 괴테는 다음과 같이 말한다:

> 우리가 경험 속에서 지각하게 되는 것', 즉 개별 '경우들'은 '일반적인 경험적 표제들 하에 놓이고' 점점 더 고양되어, '말과 가설들을 통해 지성에 나타나는 것이 아니라 현상들을 통해 직관에 나타나는 보다 높은 법칙들 하에서 결합된다. 그것들은 원현상이라고 칭해진다. 왜냐하면 현상의 영역에서는 그 어느 것도 원현상들 위에 놓여 있지 않으며, 반면 원현상들은 앞서 우리가 위로 올라갔듯이 그것들로부터 일상적인 경험의 가장 평범한 경우까지 단계적으로 내려가는데 적합하기 때문이다

이것은 피히테의 최상의 기본명제 개념이 괴테식으로 재정의 내려진 것이나 다름이 없는 것이다. 피히테의 학문론 체계에서 개별 학문들이 학문론의 최

상의 기본명제로부터 추론되듯이, 괴테의 사상 체계에서 자연의 개별 현상들은 원현상으로부터 추론되는 것으로 생각되었던 것이다. 결국 괴테 사상의 궤적에서 핵심적인 역할을 했던 원현상 개념과 피히테의 학문론에서 중요한 위치를 점하던 최상의 기본명제 사이에는 구조적 상동성이 존재한다고 할 수 있는 것이다. 물론 국가의 제일 기본명제로서 행동과 사유에 있어 개인의 독자성을 정열적으로 주장한 젊은 피히테와 국가적 권위의 유지를 중시하면서 내적인 명료함을 추구했던 노년의 괴테 사이에 차이가 존재한다는 점을 간과하기는 어렵다.

김윤상

GOETHE
LEXIKON
II

요한 프리드리히 코타

요한 프리드리히 코타Johann Friedrich Cotta(1764–1832)는 40여 년이라는 긴 세월 동안 괴테와 돈독한 사이를 유지하며 삶의 일부를 공유해왔던 출판업자이다. 괴테와 코타는 18세기 중반부터 19세기 초에 이르기까지 정치와 사회 지형의 변화, 그에 따른 출판 시장의 동요, 대중들의 기호 충족 요건, 이윤 창출의 소신과 같은 가변적 맥락을 뛰어넘어 작가와 출판업자로서 상호 소통을 꾸준히 이어왔다. 그러한 점에서 독일 바이마르 고전주의의 찬란한 결실을 언급할 때 이들의 공생 관계를 간과하기는 어려우며, 오히려 이들의 우정, 나아가 특별한 인연이라고 불러도 좋을 만큼 서로의 경제적인 이해관계를 도외시하지 않으면서도 친밀감과 신뢰에 바탕을 둔 친밀 관계는 독일 문학사에서 특별한 위치를 차지한다고 볼 수 있다.

전 세계를 아우르는 손, 코타

괴테시대의 가장 유명한 출판업자 코타의 활동 반경은 책으로만 한정되어 있지 않다. 그의 전기를 쓴 베른하르트 피셔가 인상적으로 평가했듯이, 코타는 "경제적으로 노련한 계몽주의의 거물"이었으며, 하인리히 하이네는 그가 "전 세계를 아우르는 손"을 가졌다고 회상했다. 그는 제지 공장과 인쇄 기계 생산 공장을 소유하고 있었고, 서적 유통 및 판매와 관련된 사업에도 진출하였을 뿐만 아니라, 토지 개량 사업, 목축업, 방직업, 독일과 스위스 사이에 있는 보덴 호수와 라인강에서 배를 운항하는 선박 회사, 심지어는 유명한 온천 휴양지인 바덴바덴에서 호텔을 경영하기도 했다. 코타가 명민한 사람이라면, 계몽주의 인식의 확산, 새로운 인간과 사회상 대두, 프랑스 혁명과 나폴레옹의 독일 침략, 고조되는 민족주의의 열기와 같은 시대의 흐름이 유럽과 독일 정세에 어떤 변화를 몰고 오는지 세밀히 검토하고, 그러한 관찰이 출판업자이자 사업가인 자신의 미래 설계에 어떤 기여를 할 수 있을지 예측해 보았을 것이다. 그는 이 세상에서 도대체 무슨 일이 일어나고 있는지 알고 싶어 하는 독일인들의 욕망을 간파했으며, 이제 막 글을 깨우쳐 소설을 읽을 수 있게 된 소녀들과 숙녀들의 정서에 상상의 날개를 달아주었다. 그런 점에서 코타 출판사가 발행하는 각종 신문과 정기간행물, 전문서적, 소설과 이야기들이 지식과 정보, 감성 체험에 목말라 있는 시민들의 욕구를 일정 정도 채워주었다는 평가가 과장되었다고 볼 수는 없다. 하지만 글이란 때로는 위험한 매체로 인식된다. 그 때문에 작가나 출판업자는 사회나 국가에서 어떤 글을 공유하는 일이 정당한 일인지를 묻는 권력자의 물음에 답할 준비가 되어 있어야 한다. 이로써 출판과 언론의 자유, 글의 확산과 위법성 문제가 대두되며 이는 출판 사업이라는 본래의 범주를 넘어서는 새로운 차원에 주목하도록 한다. 코타를 정치 무대에서 보게 되는 이유가 여기에 있다. 정치가로서의 코타는 한편으로는 언론과 출판의 자유를 위해, 다른 한편으로는 적법한 경로를 통한 출판업의 안정과 이익창출을 위해 동분서주한다. 1803년, 진리와 자유로운 사상의 교류를 앞세웠던 그의 《일반 신문 Allgemeine Zeitung》이 나폴레옹의 눈치를 볼 수밖에 없었던 프리드리히 선제후의 압력으로 폐간이나 다름없는 조치를 받았던 가슴 아픈 사건은, 표현의 자유 및 권리에 대한 당대 독일의 열악한 상황을 반영한다. 1814년, 출판업계를 대표해 비인 회의에 참석한 코타는 나폴레옹 집권의 잔재 중 하나인 언론의 검열과 표현의 자유문제를 공론화하지만, 1823년, 《일반 신문》이 또다시 20년 전과 다름없는 굴욕을 당하고 나서, 자신의 노력이 결실을 맺기 위해서는 보다 많은 시간이 필요함을 깨닫는다. 헌법과 법률, 규정이라는 정치의 실천적 제도에 대한 코타의 관심은 고스란히 본연의 사업, 곧 출판업의 권리 보장으로 이어진다. 1800년과 그 다음 해, 고타는 지역의 몇몇 출판업자들과 연합회를 조직해 당시 출판업의 고질적인 병폐였던 무단 복제 문제를 탁상 위에 올려놓고 인쇄업자, 제본업자, 해적판을 찍어 아무렇지도 않게 판매하는 책장사꾼들을 모아 협의를 시도하지만 별다른 성과를 거두지는 못한다. 비인 회의에서도 고타는 무분별한 복제가 언론의 검열만큼이나 심각한 사안이라는 점을 환기시키지만, 코타 스스로도 저자의 동의 없이 책을 출판한 적이 있기 때문에 복제판매의 유혹에서 완전히 자유롭지 못했다. 이처럼 출판업자의 권익을 훼손하는 불법 복제 문제의 해결이 요원한 일이었다 하더라도 이 슈투트가르트 출신 "경영 천재"의 사업적 수완은 타의 추종을 불허하였다. 그렇다면 "독일 고전주의자들을 위한 전설적인 출판사를 세우고 그 틀을 견고히 다졌던" 코타의 출판 전략은 무엇이었을까?

"그는 우리를 전부 삼켜버릴 거야"

코타는 1787년, 23살의 나이로, 4대째 이어오고 있는 서적상회를 인수한다. 그의 아버지는 여전한 명성을 안고 있는 튀빙겐 대학의 강의 교재를 파는 것으로 만족했지만, 코타의 시선은 라이프치히를 중심으로 계몽주의가 요동치는 북동쪽을 겨냥한다. 인식의 확장을 꿈꾸는 독일인들의 지적 욕구가 어느 정도였는지, 출판 시장의 급격한 성장을 이미 꿰뚫어 보고 있던 코타의 대응이 어떠했는지는 출판 목록으로 증명된다. 1787년 인수 이전까지 단 16 종에 불과하던 책은 1806년을 기점으로 218 종에 이르렀으며, 신학, 법학, 의학, 수학, 사회학, 군사학, 자연과학 등 거의 모든 분야를 망라한 책들이 출간되었다. 여기에 문학이라는 범주에 포함되는 – 예컨대, 순수문학, 소설, 번역물, 여행기, 오락문학, 단편, 전기 – 책들이 총 63 종으로 29%를 차지하면서 신학과 법학 관련 서적을 3배 이상으로 넘어섰다는 점은 주목할 만하다. 계몽주의의 물결로 더욱 강화된 교양 시민 계급의 형성과 사회 전반에서 관찰되는 "독서 혁명"은 코타를 더욱 바쁘게 만들었다. 한 통계에 따르면, 18세기 중반까지 독일어를 사용하는 사람들의 10%가 글을 읽을 수 있었으며, 1800년에 이르면 25%로 상승하는데, 이는 대략 30만 명의 잠재적 독자들이 있다는 해석을 낳는다. 1700년경, 소설과 같은 문학 작품의 출판은 약 3.5%의 비율을 차지했지만 백여 년이 흐른 후에는 27.3%까지 상승한다. 이러한 환경을 고려하면, 출판 사업가인 코타에게 어느 정도 행운이 따라주었다고 볼 수도 있겠지만, 당대 유능한 작가들을 확보하기 위한 그의 놀라운 출판 전략을 간과해서는 안 된다.

무엇보다도 코타는 작가들을 만족시키는 데 탁월한 감각을 지녔으며 작가가 흡족해할 만한 계약을 성사시킬 줄 알았다. 그는 지면 단위로 원고료를 책정했던 관례를 벗어나 오늘날 저작권 형식과 유사한 계약 모델들을 고안하였다. 예컨대, 기본 원고료를 지급하고 판매 부수에 따라 원고료를 다시 책정하기, 초판 계약과는 별도로 재판 계약 맺기, 출판시기와 출판부수를 작가와 논의하고 결정하기, 더 나아가, 판권을 다른 출판사에게도 넘길 수 있다는 내용 등으로 작가들을 설득할 수 있었다. 이와 같은 새로운 유형의 계약 방식을 유연하게 적용함으로써 코타는 작가들에게 예술적 가치가 경제적 가치로 환산되는 기묘한 체험을 선사하고, 그들이 출판업자인 자신을 단순히 상품 거래자로만 보지 않고 일종의 예술과 학문의 후원자라는 인식을 갖도록 하는 성과를 거둔다. 그렇게 해서 인연을 맺은 최초의 거물 작가가 실러다. 그는 실러라는 더할 나위 없는 중재자를 통해 괴테를 비롯한 당대 필력을 자랑하는 작가들을 거의 전부 불러들인다. 라이프치히의 유력한 출판업자이자 라이벌이었던 괴스헨 Georg Joachim Göschen은 실러와 괴테를 코타에게 빼앗긴 후, 그를 가리켜 "독일출판입의 보나파르드"라고 힐난한다. 불평과 불만이 뒤섞여 있는 다음의 말은 괴스헨을 비롯한 다른 출판업자들의 위기의식을 그대로 반영하고 있다. "그는 우리 전부를 삼켜버릴 거야."

위대한 중재자 실러, 《호렌》 그리고 괴테와의 만남

1794년을 기점으로 실러가 기존의 파트너였던 괴스헨을, 그것도 갑작스럽게 등지고 코타와 새로운 계약을 맺기 시작한 이유는 비교적 명확하다. 한참 중병을 앓아왔던 실러는 경제적으로 늘 열악한 상황에 있었고, 괴스헨에게 계속해서 도움을 구하는 일도 간단치 않았다. 실러는 파격적인 조건을 제시한 코타에게 미학에 관한 편지 형식의 글 모음인 『칼리아스 편지들 Kallias Briefe』를 넘졌고, 같은 해에 정기간행물인《호렌》의 발간 계약을 맺는다.《호렌》의 간행은 출판업자인 코타와 주편집자가 될 실러 모두에게 호재로 작용했다. 왜냐하면《호렌》이 가져다 줄 양자의 이해관계가 맞아떨어졌으며 그 이해관계의 중심에는 괴테가 있었기 때문이다. 실러는《호렌》을 통해서 나름의 정치적 활동을, 곧 독일이 프랑스 혁명에 대응하는 하나의 방안을 미학적으로 제시하고자 했으며, 이를 위해서는 유력한 작가들을 끌어 모을 수 있는 믿을만한 출판사가 필요했다. 실러는 코타로 하여금《호렌》이 장차 독일 지성사에서 차지하게 될 위상을 그려보게 함으로써 코타의 결심을 끌어낸다. 이 때 실러 자신도《호렌》의 성공을 위해 간절히 바라는 바, 곧 괴테가 공동 편집자로 참여할 수 있다는 사실을 비춤으로써 코타를 안심시킨다. 하지만 코타가 짐작한 대로《호렌》은 수익을 가져다주지 못했고, 판매 부수가 지속적으로 감소하면서 3년을 버티지 못했지만, 코타는 장기적인 관점에서《호렌》에 통 큰 원고료를 지불하고 발행인으로 역사에 남는다. 실러의 주변에는 바이마르와 라이프치히, 그리고 예나에서 활약하고 있는 고전주의, 낭만주의 작가들이 모여 있었으며, 그들과 교류하면서 출판 계약을 성사시킬 가능성은 그만큼 높다고 볼 수 있었다. 이제는 실러와 막역한 친구처럼 지내면서 출판과 관련이 없는 개인적인 일상사에 관해서도 대화를 나누게 된 코타는 괴테와도 유사한 인연을 맺을 수 있는 시점이 다가옴을 직감할 수 있었고, 1797년 9월, 실러의 도움으로 드디어 괴테와 첫 만남을 이룬다.

40여 년 우정의 탑을 쌓다

실러는 스위스로 여행을 떠나는 괴테에게 슈투트가르트에 들러 코타를 만나

보라고 권유했고, 괴테가 이를 수락하자 둘의 만남은 코타가 괴테를 초대하는 형식으로 성사되었다. 괴테는 코타의 집에 8일간 머무르면서 정성스러운 환대를 받았고, 이를 다음과 같은 편지로 실러에게 전한다.

> 내가 코타 선생을 더 알게 되면 될수록 제 마음에 드는군요. 코타 선생은 사업가의 행동 양식을 갖고 있는 사람치고는 온화하고, 부드러운 성격을 가졌으며 이해력이 풍부합니다. 명석함과 쾌활한 성격도 있고요. 그래서 제게는 근래에 보기 드문 사람으로 보입니다.
>
> 1797년 9월 12일, 괴테가 실러에게

실러는 괴테의 편지를 받고 매우 흡족해 했으며 자신의 가교 역할이 코타 출판사의 명성을 드높일 뿐만 아니라, 그 사이 자연과학에 치우쳐 있던 괴테의 관심이 다시 문학으로 돌아오기를 기대했다. 이에 부응이라도 하듯 괴테는 예술을 주제로 하는 또 하나의 정기간행물 《프로필레엔Propyläen》을 실러와 함께 야심차게 준비했지만, 결과는 《호렌》보다 더 형편없었다. 코타는 실패를 예상하고도 "바이마르 예술 친구들의 몸 속 장기"나 다름이 없는 이 예술잡지를 받아들이는 데 주저하지 않았다. 왜냐하면 이 사업을 추후 손실을 메울 수 있는 다른 계약을 확보하기 위한 일종의 선투자로 간주했던 것이다. 그 이후로도 괴테는 마치 코타를 시험해 보려는 듯이 이런저런 얼마 되지 않는 분량의 원고들을 보냈고, 그럴 때마다 코타는 버젓한 책으로 세상에 내보낸다. 이러한 상황을 모르지 않는 실러는 괴테의 책상에 아직 파묻힌 채로 남아 있는 『파우스트』를 언급하며 힘을 북돋운다.

괴테가 파우스트만 다시 쓴다면 선생은 손해 본 것 전부를 돌려받을 수 있다는 희망을 가지고, 지금까지 겪었던 위험 부담을 더 이상 마음에 담아 두지 않아도 될 것입니다.

1802년 5월 18일 실러가 코타에게

실러의 말이 틀린 것은 아니었지만, 파우스트를 출판하기 위해서는 30여 년의 세월을 더 기다려야만 했다. 같은 편지에서 그는 괴테가 얼마나 까다로운 사람인지, 특히 출판업자들을 대하는 그의 냉랭한 태도에 대해서 담담하게 진술한다.

괴테가 이 드라마를 언제 끝낼지 알 수 없다는 문제와는 별개로, 선생이 비록 괴테로 인해 많은 희생을 치르셨다 하더라도 괴테는 선생에게 다른 출판업자들보다 원고를 더 싼 값에 넘기지 않을 것이라는 점은 분명합니다. 그가 요구하는 건 굉장히 많습니다. 괴테와 거래를 한다는 건 상당히 어려운 일이지요. 그는 자신의 가치를 잘 알고 있고, 또 자기 자신을 굉장히 높게 평가합니다. 더구나 출판업자들의 이익에 신경을 써 본적도 없습니다. 지금까지 그와 관계를 잘 유지하고 있는 출판업자는 한 명도 없습니다. 괴테를 만족시킨 출판업자는 단 한 명도 없고, 대부분의 출판업자들도 괴테에게 만족을 느끼기는 힘들었을 겁니다.

1802년 5월 18일 실러가 코타에게

1805년 실러가 세상을 떠나자, 괴테와 코타는 독일 고전주의 문학의 동반자이면서 훌륭한 중재자를 잃었다는 슬픔을 감출 수 없었다. 한편, 괴테는 정말 출판업자들을 못살게 구는 까다로운 작가였을까? 그렇다면 그 이유나 배경은 무엇일까?

> 출판쟁이들은 전부 다 악마에요, 때문에 그들만을 위한 지옥이 반드시 있어야 합니다.
>
> 1829년 1월 괴테가 프리드리히 폰 뮐러에게

괴테는 왜 공생 관계에 있어야 할 출판업자들을 향해 위와 같은 독설을 던졌을까? 괴테가 늘 불법 복제에 시달렸다는 말은 과언이 아니다. 앞서 언급한 것처럼, 18세기 독일은 시민들의 소득 증가, 문맹률 저하로 독서층이 늘어나면서 독서 시장의 폭발적인 확대를 경험한다. 불법 복제와 해적판이 횡횡하는 이유는 크게 두 가지로 구분된다. 하나는, 원고료, 저작권료, 편집 비용 등의 고정비가 들지 않는 한, 복제 출판사는 두말할 것도 없이 원작 출판사가 벌어들이는 것보다 더 큰 수익을 얻을 수 있기 때문이다. 다른 하나는, 단지 판매 가격이 더 싸다는 이유로 독자들이 해적판을 구입하는 것이 아니라, 원작출판사가 공급을 감당할 수 없을 만큼 수요가 급격히 늘어났기 때문이다. 더구나 300여 개의 나라로 흩어져 있는 독일 땅에서 저작권이라든가, 복제 금지와 같은 법적인 보호 장치 마련은 요원한 일이었다. 이러한 사정으로 괴테는 『젊은 베르테르의 슬픔』 시절부터 자신의 작품이, 자기도 모르는 사이에 시장에 유포되고, 어디든 어렵지 않게 구하는 것을 목격할 수 있었다. 하지만 괴테를 더욱 분노케 하는 일은 해적판이 돌아다니는 사실 그 자체보다 자기와 법적으로 계약 관계에 있는 원작 출판업자들도 불법 복제를 자행했다는 사실이다. 일례로, 괴테의 전집을 처음으로 발간한 괴스헨은 애초에 3,000부를 발행하기로 계약을 했지만, 추후 괴테의 동의는 말할 것도 없고, 통보조차 안 하고 2,000부를 추가 인쇄한다. 이처럼 저작권의 부재는 소유 개념의 모호함을 야기하며 보통은 돌이킬 수 없는 갈등으로 귀결된다. 예컨대, 출판업자는 한번 사들인 원고는 영원히 인쇄할 수 있다고 믿었고, 작가는 초판 인쇄만을 허락했다고 믿기 때문이다.

코타 역시, 불법 복제와 같은 노골적인 양상은 아니었지만, 아니면 처음부터 의도한 일은 아니었을지라도 작가의 권리를 훼손시키는 사건들이 불거져 괴테를 곤혹스럽게 했다. 실러의 사망 이후, 괴테는 꾸준히 코타와 안정적인 관계를 형성하면서 자신의 전집을 새롭게 구성, 편집하고 세상에 내놓는다. 코타는 거의 언제나 만족스러운 원고료와 계약 조건을 제시하여 괴테를 안심시킨다. 그러는 동안 오스트리아 빈에서 괴테의 속을 불편하게 하는 일이 발생하는데, 위탁을 받은 빈의 한 출판사가 편집을 원본과 다르게 해 괴테 전집을 소책자 형태로 발간한 것이다. 본래 계약에는 없었던 일이기에 괴테는 코타에게 문제 제기를 하였지만, 코타의 대응은 변명처럼 들릴 뿐이었다. 1811년에 벌어진 이 작은 사건은 1823년에 이르러 대형 사고로 번진다. 코타는 대담하게도 그 옛날 괴스헨처럼 원작자에게 동의도 구하지 않고 재판을 인쇄해 빈에서 유통시킨다. 저작권료는 말할 것도 없었다. 괴테의 다음과 같은 편지는 출판업자가 작가에게 어떤 해를 끼칠 수 있는지를 여실히 체험한, 이미 노년에 접어든 작가의 자기 고백을 반영한다.

코타 선생께서 제게 주신 해명, 우리 두 사람 사이에 일어난 가장 불쾌한 문제에 관한 그 해명은 오히려 그 모든 고통스러운 감정을 다시 불러일으킬 뿐입니다. 한 독일 작가가 평생을 안고 가야 할 그 고통을 말입니다.

1824년 1월 14일 괴테가 코타에게

하지만 이런 불미스러운 여러 사건들에도 불구하고 괴테의 마지막 책을 출간할 최종 승리자는 역시 코타였다. 1826년 2월, 과정이 순탄하지만은 않았지만, 괴테는 "저자 확인 완결판Goethes Ausgabe letzter Hand" 출판을 위해 결국 코타와 손을 잡는다.

괴테는 그 감격스러운 순간을 다음과 같이 코타에게 전한다.

우리의 정신이 얻게 된 평온은 말로 다 표현될 수 없기에 저는 귀하에게 (중략) 가장 중요하다고 생각되는 점을 말하고자 합니다. 바로 수년간에 걸쳐 얻은 저의 문학 활동의 결과물이 당신의 손에 놓여 있다고 확신하는 지금처럼 비로소 진정한 만족감을 느껴 본 적이 없다는 사실입니다.

1826년 2월 3일 괴테가 코타에게

여기에는 행운도 따라와 주었다. 바로 전 달에는 괴테가 수년 전부터 노력해왔던 저작권의 보호, 곧 자신의 작품이 더 이상 해적판이라는 오명을 뒤집어쓰고 세상에 나오는 일이 없도록 하는 특별법이 독일 연방에 속한 모든 나라들에 의해 승인된 것이다. "최고의 훈장"과도 같은 이러한 권리는 코타에게도 적용되었다. 코타는 독일에서 괴테 전집을 출간할 수 있는 유일한 출판인이 되었다. 괴테의 마지막 전집 출간 소식은 도서박람회를 중심으로 큰 화제가 되었고, 모두 22개의 출판사가 오늘날 표현으로 경매에 참여하였다. 코타가 가장 큰 액수를 부른 하노버 출판사의 절반 가격인 60,000탈러를 제시하고도 최종 승리자가 된 이유는 무엇일까? 코타는 30여 년 전부터 거절을 모르고 괴테의 책을 출판을 해 왔다는 점에서 상당한 신뢰를 얻고 있었다. 여기에 이미 크게 두 차례에 걸쳐 전집을 완성한 경력이 있는 만큼 까다롭고 예민한 괴테의 주문을 코타만큼 잘 이해하는 출판인은 드물었다. 뿐만 아니라 자신과 가장 돈독하게 지냈던 실러와의 인연도 고려해 볼 수 있다. 그다음 해인 1827년, 코타는 실러와 주고받은 편지를 출판하자는 괴테의 제안을 기꺼이 수용하고 8,000탈러의 높은 금액으로 계약을 체결한다.

괴테는 코타와 계약하기 한 달 전, 꽤 많은 출판업자들이 거액이 적힌 출판 의향서를 보내자, 실러의 뒤를 이어 중재자 역할을 이어오고 있는 젊은 예술사학자 브와세레Sulpiz Boiserée에게 작가로서 거의 평생에 걸쳐 담아두고 온 의구심을 다음과 같이 표한다.

> 이 거래를 하면서 가장 사악한 게 뭔지 제가 한번 얘기해 볼까요? 바로 이겁니다: 출판업자들은 언제나 자기 자신과 자기 가족들에게 이익이 되는 것만을 알고 있다는 것이죠. 그에 대해서 작가들은 완전히 무지한 상태로 있는데도 말입니다.
>
> 1826년 1월 12일 괴테가 브와세레에게

하지만 적어도 코타는 그러한 의구심에서 한 발짝 떨어져 있는 것으로 보인다.

> 최근 계약 시점인 1823년 이후로, 내가 코타 선생과 관계를 맺고 있다는 사실을 꽤나 반기고 있습니다만, 여기엔 하등 이상할 게 없습니다.
>
> 1826년 1월 12일 괴테가 브와세레에게

세상을 떠나기 1년 전인 1831년 6월, 괴테는 『식물변형론』의 재출간 문제로 코타에게 편지를 보낸다. 괴테는 마치 지난 40여 년의 관계를 술회하려는 듯이 그답지 않은 겸손한 어투로 온정이 담긴 덕담을 건넨다. 코타를 향한 괴테의 진심이 묻어 나오는 대목이다.

> 제가 지금 선생에게 드리는 고백은 믿을 만할 겁니다. 지금까지 여러 번 우리 사이를 침체시키는 일이 있었고, 또 한동안 침묵으로 보낸 세월도 있었지요. 때문에 용서를 구하고 이 일이 바로 잡히기를 빌면서 지금도 확실히 드리고 싶은 말씀이 있습니다. 제가 꼭 이루고 싶은 소원이죠. 세월이 더 흘러도 변함없이 서로를 존경하는 한 쌍이 외부로부터 어떤 사악한 일이 침투하더라도 내면에서 솟는 삶의 힘을 계속해서 발휘하면서 평안하게 지냈으면 하는 소원 말입니다.
>
> 1831년 6월 16일 괴테가 코타에게

아름다운 공생

독일 고전주의의 찬란한 역사에서 작가들의 위치는 거의 절대적이다. 계몽의 사상과 자유, 예술과 학문의 무궁무진한 경험과 감동을 재현하기 위해 작가들은 언어를 재단하고 글을 읽을 수 있는 독자들의 마음을 두드린다. 문학의 즐거움과 진지함을 독일인들에게 설파했던 작가들 중에서 괴테는 그 선봉에 섰다고 볼 수 있다. 하지만 만약 실러처럼 탁월한 미학적 식견으로 조언을 숨기지 않는 동료를 만나지 못했다면, 그리고 코타와 같이 때로는 인내와 너그러움으로, 또 때로는 과감한 결단력으로 자칫 예민해져 버리는 작가들의 문학 세계로 진입하는 출판업자가 없었다면 괴테의 전집과 같은 문화 동력을 오늘까지 간직하기는 어려웠을 것이다. 코타의 놀라운 업적은 독일이라는 나라가 사분오열되어 있어 정보의 취합 및 공유가 녹록지 않았던 때에 그 정보들을 한곳으로 모아 작가와 독자들이 보다 수월하게 만나기 시작했다는 점에 있다. 뿐만 아니라, 작가의 권익과 출판 회사의 책임을 보다 분명히 제시함으로써 장차 독일 출판계가 나아가야 할 방향을 선도하는 데 앞장선 문화개혁가이기도 하다.

비교적 부유하게 태어난 괴테는 여러 행운을 안고 살았다. 그는 바이마르의 고위 행정 관료로서 받는 월급을 초과할 만큼의 높은 원고료와 저작권료를 받았다. 그의 책을 거절하는 출판사가 거의 없었던 것도 그의 행운에 속한다. 그 행운의 한가운데에 코타가 있다. 같은 해에 세상을 떠난 코타와 괴테의 공생은 어떻게 보면 서로에게 행운이었다.

서송석

GOETHE
LEXIKON
II

유스투스 뫼저

뫼저Justus Möser(1720–1794)는 오스나브뤼크의 정치인이자 법학자, 역사가, 저술가로 초기 괴테의 사상 형성에 깊은 영향을 준 인물이다. 괴테와 뫼저는 서로를 높이 평가했다. 하지만 두 사람은 아마도 많은 나이 차이로 인해 개인적으로 만나거나 직접 서신을 교환하지는 않았다.

괴테가 그의 글을 처음 접한 것은 1770~71년 겨울 스트라스부르에서 헤르더를 통해서였다. 헤르더는 괴테에게 《오스나브뤼크 인텔리겐츠 블레터Osnabrückische Intelligenz-Blätter》에 나온 뫼저의 글을 읽어 보라 추천했다. 뫼저 글의 영향은 괴테가 이후 1771년 8월 6일, 스트라스부르대학 법학부에 법학 박사 취득을 위해 제출한 56개 라틴어 테제에서도 느낄 수 있다. 괴테의 초기 드라마 『괴츠Götz』에서도 독일적 자위권Faustrecht에 대한 뫼저의 글뿐만 아니라, 뫼저의 『오스나브뤼크의 역사Osnabrückische Geschichte』 제1부의 서문에 나온 15세기 말에서 16세기 전환기의 (구)독일 제국의 상태에 대한 정치적·역사적 맥락이 반영되고 있다.

괴테의 초기작 『괴츠』와 『베르테르Werther』는 뫼저가 젊은 괴테에게 주목을 하는 계기가 된다. 곧 뫼저는 딸 예니 폰 폭트Jenny von Voigt를 통해 인편으로 그즈음 베를린 니콜라이 출판사에서 출간된 자신의 저술 『애국적 환상Patriotische Phantasien』(1774) 제1권을 보낸다. 괴테는 1774년 12월 28일, 뫼저의 딸에게 보낸 서신에서 뫼저에게 감사하며 그 저술의 2권도 출간할 것을 권유한다.

뫼저의 (구)독일 제국에 대한 전통적 정치·역사적 시각은 괴테가 프랑크푸르트를 떠나 작은 바이마르공국에서 활동을 하고자 결심하는 계기가 된다. 그의 인생 초기를 다룬 자서전 『시와 진실』에서 독일 내의 작은 국가들이 다양한 독일적 개별 문화의 확산에 가장 소중하다고 언급하는 것도 같은 맥락이다. 1774년 겨울, 괴테가 카를 아우구스트 공작을 처음 만날 때 『베르테르』 같은 그의 문학 작품이 아니라 뫼저의 『애국적 환상』 제1권을 책상 위에 올려 둔 것은 유명하다. 이를 통해 괴테는 자신이 단순한 문학 작가가 아니라 국가의 정치와 행정에도 관심과 능력이 있음을 보이고자 했다. 이후 괴테가 바이마르 공화국에서 아우구스트 공작의 측근으로 공국의 정치와 행정을 만들어 가는 '형성자Gestalter'로 봉직한 것은 괴테의 국가 이념에 끼친 뫼저의 영향을 보여 주는 증거라 할 수 있다.

1781년 5월, 뫼저는 딸을 통해 자신의 논문 「독일 언어와 문학에 대해Über die deutsche Sprache und Literatur」를 괴테에게 보낸다. 뫼저는 이 논문에서 프로이센 프리드리히 2세가 쓴 「독일 문학에 대하여De la Littérature allemande」를 반박한다. 프리드리히 대왕은 독일 문학을 전반적으로 평가 절하하면서 특히 괴테의 『괴츠』에 대해 비판적으로 기술했다. 뫼저는 이에 대해 『괴츠』를 '독일 땅의 고상하고 아름다운 작품'이자 진정한 '민족 연극'이라고 반박했다. 괴테는 (뫼저 딸을 통해)

뫼저에게 존경과 경의를 표하는 답장을 한다.

뫼저가 괴테의 모든 작품에 대해 공감과 인정을 나타낸 것은 아니다. 이를테면 『이피게니에Iphigenie』(1779년 산문판)의 경우는 너무 그리스적이어서 독일 관객에게 공감을 얻지 못할 것이라는 평을 한다. 1782년 5월 이후 두 사람의 (간접) 서신 왕래는 끊어진다. 그러나 그 후에 나온 괴테의 비극 작품 『에그몬트Egmont』(1788)에서도 여전히 뫼저 사상의 영향을 볼 수 있다.

1813년과 1814년, 괴테는 『시와 진실』 3부를 집필하면서 뫼저의 이념과 뫼저의 『애국적 환상』을 다시 집중적으로 연구하고 그에 대한 생각을 정리한다. 10년 후 1823년 괴테는 자신의 잡지 《예술과 고대Ueber Kunst und Alterthum》 제4권에 「유스투스 뫼저Justus Möser」라는 소박한 제목의 글을 싣고 그의 공적을 기린다. 괴테는 뫼저 유고를 모아 『오스나브뤼크의 역사』 유고판(3부)이 간행된다는 것을 듣고 이 글을 작성한다. 그 유고판은 1824년 베를린 니콜라이 출판사에서 출간된다.

현재의 관점에서 볼 때 뫼저의 사상은 괴테에게도 많은 영향을 끼쳤다고 말할 수 있다. 즉 뫼저는 괴테에게 국가와 정치에 대한 기본 이념뿐만 아니라, 독일 문화와 역사에 대한 시각을 형성하는 데 핵심적 영향을 끼친 인물의 하나로 평가할 수 있다.

조우호

GOETHE
LEXIKON
II

토마스 만

토마스 만Thomas Mann(1875–1955)만큼 독특하게 괴테와 연결된 작가도 드물 것이다. 1941년 4월 캘리포니아 퍼시픽 펠리세이즈Pacific Palisades에 정착한 토마스 만을 '할리우드의 괴테'로 부른 것도 함의가 있다. 같은 해 12월에 재닛 플래너Janet Flanner 기자가 미국의 주간지 《The New Yorker》에 위의 제목과 함께 기사를 썼을 때, 토마스 만은 약 3년 전 뉴욕에서 금융계 거부이자 워싱턴 포스트 사주의 부인으로서 그의 망명을 도우며 기자 활동과 함께 미국의 주류 사교계를 이끌던 아그네스 마이어Agnes E. Meyer의 거의 무조건적인 숭배와 재정 지원 덕분에 매우 안정적인 생활과 집필을 이어 가다가 캘리포니아로 옮겨 온 터였다. 독일계 미국인이었던 아그네스 마이어는 토마스 만이야말로 괴테를 통해 구현된 '훌륭한 독일 정신'을 가장 잘 대변하는 동시대 인물로 보고 전폭적인 지원을 아끼지 않았던 사람이다. 반면, 토마스 만 자신은 그녀의 압도적인 지위와 활약을 기꺼이 누리면서도 그녀를 곱게만 보지 않았다. 아무튼 토마스 만을 위한 마이어의 헌신적인 역할을 모르지 않았던 플래너가 그를 '할리우드의 괴테'라고 부른 데에는 그의 '18세기적'인 보수성, 즉 그 자신의 시대에는 어울리지 않는 반동성에 대한 지적이 포함되어 있었다.

괴테가 토마스 만이 집필한 여러 에세이의 소재와 주제, 또 소설의 주인공이었을뿐더러 수많은 작품 속에서 매우 다양한 형태로 크고 작은 흔적을 남긴 것은 분명하다. 그 어떤 경우에도 괴테는 특히 토마스 만의 개인적인 삶의 모델이었다는 점에서 특징적이다. 그의 에세이 「괴테와 톨스토이Goethe und Tolstoi」(1921), 「일본의 젊은이들에게 – 괴테 시론An die japanische Jugend – Eine Goethe-Studie」(1932), 「시민 시대를 대변하는 인물로서의 괴테Goethe als Repräsentant des bürgerlichen Zeitalters」(1932), 「작가로서 괴테의 이력Goethe's Laufbahn als Schriftsteller」(1932), 「괴테에 관한 공상Phantasie über Goethe」(1948), 「괴테와 민주주의Goethe und Demokratie」(1949) 등은 모두 그런 괴테를 보여 주고 있다. 또 괴테의 작품에 대한 해석으로서 「괴테의 '친화력'Zu Goethe's 'Wahlverwandschaften'」(1925), 「괴테의 '파우스트'Über Goethe's 'Faust'」(1939), 「괴테의 '베르터'Goethe's 'Werther'」(1941) 등도 마찬가지이다. 토마스 만의 관심이 괴테의 작품보다 괴테라는 개인적 존재 자체에 있었다는 점은 괴테 패러디에 가까운 소설 『바이마르의 로테Lotte in Weimar』(1939)에서도 잘 드러낸다. 말하자면 토마스 만에게 괴테는 오랫동안 스스로의 자아 정체성 형성을 위한 모범이자 궁극적으로는 넘어야 할 산이었다고 할 수 있다. 일흔두 살의 괴테가 마리엔바트에서 열일곱 살의 소녀 울리케 폰 레베초프Ulike von Levetzow에게 '품위 없게도' 사랑을 바치다가 거절당한 사건을 풍자하고자 구상했던 토마스 만의 '동성애 소설' 『베니스에서의 죽음Der Tod in Venedig』(1912), '괴테적인' 교양소설 형식을 현대적으로 '비틀어' 쓴 장편소설 『마의 산Der Zauberberg』(1924) 혹은 '괴테적인' 소재를 비극적으로 재구성한 소설 『파우스트 박사Doktor Faustus』(1947)는 토마스 만이 얼마나 자신의 방식으로 괴테에 천착했는지를 뒷받침해 주는 또 다른 예들이다.

괴테에 대한 토마스 만의 깊은 관심은 매우 특이한 면모를 띤다는 점에서 더욱 주목을 끈다. 자신보다 126년 앞서 살았던 괴테에 대한 토마스 만의 관심은 사실상 스스로에 대한 관심 혹은 자아 집착의 한 형태로 나타난다. 1929년에 노벨 문학상을 수상하기 전부터 상당한 명성을 쌓던 토마스 만이 수 세대 전의 괴테에 대해 말할 때는 거의 항상 자신에 대해 말하고 있는 것이다. 이것은 끊임없이 자기 정체성 구성에 몰입했던 토마스 만의 삶과 작품이 철저히 '상호 구성적'이었다는 점, 즉 그가 자신의 삶을 작품에서 재구성했을 뿐만 아니라, 작품에서 다듬은 자아의 모습을 다시 삶 속에서 구현하고자 했던 기본 원칙과 궤적을 같이한다.

이런 맥락에서 '토마스 만의 괴테'는 다분히 이중적으로 나타난다. 우선 젊은 토마스 만은 고전 시대의 괴테에 대해 (실러의 시각을 원용하면서도) 원칙적으로 거리를 둔다. 실러의 저명한 문학 이론 「소박한 문학과 감상적인 문학Über naive und sentimentalische Dichtung」(1795)에서 출발한 토마스 만은 괴테를 '소박한 시인'으로, 또 실러를 '감상적인 시인'으로 분류하며 자신을 실러와 동일시한다. 가령 창작의 정신적 지난함, 삶에 대한 작가의 관조적인 고뇌를 토로하는 초기 단편소설 『힘든 시간Schwere Stunde』(1905)에서 익명의 주인공은 실러를 연상시키며 토마스 만 자신의 자아상을 대변하고 있다. 바로 여기서 언급된 '다른 사람, 밝은 사람, 행위를 즐기는 사람, 관능적인 사람, 신의 은총을 받아 무의식적인 사람, 그가 연모의 적대감으로 연결된 채 사랑하는 저기 바이마르의 그 사람'은 괴테를 암시하거니와, 그의 모습은 분명 아이러니를 내포한다. 이것은 실러가 본 괴테라기보다 '토마스 만의 괴테'를 말해 준다. 실러에게 '소박한 시인'은 고대의 호메로스처럼 자연스럽게 스스로와 조화를 이루며 행복하게 창작하는 존재이고, 근·현대의 '감상적인 시인'은 그런 자연성과 조화를 잃어버렸기에 정신의 소모를 통해서만 창작에 매진할 수 있을 뿐이다. 이와 달리 토마스 만은 '소박한 시인'의 '무의식적이고 충동적으로 쏟아 내는' 글쓰기 방식에 초점을 맞춤으로써 결국 창작으로 고뇌하는 작가로서 자신이 본질적으로 부정한 자아의 한 단면이 반영된 상을 만들어 낸 것이다.

'토마스 만적인 괴테상'은 한때 혼란스러운 정치적 여건 및 형제간의 갈등과 맞물리며 한층 더 부정적인 면모를 띠기도 한다. 1차 세계대전 중에 집필된 「어느 비정치적인 인간의 성찰Betrachtungen eines Unpolitischen」(1918)에서 매우 보수적인 '독일 정신'을 대변하던 토마스 만은 네 살 위의 형이자 친프랑스 경향의 민주주의자였던 하인리히 만Heinrich Mann을 맹렬히 비난하고, 그가 진중한 '독일 정신'을 외면한 채 프랑스풍의 대중 편에서 가볍게 쏟아 내는 "문명 작가Zivilisationsliterat"라고 성토한다. 고결한 '문화'를 구현하는 '시인Dichter'이 아니라 감각적인 '문명'을 구가하는 '작가Literat'라는 개념 자체가 이미 평가 절하된 존재를 지칭하거니와, 실러가 문화 이전 시대에 존재했다고 본 '소박한 시인'이 특히 현대 정치의 색채로 덧입혀지며 실로 의심스러운 모습으로 재구성된 셈이다.

1차 세계대전이 끝나고 독일 제국의 해체와 함께 1919년에 바이마르 공화국이 출범하게 되면서 정치적 입장을 다소 수정하게 된 토마스 만은 고전 시대 바이마르의 괴테와 관련된 첫 에세이 「괴테와 톨스토이」를 통해 괴테상 내지 자아상을 조정하기에 이른다. 여기서 괴테는 여전히 '감상적인' 유형의 시인 실러 및 도스토옙스키와 대조된 '소박한' 유형으로 나타나지만, 소위 '뛰어난 독일 정신'을 깊이 있게 지향하는 새 시대의 위인으로 다시 태어나고 있다. 말하자면 토마스 만은 격변하는 현실 속에서 유서 깊은 휴머니즘과 미래를 향한 시선을 두루 갖춘 자아상이 절실해졌고, 그런 이상적 자아가 투영된 괴테를 통해 정신적 지원자를 만들어 낸 것이다. 이런 맥락에서, 후에 세계공황과 함께 바이마르 공화국이 정치적·사회적 신진 세력에 의해 급격하게 위태로워져 가고 있을 때, 괴테가 다시 '시민 시대를 대변하는 인물'로서 소환되는 것은 전혀 의외가 아니다. 설사 '토마스 만의 괴테'가 훗날 망명지 미국에서 소설 『바이마르의 로테』를 통해 다시 패러디되거나 또 2차 세계대전 후에 동서 분열을 예고하는 세계정세 속에서 에세이 「괴테에 대한 공상」을 통해 "특히 독일인에게 모범이 되는, 양극을 조화시키는 전인으로서의 어떤 존재, 즉 인간의 이상"으로 드높여지더라도, 토마스 만이 말하는 괴테는 스스로의 자아 구성을 위한 장으로 활용되고 있다는 점에서 변함이 없다.

요컨대, 이 모든 '토마스 만의 괴테' 내지 괴테와의 '신비로운 합일unio mystica'이 말해 주는 것은, 괴테를 향한 토마스 만의 생각이 항상 자신에 대한 생각이라는 점이다. 이와 같이 '토마스 만적인 괴테'가 일찍이 독일의 문학과 문화를 세계적인 반열로 이끌었던 괴테의 실제 존재에 어느 정도로 부합하는지의 문제는 일단 접어 두더라도, 그가 독일 정신사에서 차지하는 큰 비중을 반증하는 것만은 틀림없을 것이다.

김륜옥

GOETHE
LEXIKON
II

프리드리히 빌헬름 요제프 셸링

독일 지성사에서 가장 천재적인 사상가를 꼽으라면 주저함 없이 독일관념론 철학자인 프리드리히 빌헬름 요제프 셸링Friedrich Wilhelm Josepf Schelling(1775-1854)을 떠올릴 것이다. 그의 천재성과 명석함은 일찍이 괴테에 의해 간취되었다. 괴테는 1798년 5월 29일, 동료였던 추밀고문관 포크트Christian Gottlieb Voigt에게 보낸 편지에서 셸링을 '매우 명석하고 정력적이며 최신의 경향에 따라 조직화된 두뇌의 소유자'로서 '과격 공화파 웅변가의 자취'는 찾아볼 수 없는 '절제되고 교양 있는' 젊은 학자로 봤다. 그러면서 괴테는 최종적으로 셸링을 시험해 보기 위해 며칠간 자신의 광학 실험에 참가하도록 초대했다. 초대에 응한 셸링은 뉴턴에 대해서는 회의적인 태도를 취한 것과 달리 괴테의 색채 이론에 대해서는 열광을 표명했다. 이에 대한 대가로 괴테는 1798년 7월 5일, 셸링을 예나 대학 교수로 추천을 했으며 셸링은 23세의 나이에 철학교수가 되었고 이를 통해 평생 셸링과 학문적이고 철학적이며 개인적인 교류를 했다.

괴테가 셸링에 대해 가진 관심은 무엇보다 그의 사변적인 자연철학이었다.

1798년 괴테는 셸링의 『세계영혼에 대해Von der Weltseele』(1798)을 읽고 큰 감명을 받아, 읽은 지 2주도 지나지 않아 비가를 썼으며, 이듬해 셸링의 『자연철학 체계의 첫 구상Erster Entwurf eines Systems der Naturphilosophie』(1799)을 읽고 나서는 예나대학 철학 수업의 기본 자료가 되었던 『자연철학 체계의 구상 입문Einleitung zu dem Entwurf eines Systems der Naturphilosophie』(1799)을 수정하는 데 도움을 줬다. 이후 괴테는 그와 집중적으로 토론했는데, 1799년 11월 9일에 쓴 셸링의 편지에 따르면 그 자신은 일주일 동안 매일같이 괴테와 자연철학에 대해 토론하면서 자신의 작업을 정교하게 완성시켜 나갈 수 있었다고 한다. 많은 학자들은 셸링이 괴테와 만나기 이전 시기와 그 이후의 시기가 철학적으로 확연히 구분된다고 말한다. 말하자면 셸링이 괴테의 '형태변형론Metamorphosenlehre'의 영향을 받아 괴테를 만나기 전과는 달리 자연에도 자기생산적인 의미를 부여하게 되었다는 것이다. 괴테와 셸링이 공유한 자연철학적 이념은 자연의 형태 변형이 단순히 자연의 발전 과정을 묘사해 주는 것일 뿐 아니라 자연의 기초이자 원천이며 더 나아가 자연의 개별 부분들과 그 부분들 간의 관계를 구성하는 원형이라는 것이다.

형태변형론의 기본 생각은 개별 형식이 통일적인 기본 형태의 특정한 형성 결과라는 것이다. 그리하여 형태변형론은 원칙적으로 무한히 변형될 수 있는 가변적인 기본 형태를 전제하는 것이다. 괴테의 경우 그것은 식물의 기본 형태에서 나타난다.

> 식물들은 싹을 틔우고 꽃을 피우거나 열매를 맺는다. 그것은 다양한 규정과 매번 변화되는 형태들 아래서 자연의 규정을 충족시키는 동일한 기관들인 것이

> 다. 줄기 부분에서 잎으로 스스로를 확장시키고 매우 다양한 형태를 취해 왔던 바로 그 동일한 기관이 이제 꽃받침 속에서 수축하고 다시 꽃잎 속에서 확장되어 최종적으로는 열매로서 확장되기 위해 성적인 도구들 속에서 수축된다.

괴테와 유사한 맥락에서 셸링은 자연의 형태 변형을 보편적인 자연법칙으로 규정했다. 그리고 그 기저에 놓여 있는 일반적 형태가 바로 '자기력Magnetismus'이라는 것이다. 자기력은 양극성을 특징으로 한다.

> 지금까지 단일한 것으로 간주되어 왔으며 지구의 근원 실체들이라고만 일컬어졌던 물체들은 모두 철의 파생체이며, 철로부터 근원적인 형태 변형을 겪고 나서 각자의 모습을 취하게 되었던 것이다.

셸링이 말하는 물체의 양극성이란 빛의 단순성과 대립되는 것으로서 내용상 불균등성을 의미한다. 말하자면 한 극은 항상 다른 한 극보다 우세하고자 하며 그 결과 양극은 끊임없이 불균형 관계를 형성하지만 전체의 측면에서 볼 때 균형이 유지된다는 것이다. 이러한 양극적 물체에 빛이 절대적으로 단일한 자연으로서 맞세워져서 전체 자연이 유지되는 것이다.

이러한 빛은 물체들을 색채의 개별 단계들로 정립해 지각 가능한 상태로 만듦으로써 물체들을 일정하게 통일시키는 역할을 한다. 경험적으로 논증하는 괴테와 사변적으로 성찰하는 셸링은 이러한 빛을 쪼갤 수 없는 단일체 내지는 근원적인 통일체로 이해했다. 셸링은 빛과 중력이 공동의 장을 형성하며, 이 장을 구성하는 요소들은 자기력·전기력·화학적 과정이라고 한다. 자기력·전기력·화학적 과정들은 빛과 중력의 상호 작용의 양태로 이해되며 형태 변형들 속에서 자기 분화되는 것이다. 괴테 역시 자기력을 분석적인 것이 아니라 종합적인 것으로 이해하면서 원현상을 구성하는 것이라고 말했다. 결국 괴테와 셸링을 이어 줬던 끈은 반성적 자아만이 아니라 자연에도 자기생산적이고 자기조직적인 생동성이 내재해 있으며, 이러한 사고는 오늘날 유기체적 사고의 핵심적 근간을 이룬다고 할 수 있을 것이다.

김윤상

GOETHE
LEXIKON
II

프리드리히 슐레겔

프리드리히 슐레겔Karl Wilhelm Friedrich Schlegel(1772–1829)과 괴테와의 개인적 교류는 그의 형 아우구스트 슐레겔보다는 약했다. 그는 형보다 더 논쟁적이고 단호하며 과격한 성격의 인물이었다. 이것은 그의 괴테에 대한 평가에서도 반영된다. 초기 낭만주의 시기에는 괴테를 아주 긍정적으로 평가했고, 후기로 갈수록 점점 더 논쟁적이고 비판적인 태도를 보인다. 그는 1792년부터 1794년까지 괴팅겐과 라이프치히대학에서 법학과 어문학을 공부했다. 그리고 빙켈만이 고대 그리스 예술에서 했던 역할을 고대 그리스 시문학에서 하고자 결심한다. 그 결과로 그의 중요한 논문 「그리스 시문학 연구Über das Studium der Griechischen Poesie」를 담고 있는 저술 『그리스인과 로마인Die Griechen und Römer』(1797)이 출간되고, 이듬해에는 『그리스와 로마인들의 시문학 역사Die Geschichte der Poesie der Griechen und Römer』 제1권이 출간된다. 이 시기 이미 아우구스트 슐레겔과 공동 작업을 하고 있던 괴테는 자연스럽게 그의 저술을 접했으며, 특히 논문 「호머의 시에 대해Über die Homerische Poesie」(1797)는 관심 있게 읽었음을 알 수 있다.

슐레겔이 그리스문학을 집중적으로 연구한 것은 그의 문학 구상에 따른 것이다. 즉 고대 그리스문학의 관점과 당대 문학의 시각을 논쟁적으로 대비시키기 위함이었다. 그는 고대와 대비되는 문학을 '근대(당대)문학moderne Poesie'으로 칭하고 근대문학의 성격을 가장 잘 보여 주는 것이 낭만주의 문학이라고 주장했다. 고대를 지향하는 고전주의와 근대 낭만주의의 대립은 이렇게 그의 의도적인 낭만주의 문학 구상에서 생겨난 것이다. 근대문학으로서 낭만주의 문학은 고대의 고전문학과는 분리된 것이 아니라 그것과 역동적인 상호 작용을 통해 성립된다. 그는 이것에 접근하고 근대(당대)의 '새로운 예술 시대'를 연 최초의 작가로 괴테를 이상화했다.

유럽의 문학 역사로 보면 당대의 새로운 예술 시대는 유럽 문학 부흥기의 제3기에 해당한다. 첫 번째 시대는 단테, 보카치오, 세르반테스에 의해 대표되고, 두 번째 시대의 처음과 절정 및 끝은 셰익스피어가 보여 주고, 그리고 거의 200년의 침체기 이후 새로운 문학 부흥은 괴테에 의해 시작되었다는 말이다. 그의 문예 잡지 《아테네움》에서 단테와 셰익스피어, 괴테를 '근대문학의 위대한 삼화음große[r] Dreiklang der modernen Poesie'으로 기술하는 것은 이런 맥락에 있다. 그의 초창기 낭만주의 문학 구상에서 괴테는 근대, 즉 낭만주의 문학 작가였다.

그의 낭만주의 문학 구상에는 소설이 핵심적 장르로 등장한다. 괴테의 소설 『빌헬름 마이스터의 수업시대』에 주목을 한 것도 이런 맥락에 있다. 「괴테의 마이스터에 대해Über Goethes Meister」(1798)라는 서평에서 그는 괴테 소설의 혁신적 서술 기법으로 반영과 대응, 대조, 예감, 상징화, 상승과 아이러니 등을 꼽고 이것들이 하나의 시적 통일체를 이루고 있으며, 전통적 소설 서술 기법과는 전혀 다른 것이라 평가한다.

이후 노발리스와 함께 이른바 '절대 시문학absolute Poesie'을 낭만주의 문학의 이상으로 발전시킨다. 절대 시문학은 무한성, 삶의 음악성, 영원히 스스로 형성되는 예술품으로서의 세상과 그것의 끝없는 유희 등을 형상화하는 문학이다. 이제 괴테의 작품은 근대적이고 시적이긴 하지만 낭만적이지는 않다고 평가된다. 노발리스가 이즈음(1800년)에 괴테의 『빌헬름 마이스터의 수업시대』에 내린 거부적인 평가는 이런 낭만주의 문학 구상에 따른 것이다.

1802년 괴테는 주변의 반대에도 불구하고, 아마 자신을 인정했던 슐레겔과 젊은 문학 세대에 대한 고려에서, 슐레겔의 비극 『알라르코스Alarcos』를 바이마르 극장에서 공연하게 했지만 공연은 흥행에 크게 실패한다. 슐레겔은 자신이 파리에서 발행한 잡지 《유럽Europa》(1803~1805)에 실은 글 「회화에 대한 서술Gemäldebeschreibungen」에서 그의 형과 비슷하게 낭만주의 예술 구상이 바이마르의 고전주의 예술관과는 대조된다는 것을 천명한다. 1808년에는, 1806년 이후 코타 출판사에서 간행한 『하이델베르크 문학연감』에 4권의 괴테 작품집에 대한 광범위한 서평을 발표한다. 여기서 괴테에 대한 기본적 존경은 보이나 작품에 대한 전체적 시각은 비판적임을 알 수 있다. 결국 그는 1812년 빈에서 강의하고 1815년에 출판된 『고대와 근대 문학 강의Vorlesungen der alten und neuen Literatur』에서 괴테를 '내부의 확실한 중심점이 없는 독일의 볼테르'로 규정한다. 이로써 괴테와의 관계는 끊어진다.

괴테는 프리드리히 슐레겔에 대해서 그의 문학적 패기와 능력, 창의성은 인정했지만 낭만주의 문학 이념을 중심으로 한 그의 논쟁적 과격성에는 비판적인 태도를 취한다. 슐레겔이 가톨릭으로 개종했다는 소식을 들은 후, 괴테는

1808년 6월 22일 라인하르트Carl Friedrich von Reinhard에게 보낸 편지에서 다음과 같이 그를 평가한다.

> 이성과 오성 그리고 세계 통찰이라는 최고의 빛을 경험한, 탁월하고 최고의 교양을 쌓은 인물이 자신을 감추고 허깨비 같은 행동을 하게 유혹되는 것은 (중략) 아주 이상한 경우지요.

이것은 종교라는 틀에 자신을 가두는 슐레겔을 비판하는 계몽주의자 괴테의 단면을 보여 주는 평이기도 하지만, 넓게 보면 고대 그리스문학에서 출발한 슐레겔의 낭만주의 문학에 대한 양가적인 판단을 보여 주는 것으로 해석할 수 있다.

현재의 시각에서 보면 프리드리히 슐레겔은 형 아우구스트 슐레겔과 더불어 괴테 이후 독일 문학에서 본격적 어문학 전공 세대의 최초 대표자이자 독일 초기 낭만주의 문학 이념과 그 현대성을 문학사에 각인시킨 중심인물로 평가할 수 있다.

조우호

GOETHE
LEXIKON
II

헤르만 헤세

괴테는 헤르만 헤세Hermann Hesse(1877–1962)에게 가장 큰 영향을 끼친 독일 작가였다. 1946년, 노벨 문학상을 수상한 헤세는 프랑크푸르트의 괴테 상까지 받는 영예를 얻는다. 헤세에게 괴테 상 수상은 특별한 상징적 의미가 있다고 할 수 있다. 헤세는 1차 세계대전 중, 반전 의지를 표방하며 스위스로 이주해 활동했고 조국의 독일인들로부터 배신자로 매도당하던 처지였다. 따라서 독일에서는 작가로서의 지지 기반을 거의 상실 당하다시피 했으며, 제2차 세계대전이 끝날 때까지 이 인식은 크게 개선되지 않았다. 그는 내내 '반反독일적' 작가의 낙인을 감내해야 했다. 이러한 고난을 겪어야 했던 헤세에게 괴테 상은 그간 실추되었던 명예에 대한 회복의 의미를 지니고 있었다.

헤세는 괴테 이후의 작가들 가운데 그 누구 못지않게 괴테와 그의 작품에 대한 다양한 논평을 쓴 작가이다. 특히 1947년 출판한 『괴테에게 감사하며Dank an Goethe』라는 글 모음집은 괴테 상에 대한 응답으로서 작가 괴테뿐만 아니라, 전인적 문필가로서의 괴테에 대한 예리하고 매우 오랜 시간 숙고된 성찰을 표현하고 있다. 괴테는 헤세가 가장 좋아하는 독일 작가는 아니었다. 그는 오히려 아이헨도르프, 장 파울, 횔덜린, 노발리스, 뫼리케 등을 더욱 애호했다. 그러나 이들 중 그 어떤 작가도 괴테만큼 헤세에게 심오한 내적 문제의식을 대면시킨 이는 없었다. 헤세 자신은 평생 괴테와 끊임없는 사상적 대화와 논쟁을 거듭해야만 했다고 고백했다.

헤세에게 인간 괴테는 양가적 가치를 지닌 인물이다. 하나는 작가Dichter로서의 괴테이며, 다른 하나는 문필가Schriftsteller로서의 괴테이다. 젊은 시절 헤세가 처음 접한 『젊은 베르터의 슬픔』의 작가 괴테는 그야말로 천부적 재능을 보여주는 청춘의 표상이었다. 괴테의 이런 작품들은 숲과 초원의 향기, 즉 청춘의 향기를 뿜었고 "민중의 지혜로부터 나오는 유희이자 자연과 문명의 울림이며 높은 비중의 음악"이었다. 헤세는 영원히 순수한 젊음의 작가 괴테와는 아무런 문제도 없이 조응할 수 있었다.

하지만 헤세는 점차 '또 하나의 다른 괴테'를 대면하게 된다. 즉 인본주의자, 이념론자, 교육자, 비평가, 정책자문, 바이마르의 문학인, 실러의 동료, 예술품 수집가, 수많은 논문 및 편지의 저자, 에커만의 구술자 괴테이다. 이러한 괴테가 엄청난 무게감으로 헤세에게 다가온 것이다. 초기에 헤세는 '거대한 괴테'에 대해 경탄하며 이해하려 하고 적극적으로 변호했다. 그러나 괴테를 알면 알수록 그의 시민적이고 고루한 관료적 모습이 부각되었다. 베르터에서 너무 멀어진 괴테였다. 이런 괴테에게 형식은 항상 크고 중요한 목적이었다. 괴테의 지고한 목적은 정신에 의해 지배받는 삶을 가능케 하고 그러한 삶의 토대를 마련하는 것이었다. 그것은 괴테 자신뿐만 아니라 국가를 위한 것이다. 그것은 시대의 모든 삶의 경험과 지식을 다방면에서 제압해 더 높은 초인격적 정신의 지배권하에 두고자 하는, 헤세의 관점에서는 궤도를 이탈한 시도였다.

헤세에게 "시인으로서의 괴테는 향유할 것이 많지만, 배울 것이 없는 작가였다. 왜냐하면 작가로서의 괴테는 유일무이한 존재이기에, (나에게) 그 어떤 모범이나 문제가 되지 않았다. 그러나 문필가이자 인본주의자이자 이념론자로서의 괴테는 커다란 문제가 되었다. 니체 이외에 그 어떤 문필가도 (나를) 이토록 고무하고 매료시키며 고통스럽게 한 이는 없었다."

헤세는 '작가로서의 괴테'와 '문필가로서의 괴테'의 모순적 균열상을 간파했다.

> **괴테는 독일인의 삶을 정신의 토대에 두려는 시도, 즉 독일의 천재성과 이성의 합일, 안토니오와 타소 같은 세속적 인간과 이상적 인간 간의 화해, 음악적-디오니소스적 도취와 도덕적 의무와 책임의 화합을 추구했다.**

이러한 화합의 시도는 완벽히 실현될 수 없으며, 결코 성공할 수 없는 시도였다고 헤세는 평한다. 그러한데도 괴테는 이러한 시도를 계속 되풀이했다. 즉 순수한 시인과 영리한 처세가를, 정신과 이성을, 자연에 대한 숭배자와 정신에 대한 설교자를 합일시키고자 한다는 것이다. "그러나 그사이에는 거대한 균열이 있으며, 고통스럽도록 감내할 수 없는 갈등이 존재한다." 이것은 마치 "이성과 미덕이라는 큼직한 가발을 시인의 머리에 얹어 놓은 것"과 같아서, 괴테의 순수한 천재성을 의식과 세어에 의해 경직시켜 질식하게 만들곤 했다는 것이다.

"나는 괴테를 완전히 떠났어야만 했다. 그저 실망으로 끝냈어야 했다. 하지만 나는 결코 그럴 수 없었다!"고 헤세는 회고한다. 바로 그 경이로움, 아름다움과 고통스러움에서 결코 분리될 수 없었다. 오히려 헤세는 괴테와 함께 경주

했고, 그의 실패에 함께 아파했으며, 자기 분열적 모습을 찾아내야만 했다. 그리고 세월을 거듭해 괴테의 문제에 직면해 온 헤세는 깊은 통찰을 얻게 된다. 바로 "괴테의 문제Goethes Problem는 괴테 혼자만의 것이 아니며, 오로지 시민성의 문제도 아니다. 그것은 정신Geist을 소유한 그리고 그 단어의 가치를 진지하게 여기는 모든 독일인 각자의 문제라는 것이다."

헤세는 전쟁을 겪으면서 괴테의 새로운 면모에 눈을 뜨게 되었다. 바로 현자로서의 괴테이다. 괴테의 지혜는 시간을 초월하며, 일상을 능가한 불멸성을 지니고 있다고 헤세는 생각한다. 이러한 지혜는 동양의 지혜 그리고 고대 그리스의 지혜와도 유사한 모습을 띠고 있다. 바로 이러한 지혜자의 모습을 헤세는 그의 작품 『황야의 이리Der Steppenwolf』(1927)에서 주인공 하리 할러의 꿈에 등장하는 불멸의 괴테를 통해 드러낸다.

> 거기에는 작고 꼬장꼬장해 보이는 노(老)괴테가 서 있었다. 그 고전주의자의 가슴에는 두툼한 별 훈장이 반듯하게 달려 있었다. 그는 여전히 통치자의 풍모를 보였다. 여전히 알현을 받으며, 아직도 그의 바이마르 박물관에서 세계를 통제하고 있는 것 같았다. (중략)
>
> "그래, 젊은이, 그대들은 우리들과 우리들의 노력에 동의하지 않는단 말이지?"
>
> "바로 그렇습니다. 우리 젊은 사람들은 사실 당신 생각에 동의하지 않습니다, 선생님. 우리들이 보기에 당신은 너무 격식을 차리고 계십니다, 각하. 너무 허영에 차 잘난 척을 하며 솔직하지 않습니다. 이것이 근본적인 문제입니다. 너무 솔직하지 못하단 말입니다."
>
> 하리 할러는 꿈에 나타난 노 괴테에게 거세게 힐난을 한다.

"당신이 바이마르에서 노년을 보내던 그런 모습 전체가 마치 정말로 순간을 영원화할 수 있는 듯 행동하셨습니다. 실상은 그저 순간을 박제해 미라로 만들어 마비시켜 버리는 것이었지요. 그리고 자연을 정신화시키고자 했지만 당신은 단지 가면을 씌워 양식화시켜 버린 것입니다."

이에 대해 괴테는 웃으며 대답한다.

"젊은이, 자네는 늙은 괴테를 너무 진지하게 대하고 있네. 이미 죽어 버린 옛 사람들은 그렇게 진지하게 생각할 필요가 없다네. 그건 그 사람들에게 몹쓸 짓을 하는 거라네. 우리처럼 불멸하는 사람들은 진지하게 생각하는 것을 좋아하지 않는 법이야. 우리는 즐거움을 좋아하지, 젊은이! 진지함이란 시간의 문제라네. 이것만큼만은 내가 자네에게 일러 줘야겠네. 진지함이란 시간을 과대평가하는 데서 생겨나는 거라네. 나도 한때는 시간의 가치를 과대평가한 적이 있었네. 그래서 백 살까지 살고 싶어 했지, 그러나 영원 속에선, 자네도 알다시피, 시간이란 없다네. 영원은 한순간에 불과한 것이라네. 즐거운 일을 하나쯤 할 수 있는 딱 그만한 시간이지"

헤세는 최종적으로 괴테를 여러 가지 모순들이 통합되어 있는 지혜자 그리고 불멸의 존재로 고양시켜 이해한다. 현자 괴테는 어두움과 밝음이 상존하는 양극을 내포하고 있으며, '고향의 편재성과 부재성'으로 이뤄져 있다. "그는 무시간적 존재이다. 왜냐하면 모든 지혜가 무시간적이기 때문이다. 그는 인간적이지 않다. 왜냐하면 모든 지혜는 인간을 극복하기 때문이다."

신혜선

Chapter Ⅱ
지역

GOETHE
LEXIKON
II

미국

1790년대 이후부터 괴테는 바이마르와 예나에서 미국 방문자들의 예방을 받았다고 전해진다. 1815년부터 괴테는 줄피츠 부와세레Sulpiz Boisserée, 에커만, 뮐러 재상 등에게 자신이 젊었을 때 미국으로 이주하지 않은 것에 대한 아쉬움을 종종 피력했다. 1816년과 1830년 사이 16인의 미국인이 괴테를 찾아왔는데 이들 중에는 저명한 작가, 역사학자, 지질학자, 고전 문헌학자, 대학 총장 등이 망라되어 있다. 그들은 미국과 미국 여행에 대해 괴테와 의견을 교환했는데, 괴테는 이들 젊은 미국인들이 자연과학의 지식을 전달할 수 있었기에 호기심을 갖고 환영했다. 이 괴테의 열혈 팬들은 모두가 하나같이 괴테에게 긍정적인 미국상을 전달했다고 한다. 아울러 카를 아우구스트 공작의 둘째 아들인 바이마르의 베른하르트 왕자가 1825, 1826년에 출간한 미국 여행의 기록이 괴테로 하여금 미국에 대한 관심을 고조시키는 데에 일조한 것으로 보인다. 이 밖에도 벤자민 프랭클린의 자서전과 갈스Ludwig Galls의 『미국으로의 이주Auswanderung nach den Vereinigten Staaten』(1822)가 괴테의 미국 이주에 대한 생각에 긍정적 영향을 끼쳤을 것으로 짐작된다.

미국에 대한 괴테의 언급은 여러 사람과 나눈 대담, 시, 드라마, 소설 같은 문학 작품에서 때로는 산발적으로, 때로는 집중적으로 거론된다. 괴테는 이미 질풍노도 시절에 미국으로의 이주를 고심한 적이 있다. 자서전 『시와 진실Dichtung und Wahrheit』 중 아래 인용을 잘 읽어 보면 괴테는 연인이었던 릴리 쇠네만Lili Schönemann과 함께 프랑크푸르트 사교계의 고루한 관습으로부터 이탈하고자 미국행을 잠시나마 생각했던 것 같다.

> 미국은 당시 억눌린 상태에 처한 자들에게 지상낙원 그 이상이었다. (중략) 릴리의 집에서 겨우 수백 보 떨어진 예쁜 우리 부모님 집은 멀리 떨어진 바다 저편의 불안한 환경보다는 아직은 견딜 수 있는 괜찮은 환경이었다. 그러나 그녀를 보자 모든 희망과 소망이 또다시 샘솟아 마음속에 새로운 동요가 일었다.

이처럼 괴테가 아우구스트 대공에 의해 바이마르로 초대되기 이전에 구체적이진 않더라도 연인과 함께하는 미국행에 잠시나마 매혹되었던 사실은 흥미롭다. 결국 바이마르의 궁정 생활에 염증을 느낀 괴테는 미국행에 대한 대안으로 이탈리아행을 결심한다. 1819년 5월 10일, 괴테는 미국 작가인 콕스웰Joseph Green Cogswell한테 "우리가 20년만 젊다면, 북미로 항해할 걸세"라고 실현되지 못한 미국행에 대한 미련을 토로한 바 있다. 이처럼 괴테가 보여 준 미국에 대한 관심은 오늘날 우리에게도 상당한 호기심을 자아낸다. 산발적이긴 하지만 전 생애에 걸쳐 입증되는 신세계에 대한 그의 관심은 말년에 이르러 더더욱 그 폭이 넓어진다.

괴테의 초기 작품들, 이를테면 『공범자들Mitschuldigen』, 『스텔라Stella』 등에서 미국은 모험욕, 이국적인 것, 자유, 성공과 무한한 가능성 등에 대한 단순한 상징을 대변하는데, 이것과는 달리 후기 작품들에는 더 많은 의미가 첨가된다. 즉 신대륙 미국의 의미와 기능은 『마이스터』 연작소설에서 달라진다. 1775년 말에 바이마르 궁에 들어간 후 이탈리아 여행까지의 시기인 소위 '초기 바이마르 시대'에 창작된 『빌헬름 마이스터의 연극적 사명Wilhelm Meisters theatralische Sendung』에는 '미국'이라는 어휘는 전혀 보이지 않지만, 본격적인 '마이스터' 소설이라 할 수 있는 중년의 『빌헬름 마이스터의 수업시대Wilhelm Meisters Lehrjarhe』(1796, 이하 『수업시대』)와 말년의 『빌헬름 마이스터의 편력시대Wilhelm Meisters Wanderjahre』(1829, 이하 『편력시대』)에서 미국상은 중요한 역할을 한다. 『크세니엔Zahmen Xenien』에 있는 다음의 시는 1827년경 미국에 대한 괴테의 긍정적 사고를 대변한다.

아메리카여, 그대는 형편이 더 낫도다
우리의 이 오래된 대륙보다
무너진 성도 현무암도 지니지 않으니

그대의 내면을 괴롭히지 않을지어다
활동적인 시대에
쓸데없는 기억도
헛된 분쟁도

현재를 복되게 이용하라

그대들 아이들이 꿈같은 생각을 할 때면

행운이 기사 이야기, 도둑 이야기와 유령 이야기들로부터

그 아이들을 지키게 하리

이 시에서 '현무암'을 지니지 않는 미 대륙은 정치 영역과 이론 영역에서 완전한 새 출발을 상징한다. 이 시는 유럽 대륙이 지닌 과도한 전통에 대한 비판을 그 내용으로 담고 있는데, 그도 그럴 것이 옛 전통에 대한 집착으로 인해 새 출발과 새 미래를 위한 현재의 과감한 행위가 어렵다고 보았기 때문이다. 1819년에 작성된 『파랄리포메논Paralipomenon』에서 "북미인들은 현무암이나 조상 그리고 그 어떤 고전적 기반을 지니지 않아서 행운이다"라는 표현을 볼 수 있다. 『편력시대』에서 미국은 무역사적이고 무전통적인 대륙으로 나타나는데, 이런 특성들이 오히려 새로운 출발을 위해 긍정적으로 옹호된다. 다음은 주인공 빌헬름의 발언이다. 새로운 "계획은 아마도 불가결한 욕구에 대해 새로운 수단을 강구하는, 그런 용기 있는 정신이 실현될 수 있는 신세계에서나 가능할 거야. 왜냐하면 그곳에는 전해 내려온 수단이 전혀 없기 때문이지." 오래된 것과 새로운 것, 구세계와 신세계 간의 이분법적 표상이 『편력시대』에 나타나는데, 미국은 이제 과거에 묶인 유럽적 불행으로부터의 탈출구로 이해된다. 따라서 미국은 과거 지향적인 구세계와는 이별을 고한 미래 지향적인 신세계로 간주된다.

두 『마이스터』 소설에는 신대륙, 특히 미국에 대한 괴테의 사고가 함축되어 있다. 즉 활동성, 무전통의 새로움, 대규모의 건설 사업, 민주적인 것 등 현재적

인 것과 실천적인 것에 대한 지향성이 그의 미국관과 연계되어 있다. 미국은 열성적 노동과 활동성, 자본주의 정신에서 기인하는 빠른 돈의 흐름, 도시화 등으로 각인된다. 『수업시대』에서 질풍노도적인 요소와 자연의 목가적인 정서 및 경이적인 요소가 사라진 것과 함께 단지 일반적인 인간관계와 사회와의 관계가 취급되고 있는 것도 괴테의 미국관과 연관 지어 고찰될 수 있다.

독일의 낭만주의 시인인 노발리스가 일찍이 『수업시대』를 가리켜 경제적이며 "산문적이고 현대적"이라고 지적한 것은 '탑의 결사Turmgesellschaft'의 성격뿐만 아니라 괴테가 구대륙 유럽에 대항해서 탄생한 신생 국가인 미국을 바라보는 관점에도 상응한다. 이처럼 주인공을 매개로 변화되는 관점, 즉 예술에서 경제로, 시에서 산문으로, 환상의 세계에서 활동의 세계로의 이행이 괴테가 바라보는 미국관 혹은 미국상과 관련을 맺고 있는 것이다.

연극적인 운명 세계에서 '탑의 결사'의 현실 세계로 성장하는 주인공 빌헬름의 발전 과정은 창작기법 측면에서의 서술 특징과도 부합한다. 즉 '시적' 운명 세계에서 '산문적' 현실 세계로 서술 관점이 변화한다.

> 어떤 중요한 일을 계획하고 있습니다. 벌써 꽤 오래전부터 우리 사이에 계획했던 일인데, 이번에 아무래도 실행으로 옮기지 않을 수 없게 되었습니다. (중략) 미국으로 건너가려고 합니다.

바로 뒤에 이어지는 빌헬름과의 대화에서도 야르노는 마음속에 품은 계획을 다름 아닌 미국에서 실행하고자 한다며, 빌헬름에게 미국행을 설득한다. 환상과 이상으로 가득 찬 예술의 세계에서, 이제는 생활 세계의 구체적 활동을 통해 실제의 인생을 터득하게 된다. 빌헬름은 '병든 왕자'가 뜻하는 바대로 예술이란 환상의 미로에서 벗어나 애인 나탈리에와 결합함으로써 실제적 활동의 삶으로 접어든다. 특히 일종의 사회 개혁 단체인 '탑의 결사'로의 참여로 인해 빌헬름은 환상의 세계에서 현실로 귀환하며 개인적인 삶에서 사회적인 삶으로, 성찰에서 활동의 세계로 인도된다. 바로 이런 특성들은 괴테가 생각하는 미국관 혹은 미국상과 직간접적으로 관련을 맺고 있다. 왜냐하면 미국은 괴테 시대의 유럽인들이 자신들의 억압된 내적 환상을 무엇보다 자유로운 활동으로 전이시킬 수 있는 장소로 간주되었기 때문이다. 좀 더 부연하면, '탑의 결사'는 막연한 환상에서보다는 이성을 통해서 합리적이고 실천적인 삶을 적극적으로 추구한다. 그러기 위해서는 서로의 공통분모인 이성을 바탕으로 자기와 타인을 의식해야 하며 삶의 기반을 구축하기 위해 활동성을 천부의 과제로 생각하게 되는 것이다. 다름 아닌 "행동한다는 정신이 최고의 것"으로 간주된다. 이렇듯 '탑의 결사'는 인간을 실제의 활동 세계로 옮겨 놓는다. '탑의 결사'는 이념에 묶여 있는 지나간 과거가 아니라 행동과 실천에 의해 좌우되는 현재와 미래를 생각하는 사람들의 모임인 것이다. 이처럼 작품에서 중요시되는 '활동성'은 괴테가 생각하는 미국관과 분명 관련이 있어 보인다.

역사적으로 신세계로 향한 이민자 대부분은 경제적 기회를 찾고자, 이윤과 소득에 대한 열망으로 이주했다. 흥미롭게도 '탑의 결사' 역시 그 주된 이념은 경제에 관한 것이다. 로타리오는 "공상에 찬 행복이 아니라 지상에서의 확고한 행복"을 실현하고자 하는 것이라고 말하는데, 이 발언은 괴테의 미국관과 관련지을 때 중요한 암시를 준다. 『수업시대』의 야르노는 주로 현재와 미래와 관련된 현실적 차원의 문제들, 이를테면 사유재산을 유지하거나 이와 관련된 문제들을 해결하기 위해 미국행을 선택하는 것으로 기술된다. 개혁 귀족의 대변자로 등장하는 로타리오는 미국이야말로 모든 인간이 법 앞에서 평등한 나라라고 생각한다. 실제 역사적으로도 미국에는 특권적인 봉건영주는 거의 없었고, 모든 농민이 상대적으로 독립된 자유를 지니고 있었다. 이에 비해서 독일 사회에는 봉건제가 아직 남아 있어 여러 면에서 비인도적이었다. 몇몇 예외 지역을 제외하면, 농민은 세습 노예로서 귀족의 사유재산과 같은 것이었다. 물론 토지를 매각할 수도 이주할 수도 없었다.

『연극적 사명』이 개작된 『수업시대』에서 미국은 유럽의 대항 모델로서 삽입된다. 『마이스터』의 두 연작소설에서 미국관과 미국상의 긍정적 측면이 강조된 것은 사실이지만, 그렇다고 해서 유럽 대륙이 평가 절하되는 것은 아니다. 『수업시대』에서 미국으로 줄달음치듯 떠나는 야르노가 이야기되지만, 『편력시대』에는 영국의 신대륙 개척자이자 퀘이커교의 지도자인 윌리엄 펜William Penn의 명에 따라 1683년에 '저먼 타운'이 세워졌던, 지금의 필라델피아에서 태어난 로타리오에 대해 묘사된다. (1683년에 '저먼 타운'이 건립된 이래, 북미는 종교 정치적 탄압자들과 경제적 빈곤자들의 피난처가 되었다.) 그는 이미 『수업시대』에서 묘사된 것처럼 다시 구대륙으로 돌아오는 인물로 기술된다.

> 우리의 집주인은 젊은 나이에 (신대륙으로부터 이곳) 유럽에 들어왔는데, 그는 이곳을 아주 다르게 느꼈다.

로타리오가 하나의 이념을 갖고 향했던 미국에서의 체험이 세상을 바라보는 안목을 변화시킨 것이다. 빌헬름의 대립적 인물로 등장하는 로타리오는 그러한 이념에 따라 미국에서라면 활약할 수 있다고 생각했다. 역사적 실제 인물인 프랑스의 명장, 라파예트를 따라 미국의 독립전쟁에 참여하고 정치적 선진 이념을 접한 로타리오는 귀국 후 유럽에서의 사건들에 대해 새로운 관점을 획득하게 된다.

이미 『수업시대』에서 "미국은 다름 아닌 이곳에 있다"는 로타리오의 발언에서처럼 미국 이민은 반어적으로 상대화된다. 아울러 "모험 삼아 넓은 세상으로 내달던 시대는 지나갔다"고 『편력시대』의 레나르도는 말한다. 『수업시대』에는 전반적으로 긍정적인 미국상과는 어느 정도 대조적으로, 특히 이주 계획에 대한 부정적인 상이 또한 기술되고 있다. 로타리오가 바다 건너 싸웠던 이상들은 고국에서도 획득될 수 있다거나 환상이라는 인식에 다다른다. 이제 신세계는 근본적으로 "결핍과 장애가 공제된 구대륙"에 불과한 것으로 투영되어 상상력이 현실계를 수정해 보완한 것에 지나지 않게 된 것이다.

『수업시대』의 미국상과 비교할 때 『편력시대』에서 기술되는 미국상은 상술한 것처럼 좀 더 현실적으로 묘사되어 있고 이에 대한 평가 역시 이중적으로 기술되어 있다. 유럽과 비교할 때 미국은 젊고 자유롭고 기회로 충만한 땅으로, 다시 말해 사회적 실험들, 이를테면 "생업 전선에서의 무한한 활동성과 보편적이고 관습적이며 종교적인 표상들이 자유롭게 펼쳐지는 공간"으로 이해되지만, 동시에 이런 미국에는 식민화와 땅 매입 같은 부정적 측면 또한 노정된다. 아울러 문화적으로 뒤처졌다는 점에서, 소위 '지체된 민족'이라는 점이 부각된다. 괴테가 그리는 미국상은 사실상 유럽에 대비되는 상대적인 이미지로 제시되고 있는 만큼, 이는 미국의 역사적 현실에 근거를 두고 있다기보다는 유럽에 대해 비판적인 혹은 그 쇠퇴에 실망한 유럽의 최고 지식인이 그려 보는 이상적인 모습인 것이다. 괴테의 미국관이나 미국상은 정치·경제·사회적인 복안을 반영함으로써 유토피아적으로 미래를 선취하는 기능을 갖고 있지만, 동시에 반어적으로 상대화되기도 한다.

정원석

GOETHE
LEXIKON
II

스위스

순백의 알프스의 나라 스위스. 켜켜이 솟은 높은 산과 깊은 협곡, 가파른 폭포, 청명한 호수, 빛나는 구름, 눈 덮인 봉우리…… 그야말로 순수한 자연이 바로 눈앞에서 숨 쉬는 나라 스위스를 괴테는 그의 전 생애에 걸쳐 세 번 방문했다. 이 세 번의 스위스 여행은 그에게 무엇보다 압도적인 자연의 힘을 느끼게 해 줬고 매번 그의 삶과 작품에 결정적 전환점을 가져다줬다. 그가 남긴 『스위스로부터의 편지』와 삼십여 편의 스위스 풍경 스케치, 자서전 『시와 진실』에서의 기록, 또한 『젊은 베르테르의 슬픔』, 『빌헬름 마이스터의 수업시대』, 『파우스트』 등에서 우리는 그의 스위스 체험의 자취를 확인할 수 있다.

1775년 26세의 괴테는 독일 고향 프랑크푸르트 시민사회의 협소함에 답답함을 느끼고 있던 차였다. 이미 17세의 부유한 은행가의 딸 릴리 쇠네만과 약혼 상태였으나 자신만의 자유를 얻고 싶어 지인 세 명과 함께 스위스로 일종의 도피 여행을 떠난다. 당시 스위스는 많은 질풍노도 젊은이의 영혼의 순례지였다. 프랑크푸르트에서 스트라스부르를 거쳐 취리히에 도착한 괴테는 친구이자 인상학의 대가인 라바터를 비롯, 화가 살로몬 게스너, 하인리히 마이어 등 스위스의 유명 인사들을 만난다. 「취리히 호수 위에서」라는 괴테 시에는 가슴 벅찬 자연의 모습에 둘러싸인 자신을 '자연의 탯줄로부터 양분을 빨아먹는' 아기의 모습으로 묘사하고 있다. 일행은 슈비츠주州를 거쳐 '산의 여왕'이라 불리는 리기Rigi산에 오른다. 당시 이미 『젊은 베르테르의 슬픔』으로 유명해진 그는 아직 거칠고 영감과 열정으로 가득 찬 질풍노도의 젊은이였다. "자연으로 돌아가라!"라고 부르짖었던 철학자 장 자크 루소의 가르침처럼 괴테는 정제되지 않은 본연의 자연의 모습에서 자신의 영혼과 동질성을 느꼈다. 당시 산중에서 친구인 파사반트와 나체로 계곡에 뛰어들었다는 에피소드는 당시 자연아로서의 괴테의 모습을 여실히 보여 준다. 이제껏 알지 못했던 진짜 알프스의 심장부인 라인 폭포와 고트하르트Gotthard 패스까지 이른 괴테는 험준한 절벽 위로 걸쳐진 '악마의 다리', '죽음의 계곡'을 건너고 폭풍 바람을 맞으며 어떤 언어로도 묘사할 수 없는 압도적이고 절대적인 자연의 웅장한 모습과 마주하게 된다. 2,106m 높이의 고트하르트산은 제네바 지질학자 베네딕트 드 소쉬르가 측량 기술로 반박 증명을 하기 전까지 오랫동안 유럽의 가장 높은 산으로 여겨졌다. 비할 데 없이 장엄한 풍경으로 맞서 있는 고트하르트 암벽의 풍경은 가히 '파우스트적인' 풍경이었고 이 '왕과 같은' 위용을 보여 주는 대자연의 모습은 일생을 통해 그의 마음에서 떠나지 않는다.

1779년 괴테는 두 번째 스위스 여행을 떠나는데, 첫 번째 여행이 질풍노도의 시대정신과 베르테르의 감상주의에 추동된 것이라면 이번 여행은 그보다 8세 어린 바이마르의 카를 아우구스트 공과 함께하는 일종의 '교양 여행'이었다. 당시 30세가 된 괴테는 연상의 연인이었던 샤를로테 폰 슈타인 부인에게 벅찬 감

정으로 이렇게 썼다:

> 스위스는 우리 눈앞에 놓여 있고 우리는 우리의 영혼이 자연의 숭고함 속에서 씻길 수 있기를 희망하고 있습니다.

일행은 바젤, 베른, 레만호, 푸르카 고개를 지나서 다시 눈 덮인 고트하르트 패스에 다다른다. 『스위스로부터의 편지』에서 괴테는 고트하르트의 상징적 지형을 강조한다. 이 산은 다른 산들에 비해 '왕과 같은 산'으로서의 지위를 가지고 있다는 것이다. 다른 여러 산등성이가 이 산에 기대어 있고, '여기서부터 산과 강이 모든 여러 방향으로 갈라지기 때문이다'. 라인강, 론강, 로이스강, 티치노강의 물줄기가 여기서부터 갈라진다. 모든 것이 여기서 출발하고 갈라지며 다시 모이는, 중심이자 근원이요, 시작이며 끝이다. 원래 이탈리아까지 여행하고자 했던 괴테는 날씨 및 험준한 지형 등으로 아쉽게도 발걸음을 돌려야 했다. 이 아쉬운 심경은 그가 스케치한 그림 〈이탈리아 쪽을 바라보며〉에 잘 드러나 있다.

'아카디아'로 가는 '문지방'의 의미를 지니는 고트하르트 패스에서 이탈리아에 대한 동경을 표현한, 그 유명한 "그대는 아는가, 레몬 꽃 피는 나라를?"로 시작되는 〈미뇽의 노래〉가 싹튼다. 1882년에 고트하르트 철도 터널이 유럽 최초로 개통되는데 이러한 실질적 의미뿐 아니라 새로운 시작의 변환점이라는 상징적 의미로서도 이 고개를 지나는 일은 운명의 길이 된다. 괴테는 또한 라우터브루넨과 그린델발트를 거쳐 오면서 계곡 깊숙이 끝없이 뻗은 빙하를 가로지르는 최초의 '진기한 여행'을 하기도 한다. 제네바를 거쳐 쥐라 산맥, 다시 샤모니에 다다른 그는 밤하늘 끝없이 이어진 준봉들이 파도를 이루는 계곡 사이에 우뚝 솟은 몽블랑의 얼음처럼 밝은 빛에 비할 수 없는 아름다움을 느낀다. 그러나 무엇보다 이번 방문에서 그를 사로잡은 것은 이 세계를 중심부터 지탱하는 '영원한 자연의 법칙'에 대한 인식이었다. "숭고한 것은 영혼에 고요함을 선사한다. (중략) 이곳에는 어떤 것도 자의적이지 않으며 모든 것이 천천히 움직이는 영원한 법칙이다"라고 괴테는 기록한다. 억만 년을 이어 온 이 측량할 수 없는 자연에 영감을 받은 괴테는 이제 이 세계를 중심부터 지탱해 주는 힘은 과연 무엇일까 하고 질문하며 이를 객관적으로 캐기 위한 자연과학적 탐구에 몰두하게 된다. 알프스의 지질·광물·식물·약초·구름 현상·기후 등에 관한 전 방위적인 관심이 싹트면서 린네의 식물학 책을 구입하기도 하고, 「화강암에 대해」란 글을 남기기도 한다.

세 번째 스위스 여행은 그 후 18년이 지난 1797년, 괴테가 48세가 되던 해에 이뤄졌다. 그사이 프랑스 혁명이 일어났고 그의 삶에 '근본 체험'이 되었던 이탈리아 여행이 있었다. 이탈리아 여행에서 괴테는 관찰의 엄정함을 배웠고 실러와의 친교를 통해 이제 수많은 세세한 것에 대한 관심을 가지게 된다. 스위스의 풍속·농업·생업과 무역 등에 대한 관심은 이 나라에 대한 최대한 객관적이고 분석적인 모습을 파악할 수 있게 해 줬다. 특히 우리에게 베토벤의 〈월광 소나타〉의 배경으로 잘 알려져 있는 피어발트슈테테 호수(루체른 호수)에 얽힌 전설의 명사수 빌헬름 텔과 자유를 쟁취하려는 민족의 이야기는 괴테에게 커다란 감동을 준다. 괴테 자신이 이 전설을 드라마로 구상하고자 했지만 결국 실러에게 이에 관해 쓰도록 권유한다. 실러는 스위스를 한 번도 방문하지 못했지만 괴테를 통해 이 감동적 전설을 접하고 1804년 그의 일생의 걸작, 드라마 『빌헬름 텔』을 완성하게 된다.

무엇보다 괴테의 세 번째 스위스 여행은 젊은 시절부터 골몰하던 대작 『파우스트』의 집필에 결정적 도움이 되었다. 세 번째로 방문한 고트하르트 산의 태고적 장중한 풍경 속에서 마침내 결정적 모티브가 떠올랐던 것이다. 괴테는 전설의 장소인 쇨레넨Schöllenen 협곡을 다시 찾아간다. 이곳은 악마가 여기에 다리를 건설하는 대가로 그 다리를 건너는 첫 번째 사람의 영혼을 요구한다는 전설이 있는 곳이었다. 이 전설은 괴테로 하여금 악마와의 계약을 『파우스트』의 주 모티브로 삼게 하는 계기가 되었다. 20년 후인 1831년, 괴테는 『파우스트 II』를 완성한다. 이때 그는 산봉우리 위의 일몰의 광경을 묘사할 때 피어발트슈테테 호수를 겹겹이 둘러싼 비경의 산맥의 세계에서 영감을 받았음을 강조했다. 또한 '영혼의 풍경'이 되었던 고트하르트 산이 그의 작품에 얼마나 깊은 영향을 줬는지 고백했다.

> 그래, 그 놀라운 자연의 신선한 인상들이 아니었다면 내 테르친의 내용들은 생각조차 할 수 없었을 것이라네!

일생을 통해 괴테를 사로잡았던 스위스의 고트하르트는 그에게 운명과도 같은 것이었다.

진숙영

GOETHE
LEXIKON
II

중국

괴테의 극동(중국) 수용 배경

괴테는 어린 시절부터 성경을 접하면서 동양에 대한 상상의 공간을 설정하게 되었고, 『아라비안나이트』를 접하면서 『천일 야화』의 모티브를 작품에 반영할 정도로 동양에 매료되었다. 특히 괴테는 근동의 문화와 극동의 문화에 대한 많은 정보를 라틴어·불어·영어·독일어로 된 여행기, 사상 및 문학 자료를 근거로 동양관을 형성했다.

괴테는 평소 가까이 지내던 빌란트, 실러가 갑작스럽게 죽고 그의 모친까지도 별세하게 되자 인생의 고독감에 빠지게 된다. 또한 바이마르 공화국의 재상으로서 정치적 책무에 시달리면서 피곤에 지친 괴테는 1813년, 나폴레옹Napoleon의 출현으로 인해 뒤흔들리는 유럽을 의식하게 된다. 마침내 그는 독일에서도 같은 해에 라이프치히 전투가 개시되자 탈피하고 싶은 충동에 사로잡히게 된다. 괴테는 처음에는 새롭고 색다른 이국적 세계를 추구하던 중에 15세기의 티무르Timur의 폭정 속에서도 순수한 사랑의 시를 쓸 수 있었던 페르시아

Persia의 시인 하피스Hafis에 감동을 느끼게 된다. 또한 괴테는 오스트리아의 동양학자 하머Hammer가 번역한 하피스 시를 읽고서 근동 문학에 관심을 가지게 된다. 그는 이와 같은 근동 체험을 『서동시집West-Östlicher Divan』에 반영하고 있다. 이 당시의 유럽의 혼란한 분위기와는 대조적인 평화스럽고 안정된 이국적 세계가 그에게 동경의 대상이 됨은 자연스러운 일일 것이다. 스위스 독문학자 프리츠 슈트리히Fritz Strich는 그의 저서 『괴테와 세계문학Goethe und die Weltliteratur』에서 괴테에게 동양은 처음에는 '가장 먼 세계fernteste Welt', '가장 낯선 세계fremdste Welt' 그리고 '가장 넓은 세계weiteste Welt'로 지적한 바 있다. 그러나 이와 같은 동양 세계는 동경의 대상에서 점차 몸소 체험되어야 할 대상으로서 부각된다. 시대적 위기감과 정무에 지친 괴테는 독일과는 아주 색다른 극동에 위치한 중국에서 그 탈출구를 찾을 수 있지 않을까 생각했을 것이다. 그리하여 괴테는 극도의 위기에 처한 유럽의 공간으로부터 탈피해 조용하고 순수하며 다시 젊어질 수 있는 동양 세계로 접근하게 된다.

그런데 유럽의 시대 상황이 극도로 악화되면서 그의 동양관에 변화가 일어난다. 괴테의 시야는 근동Nahe-Ost에서 극동Fern-Ost으로 쏠리게 된다. 괴테는 극동에 위치한 중국에 대해서 거대하면서도 조용한 나라로서 유난히 호기심을 가졌으며, 수천 년의 역사를 지탱해 온 윤리적 중용사상에 매료되면서 중국에 관한 단순한 관심의 차원에서 벗어나 본격적으로 중국 사상과 문학을 접하게 된다. 그는 이와 같은 중국 체험을 바탕으로 하여 만년 시 「중국·독일의 계절과 시각Chinesisch-deutsche Jahres- und Tageszeiten」을 창작하기에 이른다. 다시 말하면 괴테는 1813년 나폴레옹의 등장으로 인해 유럽의 시대 위기를 절감하고서 그와 같은 혼란된 시대를 극복하고자 중국의 중용사상과 문학 속에서 그 길을 발견했다고 볼 수 있다.

다른 한편 괴테는 폭넓은 독서 체험을 통해서 극동의 중국 문학을 체험한 후 지금까지 고수해 왔던 전형미, 조화미, 규범의 경직된 고전주의의 미학으로부터 탈피하고 싶은 욕구에도 사로잡히게 된다. 그는 그와 같은 고전주의의 미학을 극복할 수 있는 방법을 중용과 절제의 정신세계를 강조하는 중국 사상과 문학에서 찾게 된다. 이와 같은 정신세계를 추구하는 중국 사상과 문학은 괴테로 하여금 그의 지적 지평을 넓혀 주게 된다. 이러한 중국 정신세계는 그의 만년의 세계관과 그의 문학 정신에 결정적인 영향을 끼치게 되는데, 괴테는 결국 고전주의가 지니고 있는 경직된 미학의 한계를 극복하기 위해서 필연적으로 중국을 수용할 수밖에 없었던 것이다

괴테는 주로 불역, 영역, 라틴어역으로 된 중국 고전을 읽었으며, 이와 같은 독서 체험은 만년의 작품을 창작하기 위한 예비 단계라고 할 수 있다. 그가 수용한 중국 고전은 『중국 제국전집中國帝國全集』, 『호술전好逑傳』, 『옥교리玉嬌梨』, 『금고기관今古奇觀』, 『노생아老生兒』, 『화전花箋』 등이다. 이 중 특히 화전은 그의 작품 「중국·독일의 계절과 시각」을 창작하는 데 있어 결정적인 영향을 줬다.

괴테는 일찍이 스트라스부르 시절부터 포괄적으로 교훈적·윤리적·철학적 문제를 다루고 있는 중국 고전을 영어·라틴어·불어로 독파했다. 이 중국 고전은 예수회 신부 노엘Noël이 1711년에 번역한 것으로서 중국 문학과 사상이 그 주종을 이루고 있으며, 특히 공자의 사상이 그 핵을 이루고 있다. 괴테는 1711년부터 노엘이 프랑스어로 번역한 중국의 공자 철학을 접하게 되며, 바이마르 도서관에서 대출해 온 네덜란드의 역사학자 파우Cornelis de Pauw의 이집트 철학과 중국 철학을 소개하는 서적을 통해서 동양 철학의 본질을 이해하게 되었다고

본다.

1813년 라이프치히 전투가 발발한 이래 괴테는 극동에 위치한 중국이 더욱 거대한 나라요, 유난히도 호기심이 가는 나라라고 그의 일기에서 고백하고 있으며, 수천 년간 발전을 해 온 중국이 앞으로도 흔들리지 않고서 진행해 나갈 수 있는 정신적인 힘이 바로 강한 윤리성을 기조로 하는 중용사상에 근거하는 것임을 확신할 수 있었다.

괴테는 때때로 졸역된 작품을 접했지만, 천재적 직관력으로 중국 정신의 본질을 간파했다. 그는 중국 문학에 내재되어 있는 윤리성을 강조하는 유교 사상과 인간과 자연이 조화를 이루는 도가적 세계관을 인식했다.

괴테의 작품 속 중국

a. 중국풍을 향한 동경

괴테는 그의 작품 「중국·독일의 계절과 시각」에서 여러 중국적 모티브를 수용하고 있다. 먼저 중국풍에 대한 동경의 모티브를 들 수 있다. 중국풍을 동경하는 괴테의 절실한 마음이 가장 두드러지게 나타나 있는 부분은 그의 연작시 제1시다.

> 말해 주오,
> 마음껏 통치하고 정무에 지친 중국 고관들이
> 무엇을 할 수 있는가를.
> 북녘에서 벗어나,
> 물가와 초원에서

한 잔씩 한 잔씩 그리고 한 모금씩 한 모금씩
즐거이 마시며 영감으로 시를 읊는 것 이외에
무엇을 할 수 있는가?

정무에 지친 만년의 괴테가 중국 고관Mandarinen으로 변장하고서 새롭고 이국적인 중국풍의 정원을 도피의 공간으로서 동경하는 심경을 표현하고 있다. 이와 같은 표현의 배경은 바이마르 근처에 있는 일름Ilm 정원에서 괴테가 직접 체험한 자연이라고 할 수 있는데, 이 일름 정원은 중국풍의 자연을 연상시키기에 충분하기에 정무에 지친 괴테에게 심신을 달래고 삶의 새로운 활력을 주는 공간이 되었다.

제6시에도 중국풍에 대한 동경의 모티브가 나타난다.

난 그 잎사귀를 통해 아름다운 것을 훔쳐보기 위해
사랑의 눈길을 보내곤 했다네.
하지만 나에게 채색된 지붕과 창살과 기둥이
가로막혀 있나니, 내 눈길이 찾아 헤매다 트일 곳이
바로 영원한 東洋의 世界이리라.

위의 시에서 '다채로운 지붕buntes Dach', '격자Gitter' 그리고 '기둥Pfosten'과 같은 중국의 건축 양식의 화려한 면을 구성하는 요소를 통해 묘사되어 있는 '영원한 동양'은 색다른 이국적 중국풍의 세계를 암시하는 것으로 이해할 수 있다. 그리고 이웃집 정원에 있는 사랑하는 님을 넘겨보는 모티브는 중국 고대소설에서도 자주 나오는 것으로서 여기에서는 영원한 동양을 동경하는 괴테 자신의 태도를 비유하는 것이다.

b. **중국 시인의 주취적 분위기**

괴테가 그의 작품에 수용한 또 다른 중국적 모티브는 주취적 모티브이다. 세상의 번뇌와 고뇌에서 벗어나 술을 마시면서 자연과 하나가 되는 주취적 모티브를 중국 이태백의 시 속에서 빈번하게 찾아볼 수 있는데, 괴테는 이와 같은 주취적 모티브를 제1시에 표현하고 있다.

> 물가와 초원에서 흥겹게 마시며
> 한 잔씩 한 잔씩 한 모금씩 한 모금씩 영감으로,
> 시를 옮기는 것 이외에 할 일이란?

위 시에서 보듯이 따스한 봄날의 북방에 있는 물가의 초원에 앉아 술을 마시면서 영감으로 글을 쓰는 모티브는 이태백의 「월하독작月下獨酌」에서도 찾을 수 있다.

> 석 잔이면 대도에 통하고(三杯通大道)
> 한 말이면 자연에 합친다(一斗合自然)

술에 도취함으로써 자연과 합일하는 이 같은 도가적 사고는 자연 속에서 술을 마시면서 초원에 묻혀 시를 쓰는 것을 주제로 하는 괴테의 제1시의 세계와 본질적으로 상통한다고 할 수 있다. 이와 같은 주취적 모티브는 다음과 같은 제13시 속에도 등장한다.

> 그대들은 조용한 기쁨을 방해하려는 것입니까?
> 날 술자리에 머물도록 해 주오!

이 시 속에 나오는 '조용한 기쁨Die stille Freude'은 지고의 시인이 술에 도취해 자연과 하나가 된 직관적 고독 속에서 우러나오는 희열이라고 말할 수 있다.

c. 중국적 사랑의 모티브

괴테는 이 모티브를 제5, 6, 7시에서 다루고 있는데 이러한 중국적 사랑의 모티브는 중국의 연애소설 『화전花箋』에서 암시를 받았다고 볼 수 있다. 먼저 제5시의 내용을 보면 다음과 같다.

> 석양은 푸른 하늘 아래,
> 초원과 정원에서 꽃이 피는 곳을 찾다가;
> 사랑의 한 쌍을 발견하게 되면,
> 가장 찬란한 광경을 보는 것으로 생각하리.

정원에서 사랑하는 한 쌍을 발견하는 것이 가장 아름다운 광경이라고 시적으로 표현하고 있는 대목은 톰즈가 번역한 『운문으로 된 중국 구혼Chinese Courtship in verse』에 등장하는 연인인 리앙Liang과 자오지엔Jaosien이 정원에서 만나는 장면을 연상하게 하고 있다. 앞에서 이미 언급한 제6시에 나타난 사랑의 모티브도 중국적인 것이다.

> 난 그 잎사귀를 통해 가장 아름다운 것을 훔쳐보기 위해
>
> 사랑의 눈길을 보내곤 했다네.

톰즈의 상기한 번역 작품에서도 리앙이 자오지엔을 보기 위해서 찾는 정원은 리앙의 집에서 동쪽에 놓여 있는데, 중국의 소설에는 일반적으로 정원에서 사랑하는 애인을 향해서 사랑의 눈빛을 보내는 장면을 흔히 볼 수 있다.

중국적 정원은 제7시에서도 사랑의 공간으로 압축적으로 표현되어 있다.

> 그녀가 호의를 보이려고 다가온
>
> 그곳은 정원이었네;

사랑하는 님에게 정원에서 사랑의 호의적 표정을 보이는 장면은 톰즈의 번역 작품에서도 찾아볼 수 있는데, 이 번역서에서는 리앙이 오랫동안 연인을 보지 못했기에 이웃 정원에서 만나던 애인을 향한 연정을 떠올리는 대목이 나온다. 자오지엔이 처음으로 그에게 호의를 보여 준 곳이 정원이며 그 역시 이제 그곳을 생각하면서 그녀와 같이 있다는 행복감에 사로잡히는데, 이러한 내용은 곧 괴테의 위의 시와 상통하는 바가 있다고 본다. 이렇게 볼 때 괴테는 중국적 사랑의 분위기를 표현하기 위해 『화전』에 자주 나오는, 즉 정원에서 사랑하는 님한테 사랑의 눈길을 보내는 모티브를 수용하고 있음을 파악할 수 있다.

d. 중국적 사상

괴테의 제11시에는 다음과 같은 구절이 있다.

> 불변의 것이 있어 영원한 법칙이 되니
> 그 법칙에 따라 장미와 백합이 피어나는 것이라오.

괴테는 일찍이 첼터에게 보내는 서간문에서 '늙어 가면서 항상 장미와 백합이 피어나는 법칙을 믿게 된다'고 고백하고 있다. 제11시 속에 표현된 장미와 백합이 피고 지는 자연의 순환의 진리는 노자가 말하는 '반복하는 것은 도道의 운동運動'과 상통한다. 그러므로 괴테의 영원한 법칙은 곧 노자가 말하는 '불변하는 것'이자 존재의 근원인 道인 것이다.

한편 괴테는 다음과 같은 제14시 구절에서 보듯이 공자의 실천 사상을 경구적으로 표현하고 있다.

> 미래를 달래려는 먼 곳으로의 동경,
> 그대여, 오늘 여기에서 활동적인 일에 정진하시오.

위의 시구에서 등장하는 먼 세계와 무한 세계에 대한 동경으로부터 체념하고, 유한하고 실용적인 현실 세계에로의 귀환을 추구하는 표현은 괴테의 만년의 실용성과 현실 세계에 유용성을 강조하는 실천윤리 사상을 나타내 주고 있다. 독일 비교문학자 크리스티아네 바그너 디트마르Christiane Wagner-Dittmar는 괴테의 이와 같은 실천행동과 유교 사상의 실천 철학이 근본적으로 놀라울 정도로 일치하고 있음을 지적하고 있다.

괴테의 중국 수용의 세계문학적 의미

괴테의 세계문학Weltliteratur에 대한 관심은 나폴레옹의 출현으로 인해 유럽의 시대 위기를 의식하는 가운데 그의 자연과학에 대한 연구를 통해서 더욱 깊어졌다고 볼 수 있다. 극심하게 악화되는 유럽의 공간으로부터 벗어나 정신적 안식처 내지 도피처로서 봤던 동양은 점차 서양과의 상호 보완 관계 속에서 정신적 보편성을 발견할 수 있는 세계로 여겨지게 되는데, 이는 괴테의 동양에 대한 교양 체험을 통해서이다. 구체적으로 말하면 괴테는 식물의 원형 현상에 대한 연구를 하는 가운데 암시를 받아서 식물에 원형Urbild이 존재하듯이 인간 세계에도 동서양이 공히 인식할 수 있는 근원 현상이 존재한다고 봤다. 이를 근거로 괴테는 인간은 장소와 시간에 따라서 오직 단 하나의 인간이라는 근원 현상에서 나온 변형Metamorphose에 지나지 않는다는 것과, 제 민족은 오직 하나의 인류라는 근본 형태에서 나온 변형에 지나지 않는다는 것을 지적하고 있다.

괴테는 위기에 처해 있는 시대 상황 속에서 상호 간의 정신적 유대를 강화하면서 서로 증오하지 않고 상호 문학을 통해서 타 민족을 이해하고 관용하는 법을 배워야 한다고 생각하고 있는 바, 이것이 바로 그의 세계문학의 이념이다. 그의 세계문학의 이념에 따르면 동양과 서양이 창작해 낸 문학이라는 것은 영원히 인간적인 세계를 지향하고 있으며, 근원적 인간성을 추구한다는 점에서 동일한 것이다. 또한 그는 세계문학은 국민문학과 국민문학 사이를 매개하며 정신적 재화財貨를 교환하는 문학이라고 생각했다. 세계문학을 통해서 각 민족은 서로 알게 될 뿐만 아니라 이해하고 비판하고 존경하는 데까지 이른다고 했다. 이와 같은 세계문학은 "민족과 민족을 결합하며, 시인의 목소리를 통해서 민족 상호 간에 대화할 수 있는 정신적 공간"인 것이다.

괴테에 의하면 세계문학은 어디까지나 주체적인 것이며 국민성을 무시한 특성 없는 세계 동포 주의적 문학이 아니라 시인과 문필가들이 자기들의 예술과 언어에 대해서 다른 민족을 이해시키는 데 그 목적이 있는 것이다. 괴테는 세계문학이 지금까지 고찰되어 온 민족의 고유성을 시적으로 표현할 뿐만 아니라 동양과 서양 사이의 공통적인 문학 정신과 인간 정신의 시원적 현상을 승화시킴으로써 여러 민족 사이에 정신적 유대를 강화한다고 언급하고 있다. 이렇게 볼 때 괴테는 동양과 서양 문학 작품을 통해서 문학이 지니고 있는 보편성과 고유성을 인식했던 것이며, 이와 같은 세계문학의 이념을 구현하려는 의도에서 그는 만년의 작품 「중국·독일의 계절과 시각」을 창작했다고 볼 수 있다.

진상범

Chapter Ⅲ
소설 / 산문

GOETHE
LEXIKON
II

노벨레

원래 '사냥'이라는 제목을 가진 운문 서사시로 구상되었으나(1797.3.23) 산문 형식으로 개작해 발표한 괴테 말년의 소설 『노벨레Novelle』(1828)는 그 자체가 산문 문학의 한 장르를 가리키는 용어이나 괴테 자신이 이 소설의 제목으로 선택했다. 괴테는 에커만과의 대화에서 이 소설이 전체적으로 "실제로 일어난 신기한 사건"이라는 노벨레 본래의 정의에 부합한다고 말했다.

줄거리

어느 가을날 영주는 사냥을 떠나면서 젊은 부인에게 말을 타고 놀러 나가 보라고 권했다. 성 밖으로 떠나가는 영주와 사냥 수행원들을 망원경으로 바라보며 눈물을 훔치던 영주의 부인은 외출을 싫어하는 외삼촌을 졸라 대목장이 열리고 있는 도시를 통과해 산꼭대기에 있는, 폐허가 되어 수리 중인 가문의 성을 가 보기로 한다. 귀족 청년 호노리오는 망원경을 챙겨 들고 따라나선다. 시장은 사람들로 북적이고 그들은 큰 판자 건물 안에 전시되고 있는 사자와 호랑이를 본다.

그들이 목적지에 도달해 숲속의 전망 좋은 곳에서 사면 경치를 감상할 때, 도시 쪽을 망원경으로 보던 호노리오는 도시에 화재가 난 것을 알게 된다. 영주의 외삼촌은 서둘러 성으로 떠나고, 천천히 뒤따르던 두 사람 앞에 우리를 탈출한 호랑이가 나타난다. 말이 놀라 자빠지는 바람에 영주 부인이 위기에 처한 순간 호노리오는 기사도를 발휘해 가지고 있던 피스톨로 호랑이의 머리를 쏴 죽인다.

그때 호랑이의 소유주인 유랑 동물 사육사와 보모 그리고 피리를 손에 든 소년이 나타난다. 보모가 아무 위험도 없는 호랑이를 죽였다고 탄식할 때 영주가 사냥꾼들과 함께 나타난다. 울긋불긋한 옷차림을 한 소년의 아버지가 앞으로 나서며 사자도 우리를 탈출했다고 말한다. 사자는 이미 얼마 전부터 폐허 안에서 햇볕 속에 위험하게 쉬고 있다는 사실이 확인된다. 소년의 아버지는 자기 방식대로 사자를 잡게 해 달라고 영주에게 청원한다. 소년이 피리를 불어 사자를 순하게 안정시킨 다음 쇠 장식을 단 우리 안으로 유혹해 잡겠다는 것이었다. 영주는 그의 사자 포획법을 승인하고 호노리오에게 보초를 서라고 명령한 뒤 부인과 사냥 수행원들을 데리고 성으로 돌아간다.

소년이 피리를 불고 노래를 부르며 사자에게 다가가자 사자는 순하게 오른쪽 앞발을 소년의 무릎 위에 올려놓는다. '잘 청소된 우리 바닥'에 익숙한 사자는 영주령의 '자유로운 통로'에서 가시에 찔려 있었던 것이다. 상처를 치료받은 사자는 순순히 우리 안으로 다시 들어가고, 그 광경을 지켜보고 있던 호노리오도 미소를 지으며 권총을 내려놓는다.

주제

괴테는 에커만과의 대화에서 이 노벨레의 과제는 "제어하기 어려운 대상, 정복하기 어려운 대상은 폭력보다 흔히 사랑과 선행으로 굴복시킬 수 있음을 보여 주는 것"이라고 했다.

생성사

괴테는 1797년, 운문 서사시 『헤르만과 도로테아』를 쓴 뒤 바로, 우리를 탈출한 사자와 호랑이를 사냥하는 이야기를 헥사미터(육각운)와 스탠자stanza 형식으로 쓸 계획이었으나 실러와 빌헬름 폰 훔볼트의 반대에 부딪쳐 계획을 접었다. 그러나 거의 30년이 지난 1826년, 실러와의 서신 교환을 정리하고 『빌헬름 마이스터의 편력시대』를 집필하던 중 이 소재를 다시 끄집어내어 산문으로 썼다. 처음에는 이 소설을 장편소설의 일부로 집어넣으려 했으나 독립된 소설로 발표하게 되었다.

『노벨레』라는 제목은 소설의 내용보다는 문학 장르로서 소설의 형식적 특징을 가리키는 말이다. 당시 괴테는 보카치오의 『데카메론』이나 『아라비안나이트(천일 야화)』 등 이야기 모음집에 관심을 가지고 있었으나 대체로 황당무계한 그 내용이나 '동화'라는 장르 표시에 만족하지 못했다. 따라서 『노벨레』는 내용의 현실적 가능성과 거기에 부합한 형식의 일치를 보여 주려는 괴테의 문학적 성취라고 할 수 있다. 훗날 이른바 시적 사실주의 작가들이 괴테의 『노벨레』를 선구적인 모범으로 삼은 것도 이러한 문학적 특징에 기인하는 것이다.

안문영

GOETHE
LEXIKON
Ⅱ

독일 피난민들의 대화

작품 생성 및 시대 배경

『독일 피난민들의 대화Unterhaltungen deutscher Ausgewanderten』(1808)는 실러가 만든 문학잡지 《호렌》에 기고를 요청받고 창작되었다. 실러는 괴테에게 보내는 1794년 6월 13일 자 편지에서 깍듯하게 그를 잡지의 협력 작가로 초대하고 기고해 줄 것을 요청했다. 괴테에게 다수의 저명한 학자도 동참할 것이라고 했는데, 그중에는 예나대학의 철학자 요한 고트립 피히테와 역사학자 칼 루트비히 볼트만Carl Ludwig Woltman, 빌헬름 폰 훔볼트 등이 있었다. 괴테가 동참할 때 그의 기고료는 8루이도르Louisd'or를 제공한다는 조건이었다. 작가 평균이 5루이도르의 수준인 것으로 볼 때 최고의 수준이었다.

괴테에게 《호렌》의 필자로 동참한다는 것은 공식적으로 실러와 교류를 시작한다는 것만이 아니라 잡지의 재정적 후원 출판사의 주인인 요한 프리드리히 코타Johann Friedrich Cotta와 연결된다는 뜻이기도 했다. 코타는 시작 단계에 있었던 자신의 출판사를 키우기 위해 당시의 중요한 작가들에게 투자할 의사가 확고했다. 코타의 노력은 헛되지 않아 코타 출판사는 이후 괴테의 주요 출판사가 되었으며 《호렌》의 필자인 횔덜린과 장 파울 등을 출판사의 필자로 얻었다.

이 초대를 받고 괴테는 '자신의 글 중에 출판되지 않은 것이 있으면 알려 주겠다'는 일단 거리를 두는 편지를 보낸다. 하지만 이후 두 사람은 활발한 서신 교류를 통해 가까워진다. 그리고 괴테가 실러를 바이마르 자신의 집으로 초대하면서 2주일 동안 집중적으로 교류하게 된다. 이 기회를 통해 괴테는 실러의 잡지에 구체적으로 동참할 것을 약속한다. 괴테는 그즈음 소설 『빌헬름 마이스터의 수업시대』의 집필을 다시 시작했고 첫 6권까지 완성한 상태였다. 실러는 그 작품을 원했으나 괴테가 이미 웅어 출판사에게 넘기겠다고 한 상태라 무위로 끝났다. 실러는 자신의 잡지 첫 기고 작품으로 서한 형식의 『인간의 미적 교육에 대하여Über die ästhetische Erziehung des Menschen』를 괴테에게 소개했다. 이 글은 당시의 큰 정치적 사건인 프랑스 혁명과 그 결과에 대한 실러의 개인적인 입장 표명이기도 했다.

당시 프랑스 혁명과 그 이후 이어진 공포 정치 그리고 프랑스 군대의 독일 침공—1792년 가을에는 보름스, 슈파이어, 마인츠, 프랑크푸르트 등이 프랑스의 수중에 떨어졌다—은 독일 지역에서도 적지 않은 난민과 이주민을 낳았다. 괴테는 이후 카를 아우구스트 공작을 따라 프로이센 군대의 일원으로 마인츠의 포위 작전에 참여한 바 있었다(『마인츠 포위』). 당시 괴테에게 그 경험은 기억에 생생히 각인되어 있었을 것이다. 실러가 요청하지 않았어도 그것은 언젠가 창작의 소재가 되었겠지만 실러의 요청은 창작을 실행하는 계기가 된다.

1795년 1월에 괴테는 작품의 첫 번째 부분을 보낸다. 그 내용은 프랑스가 점령한 라인강 왼편의 지역(좌안)에서 라인강 오른편 지역(우안)까지, 자신들의 또 다른 소유지로 피난해 온 독일 피난민들이 나누는 대화를 담은 것이다. 그 후 《호렌》 발행 원년 2호, 4호, 7호, 9호 10호(1795년 2월부터 10월까지) 등에 이어지는 내용이 실린다. 괴테는 1808년, 코타 출판사를 통해 그의 작품집Werke 제12권으로 이 작품을 출판한다. 1828년에 코타 출판사에서 나온 '괴테 작품집 결정판Ausgabe letzter Hand'에도 이 작품은 그대로 출판된다.

작품의 구성과 내용

이 작품은 액자소설의 형식을 띠고 있다. 액자소설의 내용은 괴테가 프랑스 종군에서 돌아오면서 경험했던 일화에 바탕을 두고 있다. C 남작 부인이 라인강 왼편 지역의 소유지가 공격을 당해 일단의 무리를 이끌고 어떤 피난처에 은거 중인 상황에서 이야기가 전개된다. 그 무리는 다양한 성향을 가진 사람으로 이뤄졌다. 남작 부인의 딸 루이제의 신랑은 프랑스를 공격하는 연합군의 군인으로 보수적이고 지배적인 성향이 강하다. 남작 부인의 장남인 프리드리히는 생각이 깊고 조직력이 있다. 반면에 그녀의 사촌인 칼은 자유주의자로 혁명을 신봉한다. 그 무리의 정신적 구심점에는 남작 부인 외에 그 가족과 오랫동안 교류한 연만한 성직자(아베)가 있다. 하지만 그들은 모두 결점을 가지고 있어 그것이 갈등을 일으킨다. 특히 S 추밀고문관 역시 가족과 함께 그곳으로 피신했는데, 그의 부인이 남작 부인과 어릴 적부터 막역한 친구다. 추밀고문관과 자유주의자 칼은 정치적 견해차로 항상 마찰을 일으킨다. 이를테면 추밀고문관은 마인츠를 탈환하면 마인츠에 프랑스식 공화국을 건설하겠다는 프랑스 혁명 신봉자(마인츠 자코뱅당원)들을 모두 교수형시켜야 한다고 말한다. 칼은 이에 질세라 프랑스의 단두대는 '독일에서도 풍성한 수확물'을 거둘 것이라고 대응한다. 이후 추밀고문관은 그의 가족을 이끌고 그곳을 떠난다.

이제 남작 부인은 논쟁거리가 될 현실의(정치적) 이해관계에 얽힌 소재로 대화하지 말고 '사교적 교양'이 되는 이야기를 해 줄 것을 요청한다. 이에 따라 일상적이지 않은 신기한 소재의 이야기가 이어진다. 아베는 독립심 강한 아름다운 여 가수 안토넬리의 이야기를 시작한다. 그녀는 감정적 사랑이 서로를 구속하는 것이 싫었고, 연인이 아니라 친구로 있어 줄 이성적 남자를 원했다. 그녀가 선택한 이성적 청년은 제노바의 상인이었다. 그렇지만 그 청년 역시 그녀를 사랑하게 되었고 그녀가 사랑을 받아 주지 않자 병이 든다. 그녀는 정성껏 간호를 했고 재정적 도움까지 줬지만 남자는 그녀가 가수의 길을 포기하고 자신만을 사랑해 줄 것을 요구한다. 이에 그녀는 그에게 이별을 고하고 떠난다. 그 청년은 수년 동안 은둔하다 죽음의 침상에서 (세 번이나) 그녀에게 마지막으로 한 번만 볼 수 있기를 간청한다. 하지만 그녀는 나타나지 않고 그는 죽는다. 그의 죽음 이후에 그녀는 일 년 반 동안이나 소름 끼치는 음향에 시달린다. 그 소리에 그녀와 그녀 주변의 사람들은 기절한다.

이를 이어 남작 부인의 아들 프리츠가 바닥을 두드리는 귀신 이야기를 한다. 그것은 그가 아는 어느 성의 주인마님의 하녀인 젊은 (고아) 여자에 대한 일화다. 그 하녀는 자기를 사랑한 첫 남자의 구애에 관심을 보이지 않고 그를 만나지 않았는데, 그 후부터 그녀는 항상 바닥을 두드리는 소리에 시달렸다. 결국 그 소리에 그 성의 주인조차 화가 나서 만약 그 소리가 다시 나면 그 하녀를 죽을 때까지 채찍질하겠다고 위협한다. 이 위협 이후에 그 소리는 사라진다. 그렇지만 그 하녀는 근심으로 초췌해서 마치 귀신처럼 남게 된다.

사촌 칼은 프랑스 사령관의 회고록에서 나온 일화를 소개한다. 그는 파리 한 가게의 단골이다. 그가 그 가게에 가면 항상 그에게 최고의 예를 갖춰 인사하며 호감을 보이는 가게의 젊은 여자가 있다. 그가 은밀히 하인을 보내 물어보니 그 여자는 그를 만나 하룻밤을 지낼 용의가 있음을 전한다. 그는 자신이 마련한 집에서 한 여자를 만나 하룻밤을 지냈지만 뜻밖에 그날 밤 만난 그 여자가 누군지 모르겠다고 한다. 그 여자는 결코 매력적이진 않았지만 그래도 즐거운 밤을 보냈다고 한다. 두 번째 만남 때는 그 여자가 장소를 정한다. 그리고 이틀 후에 그가 그 장소에 가니 그곳에서 사람들이 침대의 짚을 태우고 있는 것을 본다. 불길 속에는 알몸의 시체 두 구가 타고 있었다.

칼은 그 회고록에서 나온 일화를 하나 더 소개한다. 그 사령관의 조상 중 한 명은 2년 동안 매주 그의 여름 별장에서 애인과 밀회를 나눴다. 그의 부인에게는 사냥을 간다고 했다. 하지만 어느 날 밤 부인은 그들이 자고 있는 현장에 온다. 그녀는 그들을 깨우는 대신 잠자는 그들의 발에 면사포를 덮어 주고 온다. 잠에 깬 애인은 그것을 발견하고 슬퍼하며 후회했고 그 남자와 이별한다. 동시에 남자의 딸들에게 작은 선물 세 개를 두고 갔는데 이후 이 선물은 그것을 소유하는 사람들에게 모두 행운을 가져다줬다.

그다음의 이야기는 아베가 들려주는 부유한 이탈리아 상인과 그의 젊은 부인에 대한 내용이다. 상인이자 선원인 그는 늦게 결혼한다. 부인은 자신이 사는 도시의 16세 젊은 소녀였다. 그가 다시 바다로 나가기 전에 어린 부인에게 말하기를, 자신이 없는 동안 애인을 둬도 괜찮다고 했다. 그녀처럼 혈기왕성한 나이에 사랑의 즐거움을 억제할 수 있기를 바라는 것은 어리석은 일이라고. 어린 부인은 그것이 말이 되지 않다고 생각했지만 남편이 떠나자 부인에게 한 젊은 법학도가 눈에 띄었다. 그 젊은이를 불러 애인이 되어 달라는 자신의 뜻을 전하니, 그는 그 뜻은 고맙지만 현재는 금욕 중이라 안 된다고 한다. 자신이 심각한 병에 걸렸을 때 일 년 동안 금욕을 하겠다고 맹세했고 이제 두 달이 남았다는 것이다. 만약 그녀가 같이 금욕을 한다면 곧 그들은 함께 행복을 맛볼 것이라고 했다. 그녀는 동의했고 같이 금욕 생활을 했다. 물과 빵만 먹고 딱딱한 침상에서 잤고 몸은 점점 약해졌다. 가끔 젊은이를 보는 것으로 고행을 견뎠다. 하지만 시간이 가고 금욕의 기한을 다 채우자 그녀는 더 이상 그 젊은이를 필요로 하지 않았다. 사랑의 정염도 사라진 것이다. 그녀는 그 젊은이에게 감사하며, '우리에게 정염 외에 그것과 균형을 이룰 수 있는 무언가가 있음을 느꼈다'고 말한다.

다시 아베가 들려주는 마지막 페르디난트 이야기는 괴테의 순수 창작이다. 젊은이 페르디난트는 상인 집안의 아들이다. 그는 아름답고 부유한 오틸리에와 사랑에 빠진다. 그는 아버지의 돈을 몰래 빼내 사치스런 생활을 하고 그녀에게 선물도 한다. 둘은 비밀리에 약혼도 한다. 하지만 오틸리에가 잠시 떠나고 혼자 있게 되자 그는 비로소 제정신이 든다. 어머니로부터 물려받은 이성적이고 검소한 성향이 살아난 것이다. 그는 돈을 벌기 위해 떠났고 곧 그가 아버지에게서 빼낸 돈을 모두 벌 수 있었다. 그가 돌아오기 전에 아버지는 돈이 없어진 것을 발견하고 가족과 하인들을 조사하겠다고 위협한다. 그사이 아들의 행동과 약혼 사실을 안 어머니가 이 모든 일을 잘 조정하고 아들은 모든 사실을 고백해 일은 잘 해결된다. 페르디난트는 희망에 넘쳐 약혼녀 오틸리에가 돌아오기를 기다린다. 하지만 아베의 이야기는 마지막에 다시 한번의 반전이 있다.

오틸리에가 약혼을 파기한 것이다. 이후 페르디난트는 여행 중 알게 된, 외모가 수려하지는 않지만 착하고 평범한 소녀와 결혼해 많은 자식을 둔 가장으로 훌륭한 가정을 일군다.

칼이 아베에게 지금까지 이야기와는 다른 동화 하나를 부탁한다. 그가 들려주는 동화는 한 선원의 나룻배를 타고 큰 강을 건너 아름다운 백합을 찾는 세 도깨비불에 관한 동화다. 이 동화를 끝으로 이 작품은 마친다.

작품 해석과 평가

이 작품은 (장편)소설로 보면 『빌헬름 마이스터의 수업시대』와 비교할 때 대체로 그에 못 미치는 작품으로 평가받는다. 하지만 장편소설이 아닌 노벨레로 볼 때는 괴테가 생각한 노벨레의 전형이라고 볼 수 있다. 남작 부인이 설명했듯이 '소수의 등장인물들과 단순한 줄거리, 적당한 서술 속도, 우리가 흔히 좋아하는 특성의 사람들, 완전하지는 않지만 훌륭하고, 뛰어나지는 않지만 흥미 있고 사랑스런 사람들이 나타나는 이야기'가 바로 괴테가 생각한 노벨레다.

프랑스 혁명과 그 영향에 대한 간접적 평가도 이 작품의 중요한 내용이다. 괴테가 이 작품을 통해 프랑스의 구체제(앙시앵레짐)를 옹호한다고 평가하는 것은 일면적 판단이다. 작품의 주요 맥락은 프랑스 혁명에 대한 균형감각을 찾는 것이다. 작품에서 프랑스 혁명의 과격한 옹호자인 혈기왕성한 젊은 귀족 칼은 그의 과격성에도 불구하고 유리하게 묘사된다. 그는 신분이나 귀족의 재산 등에는 관심이 없는 진보적 귀족으로 조명된다.

이 작품의 인물들은 대체로 세계(유럽)와 다른 문화에 대한 개방성을 보인다. 액자소설의 이야기들이 전개되는 장소도 독일이 아니라 프랑스와 이탈리아가 대부분이다. 그 외 이야기들의 구성과 내용, 서술 방식이 치밀하지 않고 자유로운 것도 노벨레의 성격을 보여 주는 동시에, 형식에 얽매이지 않는 수다스러운 이야기 형식의 이탈리아 및 프랑스 문학의 영향이라고도 할 수 있다.

이 작품 역시 괴테식의 아이러니를 보여 주고 있다. 그 점은 아베의 이야기 서술 태도에서 가장 잘 나타난다. 그는 자신의 이야기를 항상 일정 거리를 두고 서술한다. 그는 이야기를 자신의 경험과 시각을 통해 주체적으로 서술하고 있다. 이에 반해 프리츠와 칼은 놀라운 소재의 이야기를 열정적으로 전달하기만 할 뿐이다. 독자들은 아베의 이런 서술 태도를 통해 그가 서술하는 이야기들이 담고 있는 메시지가 무엇인지 성찰할 수 있다. 남작 부인은 아무런 이야기도 서술하고 있지 않지만 그녀를 통해 이 작품의 핵심 메시지인, 괴테가 생각하는 미적 교육의 의미를 알 수 있다. 서로 다른 상황과 문화에 있는 상대를 이해하고 어울릴 수 있는 교양을 갖춘 인간을 만드는 것. 그것이 괴테가 생각하는 미적 교육의 실체이며 실러가 『인간의 미적 교육에 대하여』에서 주장한 미적 교육 이념에 대한 자신의 답변이라 할 수 있다.

이런 미적 교육의 이념에는 절제를 갖춘 체념Entsagung의 규율을 배우는 것도 포함된다. 이 작품과 다양한 이야기 속의 인물들은 누구든지 절제하고 체념하는 법을 배운다. 그렇게 하지 못하는 인물은 불행해지거나 추밀고문관처럼 그곳을 떠나야 한다. 작품에서 자신만의 이념 또는 주장을 고집하거나 다른 사람과 충돌할 수 있는 일상적 정치 사건들을 언급하는 것이 금지되는 것도 이런 이유에서다. 그런 것들은 괴테가 생각하는 미적 교양과는 상반되는 것이다. 절제를 동반한 체념의 이념은 다른 생각과 이념, 문화를 관용할 뿐 아니라, 서로 어울리게 하는 힘을 가진다는 것이 괴테의 시각이다. 그의 계몽주의의 핵심도 여기에 있다. 이 작품의 가치는 이런 괴테적 미적 교육과 교양 및 이와 직결된 그의 계몽주의 이념의 한 단면을 살펴볼 수 있게 하는 데 있다.

조우호

GOETHE
LEXIKON
II

동화

독일의 계몽주의자 빌란트Christoph M. Wieland에 의하면 계몽은 진리와 거짓, 선과 악을 구별하는 능력으로, 이러한 계몽의 적은 "망상이나 환상에 사로잡히는 사람, 놀고먹는 동화의 나라나 행복한 이상향으로 여행을 꿈꾸는 사람"이라고 했다. 이러한 계몽주의에 의거해 신화가 해체되고, 자연과학의 중흥으로 탈주술화가 행해지며, 기독교 유일신에 근거해 다른 신들을 배제되었다. 그러다가 18세기 후반부터 이성과 진보에 대한 회의가 느껴지기 시작했는데 『파우스트』에서 메피스토펠레스도 인간의 이성을 조롱한다.

> 당신께서 인간에게 하늘의 빛의 허상을 주시지 않았던들
> 인간은 좀 더 잘 살 수 있을 겁니다.
> 이들은 이 허상을 이성이라 부르고 이것을 다른 어떤 짐승보다
> 더 짐승같이 사는 데만 이용하고 있지요.

283~286행

이러한 이성과 진보에 대한 회의감에서 원초성이 동경되어 티크Ludwig Tieck의 『금발의 에크베르트Der blonde Eckbert』와 노발리스Novalis의 『푸른 꽃Blaue Blume』 같은 동화적인 작품들이 유행했다.

그림 형제로부터 동화를 듣고 있는 가정

동화는 도처에 있을 수 있으며 동시에 어디에도 없는 고향이어서 만족될 수 없는 현실이 동경되어 독자와 동화의 주인공이 하나가 된다. 벌을 받아야 할 행위가 용서되고 거인과 소인, 마녀, 천사, 땅 또는 불 속에 존재하는 선과 악의 요정 등이 등장하는 동화를 두고 노발리스는 "불가능한 것이 가능하게 되고, 자신과 자연이 극복되어 불편이 편리가 되어 역행하던 사건이 편안하게 되는 기적이 일어난다"고 했다.

마찬가지로 동화에 관심이 많은 괴테도 『시와 진실』에서 '동화는 호기심을 불러일으키고 관심을 끌어 풀 수 없는 수수께끼가 풀리고, 기묘한 것보다 한층 더 기묘한 일에 의한 혼란으로 공포와 근심을 일으키는 진지하고 가혹했던 사건을 재치 있고 유쾌한 웃음거리로 변형시켜 만족하게 하고, 상상력에 새로운 소재를 남기며 이성에 보다 깊은 숙고를 남겨 준다'고 기록하고, 『빌헬름 마이스터의 편력시대』에서는 '관찰이나 행동에서 도달될 수 있는 것은 도달될 수 없는 것과 구분되어야 한다. 이러한 구분이 없으면 삶이나 지식에서 많은 성취를 이룰 수 없다'고 언급했는데 여기에서 도달될 수 없는 것은 동화에 의해서 도달될 수 있다는 의미다. 따라서 『파우스트』에서 연약한 인간인 파우스트는 삼라만상의 가장 깊은 진리와 창조의 원리를 파악하고자 마적인 동화의 세계에 의지하고자 한다.

무엇인가 올바른 것을 알고 있다는 자부심도 없으며,
인간들을 개선시키고 개종시키기 위해
무엇인가를 가르칠 수 있다는 생각도 들지 않는다.
내게는 또한 재산도 돈도 없으며
이 세상의 명예나 영화도 없으니,
이런 꼴로 더 이상 살아간다는 것은 개라도 싫다고 할 것이다.
그래서 나는 영의 힘과 말을 빌어,
여러 가지 비밀이 제시되지나 않을까 해서
이 몸을 마법에 내맡겨 봤다.

371~379행

그러나 괴테는 상상적인 동화의 근저에는 법칙이 있다고 봐서 "폭넓은 움직임의 상상력은 법칙도 없이 백일몽처럼 보이지만 정확히 살펴보면 다양하게 규제되고, 감정, 윤리적 요구, 청자의 욕구 등을 통해서 그리고 이성의 고결한 취향에 의해 규제된다"고 했다. 『파우스트』에서 '그 이름(악마)은 아득히 오래전에 동화책에 쓰여 있었지'라는 언급처럼 '먼 옛날의 악마'같이 황당하게 전개되는 동화도 이성에 연관된다는 것이다.

이러한 동화의 나라에서는 동물이 식물로 또한 식물이 동물로 심지어 무생물이 생물로까지 변신하는데 이러한 변신은 생성에 대한 동경으로 "삶은 변신의 연속"이라는 괴테의 '변형론Metamorphose'을 반영한다. 신의 사랑과 은총을 받는 고차적인 존재가 되기 위해서는 낡은 자아에서 탈피해 무의식이나 영혼의 나라에서 새롭게 성숙해야 하는 것이다. 특히 인간의 동물로 변신은 "인간의 갱신에 필요한 무의식으로 회귀"로, 이러한 동물로 변신 중에서 새로운 변신이 흔하다. 새는 영혼의 모티프로, 비상飛上은 초인간적인 존재(신, 주술사, 정령)로 접근하는 등 마음대로 움직일 수 있는 자유 등을 상징한다. 사자死者로 변신도 새로 암시되어 그림 형제의 동화 「노간주나무Von dem Machandelbaum」에서 살해된 어린이가 새가 되어 노래를 부른다.

우리 엄마는 나를 죽였고,
우리 아빠는 나를 먹었네,
누이동생 마를레니헨이 내 뼈를 빠짐없이 추슬러서
곱디고운 비단으로 정성껏 싸서
노간주나무 밑에 뒀네.
짹짹짹짹! 나같이 예쁜 새가 또 어디 있을까.

이 노래의 배경에 의하면 한 사악한 계모가 의붓 아이를 죽여 요리를 해 이 아이 아버지인 남편의 식사에 올렸다. 그리고 먹고 남은 뼈들을 의붓 자매 마를레니헨이 노간주나무 밑에 묻어 주자 그곳에서 한 마리의 아름다운 새가 날아오르면서 이 노래를 부른다. 이 노래는 룽게Philipp O. Runge가 기록해 1808년 아르님의 『이주자의 신문Zeitung für Einsiedler』에 실린 저지 독일어 지역의 동화로 낭만주의 동화의 정수가 되어 『파우스트』에도 유사하게 실려 있다.

우리 엄마 창녀라서,
나를 죽여 버렸단다!

우리 아빠 악당이라,

나를 먹어 버렸단다!

우리 작은 여동생이

나의 뼈를 찾아다가,

시원한 데 묻었단다.

그때 나는 귀여운 숲새 되어,

저 멀리 날아가네, 날아가네!

4,412~4,420행

이렇게 동화에 관심이 많은 괴테는 세 편의 동화를 발표했다. 첫 번째 동화는 단편 『노벨레』처럼 장르를 나타내는 제목인 「동화Märchen」(1795)로 『독일 이주민들의 대화Unterhaltungen deutscher Ausgewanderten』에 수록되었고, 두 번째 동화 「새로운 파리스Der neue Paris」(1811)는 『시와 진실』에 실렸으며, 「새로운 멜루지네Die neue Melusine」(1819)는 『빌헬름 마이스터의 편력시대』에 들어 있어 괴테의 동화는 모두 독립적이 아니라 다른 작품에 삽입되었다는 특징이 있다. 그의 동화가 아닌 작품들에서도 동화적인 성격이 다소 느껴진다. 『노벨레』에서 상인에 의해 길들어져 온순하게 된 사자는 소년의 피리 소리에 따라 움직인다. 인간의 솜씨가 아니라 신의 영감을 받은 것처럼 피리를 불어 사자를 달래는 소년은 그림 형제의 『하멜른의 피리 부는 사나이』에서 마법 피리로 도시 곳곳에 숨어 있던 쥐들을 따라오게 하는 소년과 유사하다. 괴테의 서간집 『첫 서간Die erste Epistel』에 들어 있는 음유시인Rhapsode의 이상향Utopien은 숫제 동화다.

폭풍으로 유토피아 섬에 표류한, 돈이 없는 음유시인을 사람들은 따뜻하게 영접한다. 어느 여관에서 그는 진수성찬의 식사와 술대접 외에 수면과 휴식을 취할 수 있는 좋은 잠자리까지 제공받았다. 한 달 후에 자기가 돈이 없다는 사실을 깨닫고 주인에게 음식을 덜 가져오도록 부탁하자 이 주인은 외려 계속 더 많은 음식을 가져왔다. 불안하고 걱정이 된 음유시인이 계산을 가능한 싸게 해 달라고 부탁하자 여관 주인은 그를 죽을 지경에 이르도록 매질했다. 그는 재판관을 찾아갔다. 여관 주인은 음유시인이 이 섬의 성스런 접대 권리를 침해했다고 재판정에서 진술했다. 그를 친절히 접대한 사람에게 계산서의 요구는 모욕적이며 신을 배반했다는 것이다. 이러한 무례한 행동을 주인으로서 참을 수가 없고, 이 섬의 접대 권리를 침해한 사람은 이러한 벌을 받아야 한다고 주인은 덧붙였다. 재판관은 여관 주인의 말이 옳다며 음유시인은 당연한 매를 맞았다고 하며 이를 잊으라고 판결했다. 음유시인은 이웃으로 이 섬에 머물려면 우선 시민들에게 자신의 유용성과 가치를 증명해야만 했다. 음유시인이 재판관에게 자신은 일하고 싶은 의욕이 없을 뿐더러 생활비를 벌 재능도 없어서 자기 고향에서 조롱만 받고 쫓겨났다고 말하자 이곳에서는 그런 사람이 오히려 환영을 받는다고 재판관은 말했다. 마을 의회에서 그에게 돈벌이 직장을 마련해 주고 나서 재판관이 그를 초대했다. 그 시인은 단지 치욕스런 재산을 위해 일의 유혹을 받아서는 안 되며, 그럴 경우 그는 영원히 몰락하여 끼니도 챙겨 먹지 못할 정도의 불명예를 얻게 된다고 알려 줬다. 이제부터 그가 할 일은 팔을 배에 감싸고 시장터에 앉아서 노상 가수들의 노래를 듣거나 소년 소녀들의 춤이나 놀이를 구경하는 일이었다.

"물자체Ding an sich"의 즉물성에서 벗어나 정신세계를 직관해야 한다고 주장하며, 작품 『푸른 꽃』에서 주인공의 외부적인 사건을 최대한으로 줄이고 꿈, 시인, 사랑 등을 동화적으로 전개한 낭만주의 작가 노발리스는 괴테의 교양소설 『빌헬름 마이스터의 수업시대』는 너무 현실적이어서 낭만주의 성격이 부족하다고 비평했다. 이러한 노발리스의 비평을 괴테가 수용했는지 이 작품의 후속편 『빌헬름 마이스터의 편력시대』에 낭만주의의 본질인 동화 「새로운 멜루지네」가 수록되었다. 이 작품은 소인과 소인국으로 전개되는데, 이는 소인과 소인국을 동화적으로 다룬 『걸리버 여행기Gulliver's Travels』(1726)를 쓴 영국의 풍자작가 스위프트Jonathan Swift의 문학을 괴테에게 자극한 헤르더의 공로다. "헤르더는 소수의 빛나는 별들만 조국의 하늘에 남겨 두고 나머지는 모두 흘러가는 유성으로 취급했다. (중략) 헤르더는 동시에 자신이 뚫고 나가려 한 찬란하고 넓은 길로 나를 이끌면서 스위프트와 하만을 필두로 자신이 좋아하는 작가들에 관심을 쓰도록 자극했다"고 괴테는 『시와 진실』에 기록하고 있다.

요정이 남성을 더 이상 속이거나 거부하고 싶지 않을 때 아름다운 신부나 공주가 되고, 이러한 요정을 신부로 데려가는 남성은 대개 왕자나 기사 등 멋진 남성이다. 그러나 「새로운 멜루지네」에서 요정 멜루지네를 신부로 맞는 주인공은 지위가 낮은 이발사다. 무제우스Johann K. A. Musäus가 쓴 『독일민속동화집Volksmärchen der Deutschen』에서 옛 성을 방랑하는 한 유령 이발사는 『빌헬름 마이스터의 편력시대』에서도 언급된다.

> 이 말이 없는 사나이는 장난꾸러기처럼 미소 지으면서 소리 없이 문밖으로 나가 버렸다. 빌헬름은 그의 등에다 소리쳤다. "정말이지 당신은 저 빨간 외투로군요. 꼭 그 사람이 아니더라도 적어도 그 자손의 한 사람임에 틀림없어요."

여기에서 빨간 외투Rotmantel는 『독일민속동화집』에서 옛 성을 방랑하는 유령 이발사다. 이러한 유령 이발사에서 영향을 받아서인지 「새로운 멜루지네」의 주인공도 이발사다.

동화에는 구원되는 내용이 흔하다. 여성은 번뇌와 봉사에 의해 구원되고, 남성은 해방되어 구원된다. 남성이 구원자가 되는 경우에 애욕이 작용해 키스와 동침이 일반적이다. 그런데 「새로운 멜루지네」에서 이발사의 체격은 '매우 좋았다sehr gut gebaut'고만 소개되며, 그녀도 자태만 소개될 뿐 애욕적인 언급이 없다. 멜루지네에게 사랑이나 육체적인 애욕보다 절멸의 위기에 처한 자신의 종족의 구원이 중요했던 것이다.

몰래 들여다보니 연인이 소인이라는 정체가 탄로되고, 이렇게 자신의 모습을 주시한 연인에 극도로 노여워해 떠나 버리는 내용이 동화에서 흔하다. 그림 형제의 『독일 전설Deutsche Sagen』에 담긴 「소인들의 결혼 잔치Des kleinen Volks Hochzeitfest」에서 소인들은 자기들의 결혼 잔치를 엿본 백작에게 식구가 일곱 명을 넘지 못하는 저주를 내린다. 「호이아 백작Der Graf von Hoia」의 소인들은 백작집의 하인들이 자기들을 엿보지 않고 자신들의 이야기를 말하지 않는 대가로 칼과 반지를 선물로 주며 백작 가문의 번영을 약속한다. 「소인들의 발Die Füße der Zwerge」에서는 소인들이 긴 외투로 발을 가리고 조용히 걸어와 과일을 따 광주리에 담아 주는 등 사람들이 낮에 할 일을 밤에 해 주고 돌아가곤 한다. 목동이 호기심에 과일 나무 근처에 재를 뿌려 놓고서 동이 튼 후 잿더미 위에 거위 발자국을 발견하고 이를 떠벌리고 다니자, 소인들은 깊은 산으로 돌아가 더 이상 도움을 주지 않는다.

이러한 소인들처럼 멜루지네도 원래는 자신의 모습이 발각되어 저주하며 영원히 떠나는 전형적인 동화의 인물이다. 프랑스의 물의 요정으로 독일에 널리 퍼진 멜루지네는 인간과 사랑에 빠져 그의 아내가 되는데 어느 날 목욕 후에 요정으로 되돌아가는 모습이 남편에게 들키자 인간 세계에서 영원히 떠난다. 그런데 「새로운 멜루지네」에서 멜루지네는 소인의 모습이 발각되어도 인연이 계속되는데 이는 소인의 문명과 역사가 인간 세계보다 앞서기 때문이다. 이렇게 소인 등 열등한 존재가 인간을 능가하는 내용이 동화에서는 흔하다.

신과 인간의 신비적 합일unio mystica을 자연에서 찾는 신비주의 방식을 신봉한 괴테는 '자연 속의 위대한 신에게, 하늘과 땅을 창조하고 유지시키는 신에게 (중략) 접근하려고 했으나 그 길은 아주 특별했다'고 『시와 진실』에서 고백하고 있다. 이렇게 신에 접근하려는 괴테의 자화상인 파우스트는 '나로다, 나 파우스트다, 그대(신)와 동등한 존재다'라고 '신과 자신의 동일'을 내세우며 메피스토펠레스에게 '너 따위 가련한 악마가 무엇을 주겠단 말이냐? 끊임없이 드높은 노력을 하고 있는 인간의 정신을 너 따위들이 언제 이해한 적이 있단 말이냐'고 인간 우월적으로 얕본다. 마찬가지로 「새로운 멜루지네」에서 어느 날 저녁, 술이 취한 이발사가 '인간이 아닌 소인이 무엇을 할 수 있단 말인가?'라고 인간 우월적인 질문을 내뱉는다. 그러나 어느 날 밤 호기심에서 작은 상자의 틈새로 소인국의 궁전을 보게 되어 정체가 탄로된 멜루지네와 관계가 위태롭게 되자 이발사는 소인에 대한 강력한 열망을 느껴 인간인 자신을 소인보다 낮추는 애걸로 사태를 모면하게 된다. 이렇게 인간이 자신이 인간 이하로 얕본 존재에 압도되는 게 동화에서는 일반적이어서 '신의 모양인 나'나 '나, 신의 모양' 또는 '지상에서 나의 삶의 흔적은 영원히 사라지지 않을 것이다'라고 신적 존재를 자부하던 파우스트는 '아아! 나는 그대를 감당하지 못하겠다!' 하며 자신이 불러낸 동화적 존재를 감당하지 못해 좌절한다. 따라서 '아! 그 모습은 너무나 거대해, 나 자신을 진정 소인처럼 느껴야 했다'고 자신이 '소인'이 되거나 '나는 결코 신들과 같지 않다! 그것을 뼈저리게 느낀다. 나는 먼지 속을 이리저리 파헤치는 벌레와 같은 존재일 뿐이다'라고 소인보다도 못한 존재로 자탄한다.

안진태

GOETHE
LEXIKON
II

빙겐의 성 로후스 축제

괴테는 1814년 8월 16일에 첼터 등 친구 몇 명과 함께 비스바덴에서 출발해 프랑스 혁명군과의 전쟁 중이던, 1795년에 파괴되었다가 1814년에 다시 지어진 빙겐의 성 로후스 성당 축성식에 참석했다. 순례자 수천 명이 모여든 이 축제는 단지 종교적인 행사일 뿐만 아니라 라인강 왼쪽 땅의 수복으로 다시 하나가 된 라인가우 지역을 위한 정치적인 성격을 띤 것이기도 했다.

1814년 8월 17일에서 26일 사이에 괴테는 이 축제를 묘사하기 위해 메모를 해 뒀지만 이 여행기는 1816년 7월 25일부터 8월 26일까지 바트 텐슈테트에서 쓰였고, 1817년, 《예술과 고대에 대해Über Kunst und Altertum》(1권 2호)에 실렸다. 여기에는 그림 하나가 첨부되어 있다. 괴테는 다시 지어진 성 로후스 성당에 자신의 초안에 따라 J. H. 마이어Meyer와 L. 자이들러Seidler가 그린 제단화를 증정했다. 이 그림은 성 로후스가 자신의 모든 소유를 뒤로하고 마지막 돈주머니까지 어린아이에게 쏟아 주며 막 순례의 길을 떠나는 순간을 포착하고 있다.

『빙겐의 성 로후스 축제Sankt Rochus-Fest zu Bingen』는 로후스 축제에 참가하는 1

인칭 화자와 그 친구들의 전체 여정을 시작부터 끝까지 시간순으로 서술하며 길에서 우연히 만난 사람들, 순례자들의 모습, 여러 마을에서 온 종교 행렬들, 라인강 유역의 여러 마을 풍경, 광물과 식물, 토질, 날씨에 대한 농부들의 속담, 축제에서 먹고 마신 음식과 포도주, 유쾌한 대화들, 신부의 소박하고 재치 있는 강론 등 그들이 관찰하고 체험한 것을 생생하게 담아낸다. 페스트를 물리친 성인으로만 성 로후스를 알고 있던 화자는 이 여행 중에 사람들에게 듣고 새로 알게 된 그의 일대기도 전하는데, 성 로후스는 민중과 가까우며 그들이 매우 숭배하는 성인으로 그려진다. 민중의 소박하면서도 뿌리 깊은 신앙심과 성인 공경 풍습을 화자는 관찰자의 입장이지만 따뜻한 시선으로 바라본다. 라인강 일대 여러 마을 주민들의 삶은 경건하면서도 현세적인 삶에 대한 기쁨에 가득 찬 모습으로 그려지는데, 성속과 남녀노소를 막론한 포도주에 대한 사랑이 이를 대표적으로 잘 보여 준다. 이 짧은 텍스트는 아직 전쟁의 흔적이 남아 있는 가운데 평화의 축제가 된 성 로후스 성당 축성식을 둘러싼 분위기를 유머를 담아 잔잔하게 묘사한다.

조향

GOETHE
LEXIKON
II

일별 및 월별 연대기

괴테의 자서전 『시와 진실』에 이은 두 번째 자서전이라고 할 수 있는 『일별 및 연별 연대기』를 괴테는 67세인 1816년부터 집필하기 시작해서 1822년까지 집필했다. 특히 1749년부터 1822년까지의 시기가 집중적으로 다루어진다. 애초 연대기 기록은 시대 순이 아니라 1817년부터 시작해서 1800년, 1801년, 1805−1807년 식으로 이어지며 집필되었는데 1822년에 도서관 사서가 그의 작품들과 미발표 원고까지 포함한 전체 글의 목록을 작성하면서 이 연대기 글들도 재정리되었다. 괴테가 그의 연대기를 작성하기 시작했을 때에는 먼저 1805년 실러가 사망한 이후 자신의 근황에 대해서 보고했다. 이 점은 실러의 죽음 이후의 시간대를 그가 자신의 현재로서 경험하고 있음을 의미한다고 볼 수 있다. 그 정도로 실러의 죽음은 그의 삶에서 획기적인 사건이었다. 문학적으로나 정치적으로 당시 괴테는 하나의 종결된 시대의 증인인양 이미 역사적인 인물로 고립되어 갔다. 헤르더와 빌란트, 그의 아내, 안나 아말리아 공작부인이 세상을 떴으며, 그의 아들마저도 사망했다. 이렇게 공적으로나 사적으로 고립된 위치에 있었으므로 그는 어디에도 참여하지 않는 정확한 관찰자의 자세로 자신과 동시대인들의 연대기를 저술하고자 했다. 그러므로 『일별 및 연별 연대기』는 대화의 상대를 잃은 괴테의 독백이자 사회 발전의 주변부에서 자신의 실존을 객관적으로 바라보며 자아상을 완결하고자 하는 내적 욕구의 발현으로 볼 수 있다. 노년에 이른 괴테는 연대기의 저술을 통해서 자신의 삶을 회고적으로 정리하면서 기록 문서를 정리하듯 질서체계를 부여하고, 이 체계에 맞지 않는 혼란스럽고 모순된 부분들은 배제함으로써 일관된 자기 정체성을 세우고 자기화해와 만족에 이르고자 했으며 그 결과 연대기에 나타난 자아상은 모순과 분열이 없는 긍정적인 인격체를 보여준다고 후대의 연구자들은 평가한다.

『일별 및 연별 연대기』는 괴테 자신의 문헌들과 일기, 서한들을 기반으로 하여 작성되었다. 그는 먼저 일기에서 필요한 부분들을 발췌한 후에 그것을 다시 "시학", "조형 예술", "인물", "참여", "자연과학", "나의 산문" 등의 제목으로 주제별 분류를 하고, 그런 후에 글을 불러주어 비서들이 기록하게 하는 방식을 사용했다. 에커만Eckermann과 리머Riemer가 이 기록 작업에 참여했다. 리머는 문체적으로 텍스트를 교열했고, 에커만은 내용적으로 논평을 했는데, 이 논평들을 괴테는 예외적인 경우에만 수용했다고 알려진다. 연대기 전체는 오랜 시간을 거쳐서 보완되고 수정되었다. 1749년부터 1806년까지의 연대기 제1부 원고는 1829년에 완성되어서 괴테의 생전 마지막 전집의 31권이 되었고, 1807년부터 1822년까지의 제2부는 1830년에 전집 32권용으로 탈고되었다. 이 연대기 1,2부는 "나의 다른 고백들에 대한 보충으로서 일별 및 연별 연대기Tag- und Jahreshefte als Ergänzung meiner sonstigen Bekenntnisse"라는 제목으로 출간되었다.

괴테연구에서 『일별 및 연별 연대기』는 지금까지 그다지 큰 주목을 받지는 못했다. 주로 괴테의 전기적 사항들을 확인하는 부차적인 자료 정도로만 사용되어 왔는데, 이러한 용도로도 『시와 진실』과 같이 큰 자서전이나 방대한 일기, 또는 서신교환, 에커만과의 대화에 비해서 중요도가 덜한 자료로 간주되어 왔다. 이 연대기가 자서전적으로 결정적인 자료로 인정받지 못했던 이유는 크게 두 가지로 꼽을 수 있다. 첫째로, 문학형식 면에서 괴테의 특징적인 예술 및 문학관을 보여주지 못했고, 둘째로 문학적 전통과의 강력한 유관성도 없으며, 일치하는 문학의 형식구조도 없기 때문이었다. 연대기에 대한 최초의 학술적 연구는 1967년 봐커를Wackerl에 의해서 이루어졌다. 그는 연대기의 성립사에 대한 포괄적인 정보를 제시했고, 주제별 내용과 형식을 분석하고, 연대기를 『빌헬름 마이스터의 편력시대』와 유사한 작품으로 보고자 했으며 자서전인 『시와 진실』을 다른 방식으로 계승하고 있다는 견해를 밝혔다. 자서전 문학의 전통 내에서 『일별 및 연별 연대기』의 독창성을 최초로 인정했던 연구자는 뵈쉔슈타인Böschenstein이다. 그는 계몽적이고 교육적인 의도와 모범으로서의 기능에서 이 작품이 완결성에 도달했다고 인정했다. 그러나 빌트Wild와 슈미트Schmid를 위시해서 여러 연구자들은 이 연대기가 문학 작품으로서는 통일된 콘셉트를 갖추지 못했다는 점에서 부정적인 평가를 했다.

괴테 자신은 연대기적 형식을 『일별 및 연별 연대기』의 중요한 특징으로 보았다. 전집 출간을 예고하는 글에서 그는 이 텍스트가 일기이기도 하고 연대기이기도 하며, 회상록의 형태를 취하기도 하고, 공적이고 사회적인 문제들을 다루기도 하므로 연감으로서의 의미도 갖는다고 자평하였다. 책의 제목으로는 "작가 시대", "연극사와 인생사", "생의 회상", "인생사", "전기", "내 삶의 연대기", "연보" 등도 고려되었으나, 최종적으로 "일별 및 연별 연대기"로 결정했는데, "연대기"나 "연감"과 같이 전기물의 전통적인 제목보다는 괴테 자신만의 독자적인 자서전 쓰기라는 새로운 형식을 강조하고자 했던 것으로 보인다. 그런 점에서 이 저서는 괴테의 자서전 쓰기에서 중요한 지점을 점유한다. 그의 자서전 『시와 진실』의 뒤를 이으며 , 『이탈리아 여행기』나 『프랑스 출정』, 『마인츠 포위』와 같은 자서전 성격의 다른 글들을 보충하고 있으며 바이마르 시대 이후 말년까지 자신의 삶에 대한 기록이다. 글 구성에서 『시와 진실』처럼 통일성과 완결성이 장점으로 드러나지는 않지만 연대기적인 구조를 통해서 서로 이질적인 자료들을 한데 모으고 극도의 다양성을 제시한 점이 특징으로 부각된다. 여기에는 일화 중심의 묘사들이 있는가 하면 완전히 기술하지 않은 간략한 메모들이 있고, 사실을 은폐한 암시들, 그리고 관청문서에서처럼 문체를 꾸미지 않은 직설적인 소식들도 있으며 또한 격언이나 잠언적 성격의 글도 있다. 간략하게 기술한 1부에서는 괴테의 예술적 발전을 다루었고, 실러의 사망 때까지를 기록한 중간 부분에서는 내용이나 형식면에서 더 다양한 양상을 보이면서 시대적, 개인적 사건들을 다루었다.

자서전적인 글쓰기라는 관점에서 볼 때 이 연대기 형식의 새로운 점은 문학적 전통 속에서 확립되었던 의미화 방식을 전도했다는 사실이다. 즉, 특별하지 않은 일상을 문화화의 중심에 놓은 것이다. 구체적으로 실재하는 삶의 현실을 다루고자 하는 괴테의 지속적인 작업 개념이 적용된 사례가 되며, 일상적 활동의 실제를 통해서 삶과 인물을 정의하고자 하는 새로운 가치부여 방식이 이 작품의 현대성을 입증한다. 예술가와 학자들에 관한 무수한 묘사들과 더불어 프랑스 혁명 시기의 이주자들과 같은 사회적 아웃사이더들이나 의사 고트프리트 크리스토프 바이라이스Gottfried Christoph Beireis와 같은 특별한 개인들에 대한 특성 연구들도 보이고 있는 이 연대기는 인간의 실존 형식과 개성들의 집대성이라고 칭할 만하다.

신혜양

GOETHE
LEXIKON
II

프랑스 출정/마인츠 포위

작품의 시대 배경과 생성 및 특징

『프랑스 출정Campagne in Frankreich』(1822)과 『마인츠 포위Belagerung von Mainz』(1822)는 제목은 다르지만 성격상 같이 묶을 수 있고, 『시와 진실』, 『이탈리아 여행』 등과 함께 괴테의 주요(3대) 자서전 작품으로 분류할 수 있다. 우리에게는 『프랑스 출정』과 『마인츠 포위』가 후자의 두 작품에 비해 덜 알려졌지만 괴테 삶의 궤적을 서술한 자서전적 작품이라는 측면에서 보면 서술 내용의 시기별 차이만 있을 뿐 그 비중은 동일하다. 즉 『시와 진실』이 젊은 시절의 괴테가 작가로 유명하게 되어 바이마르로 오기까지의 내용이라면, 『이탈리아 여행』은 이후 바이마르에서 정치와 행정의 공무에 전념하던 괴테가 (적어도 겉으로는) 그 일에서 벗어나 이탈리아로 여행하며 시인과 예술가의 삶을 찾는 내용이다. 그리고 그 후 다시 정치 일선에서 프랑스 혁명과 그 이후의 전쟁 등 독일과 유럽의 역사적 격동을 몸소 체험하는 시기의 전장 체험 작품이 『프랑스 출정』과 『마인츠 포위』라 할 수 있다.

『프랑스 출정』과 『마인츠 포위』는 1792년 8월 8일부터 이듬해 1793년 8월 23일까지의 시기에 괴테가 바이마르 공작의 측근이자 전장戰場 추밀고문관으로 공작을 보좌하기 위해 참전하면서 직접 겪은 사건을 다루고 있다. 당시 프랑스 혁명 정부가 오스트리아 제국(헝가리와 체코 지역)을 상대로 전쟁을 일으키자, 오스트리아와 프로이센의 군대 그리고 헤센 지역의 독일 공국 및 프랑스 혁명 정부를 피해 온 프랑스 구체제 인사들이 이끄는 군대 등의 다양한 연합군은 프랑스 파리를 점령하고 구체제를 복구하기 위해 프랑스로 출정한다. 바이마르 공작 카를 아우구스트는 당시 연합군의 사령관인 카를 페르디난트 브라운슈바이크 공작의 조카—페르디난트 공작은 카를 아우구스트 공작 모친의 오빠(즉 외숙부)—이자 함께 출정한 프로이센 왕 프리드리히 빌헬름 2세와 인척 관계—프로이센 왕은 카를 아우구스트 공작의 동서, 즉 처형의 남편이다—여서 프로이센 군대의 장군(소장)으로 참전하고, 아우구스트 공작의 요청으로 괴테 역시 나중에 뒤따라 참전한다.

시기상 『프랑스 출정』은 1792년 8월 8일부터 1792년 12월 16일까지, 『마인츠 포위』는 1793년 5월부터 8월까지의 기간에 해당한다. 따라서 시기와 소재 및 주제상으로도 이 두 작품은 하나로 묶을 수 있다. 두 작품은 서술 시간과 서술 형식 내지 문체상으로 보면 네 부분으로 나눌 수 있다. 간단한 일기 형식의 1792년의 프랑스 출정과 그 중간중간 긴 성찰을 보여 주는 문체, 그해 코블렌츠에서 바이마르까지의 귀로에 대한 묘사, 1792~1793년 겨울과 1793년 봄 바이마르에서의 생활 그리고 이후 일기 형식의 마인츠 포위에 대한 기록 등이 그것이다. 전체적으로 마인츠 포위에 대한 서술은 프랑스 출정에 대한 묘사보다 훨씬 더 간단하고 기록적 요소가 강하다.

작품의 생성 과정을 보면 1819년 10월 24일 일기에 '1792년 프랑스 출정'에 대한 기록이 처음 언급된다. 괴테는 (아마 1819년 당시 대학에 대한 정치적 탄압을 강화하는 '칼스바트 결의'라는 정치적 사건에 직면해서) 이때부터 본격적으로 과거 프랑스 출정에 대한 자신의 경험을 정리하고 기록으로 남길 결심을 한 것으로 추측할 수 있다. 이후 1820년 1월부터 3월까지는 『마인츠 포위』와 『프랑스 출정』의 일부(뮌스터 체류 부분까지)를 집필한다. 그 후 잠시 집필이 중단되었다가 1821, 22년 겨울에 완성된다. 원고는 1822년 5월 말에 코타 출판사에서 첫 출간된다. 이 출판본은 괴테가 직접 수정한 최초이자 최종 출판이다.

작품 해석과 평가

이 두 작품은 적절한 해설과 주석이 없이는 이해하기가 쉽지 않다. 당대의 복잡한 역사적·정치적 배경에 대한 지식이 필요하기 때문이기도 하지만, 작품의 단순하지 않은 서술 방식도 그 이유라 할 수 있다. 괴테는 이 작품을 두고 '자신의 놀라운 군대 경력의 충실한 약술ein treuer Abriß meiner wunderlichen Militairlaufbahn'이며, 작품에 나타난 전쟁을 '세계의 유전병Erbkrankheit der Welt'이라 표현했다. 하지만 이 작품을 1792년 프랑스와의 전쟁 전체를 묘사하는 기록으로 보기에는 어려움이 있다. 당시 프랑스 출정에 대한 전체적 기술은 역사학의 영역이다. 이 출정에서 괴테는 사실상 그의 주군 바이마르 공작을 보필한 것이어서, 그의 경험은 제한적일 수밖에 없다. 괴테도 그것을 잘 알고 있었다. 그래서 이 작품에서 그의 서술은 역사학자의 그것이 아닌 문학 서술자의 시점을 취하고 있다.

당시 독일 연합군의 프랑스와의 전쟁은 당대 유럽에서도 중요한 정치적·역사적 사건이라, 비록 자서전적 성격을 지닌 글이라 하더라도 동시대인들의 많은 눈을 의식하지 않을 수 없었다. 괴테는 당시 살아 있는 사람들을 고려해야 했고 (여기에는 주군인 카를 아우구스트 공작에 대한 고려도 포함된다), 이미 죽은 자들에게는 너무 심한 말을 하고 싶지 않았을 것으로 짐작할 수 있다. 그의 이런 심정은 『프랑스 출정』의 서술에서도 잘 나타나는데, 1792년 10월 28일 트리어에서 만난 한 장교가 한 말인 '쓸 수 있게 용인된 것은 쓰기 싫고, 쓰고 싶은 것은 쓰지 않을 것'이라는 언급은 당시 전쟁을 기록하는 괴테의 입장을 잘 표현하고 있다. 괴테가 전쟁의 참상과 그 원인에 대해서는 많은 부분에서 언급을 자제하거나 간접적으로 설명하거나 간략하고 절제된 언어를 사용하는 이유도 여기에 있다.

이런 서술 태도는 또한 당시 독자들이 심한 혐오와 거부를 느끼지 않고 읽을 수 있게 하는 배려로도 볼 수 있다. '작품은 충분히 재미있고 이곳저곳에서 교훈적이어야 한다'고 줄피츠 브와세레Sulpiz Boisserée에게 1822년 4월 14일에 한 (호라티우스를 떠올리게 하는) 괴테의 언급은 이 작품의 서술과 관련한 의도를 잘 보여준다.

간단한 예로 당시 프로이센 군대의 전력 약화에 상당한 영향을 미치고 전쟁의 참상을 가중시켰던 것이 전염병인 이질Ruhr이었다. 연합군은 프랑스 출정의 진군부터 퇴각까지 이 전염병에 시달렸다. 특히 퇴로에서는 많은 군인이 병으로 죽었고 이들은 대부분 거리에 버려졌다. 이런 참상에 대해 괴테는 자세히 묘사하지 않았고 역병의 구체적 이름은 한 번도 대지 않았다. 단지 '그 일반적 질병die allgemeine Krankheit' 혹은 '그 불행한 질병die unglückliche Krankheit', '그 일반적 고통das allgemeine Übel' 등으로 언급하고 있을 뿐이다. 퇴로의 서술에서 부상병으로 꽉 찬 그랑프레와 베르됭의 야전병원이 언급되지만 그 원인이 무엇인지, 그들이 어떤 병에 걸렸는지는 설명하지 않고 있다. 이를테면 그저 그랑프레를 지나는 '사람들은 두려워하며 아픈 이들을 적군의 인도주의에 맡기고 지나쳤다'거나 '역병과 죽음의 장소로 묘사되었던 그랑프레를 이제 잘 벗어났다'는 정도의 서술만을 할 뿐이다.

또한 역병에 대한 서술은 괴테가 이 작품의 서술에서 의도한 문학적 서술 방식을 보여주는 예로도 볼 수 있다. 역병 자체가 전쟁의 전환점과 그 이후의 참상을 암시하는 서술 수단으로 사용된다. 즉 역사적 자료를 통해 보면 당시 이질은 프랑스 출정 시작부터 발생해서 문제가 되었음을 알 수 있다. 하지만 괴테는 이 역병을 연합군의 진군 시에는 전혀 언급하지 않다가 연합군 퇴각의 전환점이 된 발미Valmy 포격전 직후에 '창궐한 질병die eingerissene Krankheit'으로 처음 언급한다. 이 질병을 통해 포격전의 실패로 혼란 중에 있는 군인들의 상황이 더욱 악화되는 것으로 묘사된다. 그때부터 퇴로에 오른 연합군의 상황은 룩셈부르크 국경에 이르기까지 수많은 죽음과 부상을 경험하는 참상으로 치닫는다. 역병에 대한 언급은 퇴로를 동반하며 지속된다.

프랑스 출정 이후 거의 30년이 지난 시점에서 그 사건을 집필하면서 괴테가 취한 서술 전략은 서술자를 매개로 하는 일종의 간접 서술이다. 이 서술자는 괴테의 시각을 반영할 뿐 동일 인물은 아니다. 물론 시기에 따라 서술자가 단순한 경우도 있다. 1792년 가을 베스트팔렌 지역의 퇴로 여행 때나 그해 겨울 바이마르에서의 생활에 대한 부분의 서술자는 자서전 서술자로서 괴테와 거의 동일하다고 볼 수 있다. 『마인츠 포위』의 서술자도 대부분 같은 차원의 서술자로 볼 수 있다.

하지만 『프랑스 출정』의 주 내용을 이루는 부분의 서술자는 이와는 다르다.

이곳에서 서술자는 일반인들처럼 전장 상황을 잘 알지 못하거나 현재 상황과 미래에 대한 고민이나 추측을 하는 태도를 보인다. 이때 서술자를 전장의 괴테와 동일시하면 혼란이 생긴다. 당시 괴테는 카를 아우구스트 공작과 함께 있었기 때문에 항상 연합군의 지휘 진영에 있었거나 그 가까이에 있었다. 그런 괴테가 전선의 상황을 알지 못하거나 전해 듣지 못했다는 것은 설득력이 약하다. 이것은 서술자를 괴테와 동일시하면 안 된다는 것을 강하게 암시한다. 여기서 서술자는 외부의 중립적 관찰자로서 당시 사건에 일정 거리를 두고 있거나 때로는 평범한 민간인의 시각을 보여주는 존재라고 할 수 있다. 이런 거리 두기 서술 전략은 사건을 이성적이고 객관적으로 볼 수 있게 한다. 그리고 출정과 관련된 다양한 논쟁에도 휘말리지 않게 한다. 이런 중립성은 괴테가 의도한 것인데, 만약 그렇지 않았다면 작품의 서술에서는 출정의 실패와 그 책임, 전쟁에서의 공과 등에 대해 구체적으로 언급하게 되고, 동시에 어느 한편의 입장에 설 수밖에 없는 부담을 안게 될 것이다.

예컨대 출정에 함께 참전한 브라운슈바이크 공작과 프로이센 왕에 대한 묘사가 그러하다. 전쟁 경험이 많은 브라운슈바이크 공작이 연합군의 사령관 역할을 했지만, 동반한 프로이센 왕은 공작의 지휘권이 미칠 수 없는 인물이었다. 이 두 인물은 각자 독립적으로 군대를 지휘했기 때문에 연합군은 처음부터 우왕좌왕할 수밖에 없었다. 출정의 실패는 미리 예고된 셈이었다. 이때 서술자는 이 두 인물과 이들이 각각 이끄는 군대를, 독립적으로 움직이며 동일한 크기와 긴 꼬리를 가진 두 혜성으로 묘사한다. 두 혜성은 각자 이 언덕과 저 골짜기로 긴 꼬리를 뽐내며 환한 빛을 내며 나타났다, 가까이 다가왔다, 어느새 사라지곤 한다. 어느 것이 더 우월한 것인지 혜성의 관찰자는 알 수 없다. 이런 서술은 자연과학적 현상에 대한 문학적 서술처럼 보인다. 서술자의 이런 관찰자적 서술 태도는 의도적인 것이다.

괴테는 어느 한편의 시각에서 당시의 상황을 묘사하고 책임 소재를 따지는 것은 피하고 싶었을 것이다. 정치적으로 예민한 문제에 직접적 서술을 피하는 것은 괴테 작품에 나타난 일관적 서술 태도인데 이 두 작품에서는 특히 그러하다. 이것을 우리는 넓은 의미에서 괴테 서술의 아이러니라고도 평가할 수 있다.

조우호

Chapter Ⅳ
드라마

GOETHE
LEXIKON
II

감상주의의 승리

생성사

『릴리Lila』에서 부드럽고 예민한 감정을 지닌 여주인공 릴라는 자신의 '우울증Melancholie/Hypochondrie'을 주위 사람들의 "참을성과 의연함"에 힘입어 스스로 극복하고 다시 사회로 돌아오는 데 성공한다. 즉 "섬세하고 부드러운 감정"으로 인해 유발된 정신병의 일종인 이 우울증을 "스스로 인식"하도록 하는 방법으로 치료하는 '심리 치료die psychische Kur'가 성공을 거둔다. 그러나 그다음 해 쓰인 『감상주의의 승리Der Triumph der Empfindsamkeit』에서는 이 "감상적인 병"에 『릴라』에서 사용된 치료법이 전혀 영향을 미치지 못하고, 오히려 자신의 감정에만 도취되는 극단적인 일례를 보여 준다.

괴테는 1777년 9월 11일 일기에 "인생에서 연극적인 것에 관한 여러 가지가 생각났다"고 쓰고, 그다음 날 슈타인 부인에게 보낸 편지에서도 "엉뚱한 생각을 하나 해냈습니다. 희극 오페라에 감상적인 사람들. 가능한 한 엉뚱하고 조야하게 말입니다" 하고 쓴다. 괴테가 여기서 말하는 희극 오페라가 보여 줄 엉

뚱함과 조야함은 과연 누구를 겨냥한 것일까?

이 가극은 1778년 1월에 루이제Louise 공작부인의 생일 축하극으로 상연되는데, 코로나 슈뢰터Corona Schröter가 만단다네Mandandane 역을 그리고 괴테가 안드라손Andrason왕 역을 맡았다. 부제인 "연극으로 보는 우수(憂愁)eine dramatische Grille"에도 이 가극에서 현실성이 결여된 환상과 과도한 감정 도취 그리고 "감상주의die Empfindsamkeit"를 드라마로 보여 주려는 작가의 의도가 담겨 있다. 우수를 뜻하는 "Grille"란 그 당시 언어상 "열광적 감정 도취Schwärmerei"와 같은 의미로 쓰였으며 이는 바로 "감상주의"를 의미했다.

6장으로 구성된 『감상주의의 승리』에서는 환상과 감정의 도취에 빠진 예민한 감상적인 왕자가 인형과 조형적 자연 속에 빠져 현실로 돌아오지 못하고 결국 그 속에 묻혀 헤어나지 못하고 마는데, 이 결말을 괴테는 역설적으로 "감상주의의 승리"라고 표현했던 것이다. 괴테가 처음 부제로 붙였던 「노래와 춤이 곁들인 축제극Ein Festspiel mit Gesängen und Tänzen」은 1787년에 1막이 완전히 새로 고쳐진 상태로 이후 괴테의 전집 제4권에 실린다.

작품의 줄거리와 해설

왕비 만단다네는 달빛을 받으며 산책을 즐기다 계곡에서 잠이 들고 혼자서 꾀꼬리와 대화를 즐기는 '감상적인 여인eine empfindsame Frau'의 전형이다. 그녀는 역시 감상에 도취되어 있는 오로나로Oronaro 왕자—나라는 정확하게 밝혀지지 않는다—가 신탁Orakel(오늘날 점술과 같다)을 받으러 떠난 이후로 마치 실과 바늘이 떨어질 수 없는 것처럼 그를 그리워한다.

만단다네 왕비가 흠모하는 오로나로 왕자는 먼저 왕궁에 도착한 왕자의 부관 메르쿨로Merkulo와 안드라손 왕의 궁정 나인들과의 대화에서 "세상의 모든 남성 중에서 감정이 가장 예민한 사람"으로 지칭된다. 왕자는 자신의 방에다 인공적인 자연을 마치 음식상 차려 놓듯이 장식해 놓고 그것을 실제 자연인 것처럼 즐긴다. 어떤 경우에는 인공적인 자연을 실제 자연보다 더 아름답다고 느끼기도 한다.

> 메르쿨로: 저희 왕자님은 너무나 부드럽고 예민한 감정의 소유자여서 공기나 신속한 하루의 변화 등에도 보호되셔야 합니다. 물론 밖에서는 원하는 대로 기온을 조절할 수야 없겠지만, 아침 이슬과 저녁 이슬의 습도가 왕자님께 제일 위험하다고 주치의가 경고했습니다. 무더운 여름날의 이끼나 샘물의 향기도 위험하다고 했습니다. 계곡의 물기 증발도 얼마나 쉽게 재치기를 유발시키는지 모릅니다. 매우 아름답고 온화한 달밤에는 모기들이 정말 참을 수 없게 만들죠. 풀밭 위에서 사색할 때면, 옷은 온통 개미투성이가 됩니다. 푸른 나무에 덮인 정자에서 아주 부드러운 감상을 즐길 때면 종종 밑으로 내려오는 거미들에게 방해를 받기도 합니다. 왕자님은 학술원에다 이 정겨운 자연을 방해받지 않고 즐길 수 있게 이런 불편함을 제거할 수 있는지를 알아보기 위해 상금을 내거셨죠. 여러 논문이 상을 받았습니다만, 아직도 뾰족한 묘안이 없는 실정입니다. (중략) 왕자님께선 이런 즐김을 망쳐버린다든지 중단하고 싶지 않아서 실력 있는 예술가를 시켜 방에다 또 하나의 자연을 만들게 할 결심을 하셨죠. 왕자님의 성(城)은 그래서 가장 편안함을 느낄 수 있도록 장식되었고, 왕자님의 방은 실제와 똑같은 정자로, 무도회장은 숲으로, 작은 집무실은 동굴로 만드셨죠. 자연적인 것만큼이나 아름답거나 그것보다 더 아름답게 말입니다.

뿐만 아니라 오로나로 왕자는 여행을 갈 때도 예술가들이 "만들어 놓은 자연 die hergestellte Natur"을 자신의 매우 부드러운 영감을 위해 가방에 챙겨서 갖고 다니면서 태양과 달, 달빛, 바위, 물을 방에 설치하고, 자연의 공기와 계절의 변화, 이슬의 습기와 이끼의 향기까지 만들어 낸다. 왕자가 즐기는 자연은 자연 그 자체가 아니라 그 장식, 즉 '인공적 자연die künstliche Natur'이다. 왕자가 여행을 갈 때 가져가는 자연을 "여행용 자연Reisenatur"이라고 하고, 여기에 동원된 아주 유능한 사람들, 즉 예술가에게는 "자연을 만들어 내는 장인(匠人)Naturmeister, Directeur de la nature"이라는 칭호가 수여된다.

왕자가 이러한 생명력 없는 예술적 자연을 사랑하는 취향은 한 여인과의 사랑에서도 나타난다. 왕자가 사랑하는 것도 만단다네 왕비가 아니라 그녀를 꼭 닮게 만든 한 인형이다.

왕자: 성스러운 빛이여 나는 그대를 흠모하노라,
순수하고 고귀한 감정의 친구여!
사랑이 찔러 대는 고통은
내 가슴에 부드러운 눈물 자아내게 하노라!
깊은 밤의 신성함에 그대는 내게
행복한 감정 흐르게 하는구나.
그대는 비밀스런 사랑의 휴식처
가르쳐 주는구나!
아! 미안하오! 아 내 가슴은
항상 똑같이 느끼려 하지 않는구려!

그대의 아름다움에 슬픈 눈빛 던지는 것을 용서하오.

달아나듯 얼핏 던진 눈길을 용서하오!

(정자로 돌아와서)

여기, 여기에 내 신(神)이 살아 있소.

내 마음을 오로지 그대의 가슴에 끌어들이는 신 말이오.

이 두근거림과 떨림!

아! 매혹적인 사랑의 마술이 진실의 거룩함을

능가하는 그 순간을 알려 주는구려!

오, 즐거움을 그대 신들이여 내게 주소서!

오, 즐거움을 내게서 지켜 주소서, 그대 신들이여!

(정자가 열리면서 그 속에 한 여인이 앉아 있는 것이 보인다. 그녀는 나중에 만단다네로 등장할 여배우와 모습과 의상에서 완전히 일치하는 사람이어야 한다.)

그러나 이 여인은 어물과 문학책으로 채워져 있는 인형일 따름이고, 그 책들 중의 하나가 바로 다름 아닌 『젊은 베르테르의 슬픔』이다. 결국 베르테르-추종자 오로나로의 과도하게 상승한 "감상주의"는 환상에서 벗어나 현실로 돌아오지 못하고, 그의 감상주의가 "승리Triumph"를 거두게 된다.

반면에 똑같이 감정의 도취에 빠져 있던 만단다네 왕비는 오로나로 왕자의 극도로 비현실적인 감상주의를 목격하고 『릴라』에서의 여 주인공처럼 스스로 자신의 "병"을 치료해서 다시 현실로 돌아온다. 이 결과는 가극의 1장에서 안드라손왕이 너무나 감상적인 왕비가 걱정되어 직접 받아 온 신탁과 놀랍게도 일치하고 있다. 그 신탁에는 "붙잡을 수 있는 한 도깨비가 / 아름다운 손에 의해

넋을 잃고 / 또 명주 자루가 자신의 심정을 내보이면 / (중략) 기운 옷을 입은 신부新婦가 연인과 하나가 되리니 / 그러면 평화와 행복이 묵고 있는 그대의 집으로 찾아오리라"라고 쓰여 있었다. 처음에 이 신탁이 무엇을 말하는지 전혀 알 수 없었던 왕은 그래도 "붙잡을 수 있는 도깨비ein greiflich Gespenst"란 "새로운 문학에서 나온 어떤 것etwas aus der neuen Poesie"일 거라고 생각한다. 결국 그 도깨비는 다름 아닌 감상주의 문학책이었던 것이다.

괴테는 왕자의 우수를 우스꽝스럽고 풍자적으로 그리는데, 이런 비웃음거리는 우선적으로 그 당시의 바이마르 궁정 문화를 빗대어 묘사한 것으로 볼 수 있다. 즉 그 당시 타락한 생활양식, 너무 세련된 것만을 찾는 취향 그리고 도가 넘는 계몽주의 양상들—극도의 개인주의적 감정 표현 요구—이 모두 "감상주의"의 결과였다는 것이다. 그래서 괴테의 『젊은 베르테르의 슬픔』도 이러한 극단적 계몽주의 문화의 한 증거일 뿐 아니라, 그러한 위험을 경고하고 그 문화에 비판적 거리를 누기 위한 "위대한 기독불das große Dokument"로 이해될 수 있다. 그래서 『감상주의의 승리』에서 괴테의 출세작 『베르테르』도 이 풍자를 위한 희생물로 바쳐지고 있다.

이 가극에서 "연극으로 보는 우수"를 묘사한 부분에서는 부부 관계가 원만하지 못했던 아우구스트 공작 부부를 생각해 볼 수도 있겠지만, 그보다는 1776년 바이마르에서 함께 지낸 괴테의 친구 렌츠Jakob Michael Reinhold Lenz를 더 강하게 연상하게 한다. 그의 헨리에테 폰 발덴Henriette von Walden에 대한 짝사랑은 왕자의 인형에 대한 짝사랑을 떠올리게 하는, 감상적 도취의 전형이다. 그의 자전적 소설 『숲속의 형제Der Waldbruder』(1776)에서 주인공이 백작 부인을 사랑한 나머지 바보 취급을 당하는 대목 역시 사랑의 환상적 모습을 그리고 있다.

괴테는 1776년 9월 16일, 친구 메르크Merck에게 보낸 편지에서 렌츠를 언급했는데 그의 감상적인 모습을 다음과 같이 거의 유치한 것으로 묘사하고 있다.

> 렌츠는 우리 사이에서 마치 병든 어린아이와 같네. 우리는 그를 요람에 넣어 흔들어 재우고 어르고 있다네. 그리고 그가 원하는 장난감을 줘서 갖고 놀게 내버려 두고 있네.

괴테의 편지에 묘사된 렌츠는 편집증적인 왕자의 모습과 괴테가 『릴라』에서 병으로 단정한 "감상주의"의 여러 양상들—"렌츠는 지금 혼자 숲에서 그리고 산에 가서 앉아 너무 행복해 하고 있네."—과 거의 일치하고 있다. 괴테는 슈타인 부인에게 보낸 편지에도 "완전히 꿈에 취한 사람 같다고 그(렌츠)에게 말하면 그는 제발 좀 참아 달라고 말하거나 아니면 제발 자기 본성대로 살아가게 좀 내버려 달라고 부탁하지요"라고 묘사하고 있다. 이런 편지들로 미뤄 보아 괴테는 우울증 증상을 가진 사람을 비판적인 시각으로 바라보고 있음을 분명히 엿볼 수 있다.

여기서 괴테가 왜 자신을 '베르테르 망령'에서 지켜야만 했는지에 대한 의문을 가지지 않을 수가 없다. 괴테가 동시대의 사상과 풍조를 비판적으로 꼬집는 것은 프랑크푸르트 시절에 즐겨 썼던 풍자적 익살극Farce의 연장선상이다. 원래 프랑크푸르트 시절의 젊은 괴테에게 "상상력die Einbildungskraft"과 함께 "근본적인 것das Ursprüngliche", 다시 말해서 창조를 위한 풍부한 영감 또는 창조적 생명력을 의미했던 "느낌die Empfindung"은, 이제 생각 없는 젊은 세대에게는 단순한 모방의 차원에서 생명력 없고 창조력도 없는 병든 "감상주의"로 변해 버렸기 때문이다. 이러한 변화, 즉 창조적이었던 감정이 열병적인 감상주의로 변한 것을 두고 괴테는 "공허한 감상주의die schale Sentimentalität"의 전형인 왕자 오로나로의 모습에서 그 인물이 어떻게 순수한 자연의 영감에서 이탈해서 방종에 가까운 감정의 도취에 빠지는지 그리고 자연적인 것과 생명력이 있는 것이 예술적인 것과 어떻게 상호 교류할 수 있는지를 보여 주고 있다.

이 가극에서 작가는 자기 작품의 주인공 베르테르뿐만이 아니라 자신도 체험했고 또 아직도 떨쳐 버리지 못한 베르테르적인 경험 그리고 그 당시의 맹목적인 베르테르 추종자(모방자)와도 거리를 두면서 감상주의를 비판하고 있다. 그러나 그의 목표가 결코 자신의 작품 자체를 비판하는 것이라고 볼 수만은 없다. 단지 소설의 역기능, 즉 그 소설에 묘사된 감상주의를 무비판적으로 제한 없이 그대로 모방하려고 하는 "베르테르 증후군Werther-Epidemie"에 있어 보인다. 그러나 사실 괴테 자신도 베르테르와 같이 수시로 발작하는 그 감정의 도취 증상에서 완전히 벗어나지 못하고 있었다. 감상주의에 대한 이와 같은 풍자 속에는 자신과 슈타인 부인과의 관계 그리고 자기 여동생 코르넬리아Cornelia의 갑작스런 죽음에서 오는 괴테 자신의 베르테르적 감정의 동요와 더불어, 외부에서 오는 느낌에 너무 '감상적으로' 반응하는 자신의 모습도 보여 준다고 볼 수 있다. 따라서 『감상주의의 승리』에서 오로나로 왕자가 보이는 감상적인 측면은 어떤 특정인을 겨냥했다기보다는, 그 시대 사람이라면 대부분 빠져 있었던 감상주의의 부정적인 증상을 묘사하는 것으로 봐야 할 것이다. 일례로 1786년 여름에 나온 『젊은 베르테르의 슬픔』 개정판에서 괴테는 주인공의 행동에 훨씬 더 거리감을 두고 있다.

임우영

GOETHE
LEXIKON
II

공범자들

괴테의 희극 『Die Mitschuldigen』은 직역을 하면 '공범자들'이지만, 국내에는 '피장파장'으로 번역되어 있다(「피장파장」, 『이피게니에·스텔라』, 민음사). 소시민들이 벌이는 이 익살극 제목으로는 큰 범죄에 연루된 이들을 연상시키는 '공범자들'보다는 '피장파장'이 더 어울린다고 본 것이다. 하지만 여기서는 원 제목에 충실하게 『공범자들』로 언급한다.

『공범자들Die Mitschuldigen』은 원래 단막극으로 괴테에 의해 1768~1769년에 쓰였으나 1769년, 3막 극으로 개작되어 1776년 11월 30일, 바이마르 궁정의 아마추어 극장에서 초연되었다. 당시 괴테는 알체스트 역을 맡았다.

청년 시절 라이프치히에서 대학 생활을 마치고 프랑크푸르트 집으로 돌아온 괴테는 그 이전에 쓴 작품들을 대부분 소각하거나 없애버렸고, 『연인의 변덕Die Laune des Verliebten』(1768)과 이 작품이 현재 남아 있는 가장 초기의 드라마이다. 『연인의 변덕』이 두 청춘 남녀의 사랑 놀음을 다룬 밝고 가벼운 목가적인 드라마라면, 『공범자들』은 결혼한 부부를 중심으로 시민사회의 위기를 고발하는 내용의 익살극 혹은 광대극에 속한다. 괴테는 이 작품에 유달리 애착을 가져 두 번이나 개작을 했다. 그러나 1780~1783년에 볼프강 카이저에 의해 이뤄진 두 번째 개작은 '개악'이라는 평을 받고 있다. 국내에 '피장파장'으로 소개된 텍스트는 1769년에 한, 첫 번째 개작본을 번역한 것으로 국내 초역이다.

『연인의 변덕』과 마찬가지로 『공범자들』도 괴테가 자신의 경험을 어느 정도 거리를 두고 드라마화한 것이다. 시간, 장소, 줄거리의 통일이라는 아리스토텔레스의 3일치 법칙을 철저히 지킨 이 드라마의 장소는 독일 어느 지방의 작은 여관이다. 손님도 없고 겉으로 보기에는 아무 일 없이 평온한 듯하던 여관이 하룻밤 사이에 '뿌리째 흔들리고' 마는 양상을 그린 것이다. 등장인물은 전쟁이 터져서라도 손님이 늘기만을 바라는 여관 주인과 데릴사위로 처갓집에 얹혀살며 술과 놀음을 일삼는 사위 죌러, 그런 건달 남편 때문에 속을 썩이는 그의 예쁜 딸 소피 그리고 딸의 옛날 애인으로 몇 년 만에 찾아와 여관에 묵고 있는 젊은 귀족 알체스트다.

1막의 장소는 여관의 식당. 때는 카니발로 가장무도회에 갈 채비를 마친 사위에게 장인은 듣기 싫은 잔소리를 늘어놓는다. 한편 소피와 단둘이 만날 기회만을 엿보던 알체스트는 그런 기회를 포착하자 그녀에게 밤에 몰래 자기 방에 올 것을 종용한다. 한편 알체스트에게 온 편지를 폴란드 귀족에게서 온 편지로 착각하고서 그 안에 중요한 전쟁 소식이 들어 있으리라고 생각한 여관 주인은 그 편지를 손에 넣지 못해 안달을 한다. 마침 알체스트가 연회 만찬을 핑계로 외출하자 나머지 등장인물들은 각자 자신의 계획을 실행에 옮길 궁리를 하게 된다.

2막의 장소는 알체스트의 여관방. 이 드라마의 정점인 2막에서 등장인물들은 각자 나름의 이유에서 밤에 몰래 알체스트의 방으로 가게 된다. 그들은 자기를 제외한 다른 인물들이 모두 외출했거나 잠들었다고 생각하고 일을 벌이는 것이다. 사위 졸러가 제일 먼저 침입해 돈을 훔치는 데 성공하지만, 그가 채 나가기도 전에 여관 주인이 들어오는 바람에 놀라서 숨는다. 여관 주인은 들어와서 편지를 찾지만 실패하자 나가고, 이후에 소피와 알체스트가 들어와 회포를 풀며 밀회하는 장면이 이어진다. 이 옛 연인들의 대화는 알코브에 숨어 이 장면을 엿보며 분통을 터뜨리는 졸러의 대사와 교차되며 관객의 웃음을 자아낸다. 소피는 알체스트를 사랑하지만 인간의 도리, 즉 정절을 지켜야 한다는 말을 하며 그와 작별을 고한다. 이런 소피를 돕고자 귀중품 보관함을 연 알체스트는 돈이 없어진 것을 발견한다.

3막의 장소는 다시 여관의 식당. 관건은 알체스트의 돈을 훔친 도둑을 찾는 것이다. 알체스트의 방에서 아버지가 떨어뜨리고 간 양초를 발견한 소피는 아버지가 도둑이라고 생각하는 반면, 아버지는 양초를 주운 소피가 도둑이라고 생각한다. 도둑의 정체를 알고 싶은 알체스트 또한 교묘하게 여관 주인을 속여 편지를 넘겨주는 조건으로 소피가 도둑이라는 고백을 받아 낸다. 그리고 이 이야기를 전해 들은 소피가 아버지가 도둑이라고 말함으로써 부녀간의 불화까지 초래하게 된다. 이렇게 인물들이 서로 얽히고설키는 가운데 이야기는 대단원으로 치닫는다. 그러다 소피의 불행한 결혼 생활 때문에 졸러를 증오하는 알체스트와 역시 알체스트를 눈엣가시처럼 여기는 졸러 간 말다툼 중에 졸러가 도둑인 것이 밝혀진다. 하지만 남의 아내를 탐한 알체스트도, 또 호기심을 누르지 못해 손님의 방을 뒤진 여관 주인도, 또 유부녀의 몸으로 밤에 옛 애인을 찾아간 소피도 떳떳하지 못하다. 결국 도덕적으로는 모두가 피장파장인 셈이다.

여기서 여관은 붕괴 직전에 놓인 시민사회의 단면으로, 한마디로 이 광대극은 시민사회의 위기를 보여 준다. 괴테는 사랑, 간통, 도둑질, 무고, 오해 등 평범한 소극笑劇적인 주제를 운문이지만 내용에 걸맞은 경박한 말투와 몸짓 등에 담아 표현하고 있다. 문제는 겉보기에는 해피엔드로 끝나는 대단원에서 드라마 속 갈등이 진정으로 해소되지 않는다는 점이다. 대단원에서 관객이 카타르시스를 느끼려면 악덕을 행한 자가 벌을 받고, 정의가 실현되어야만 한다. 그러나 질풍노도기의 괴테는 기존의 계몽주의적 희극이 보여 준 규범이나 미덕, 즉 사랑, 연민, 사회정의, 합리성 등을 있는 그대로 인정하지 않는다. 당시의 젊은 지성답게 그는 이 모든 것에 회의적인 태도를 보이며 사회에 불만을 터뜨리고 있다.

그러나 불만을 터뜨리고 회의하는 차원에 머물 뿐, 그 이상의 무엇을 관찰하고 있지는 못하다. 그 한 예가 죌러의 귀족 비판이다. 그는 알체스트에게 "당신네 같은 양반들은 대개 자기들을 위해 밭떼기를 몽땅 베어 수확해 버리지. 그러고는 (우리네 같은) 남편한테 이삭이나 줍게 하죠(3막 9장)"라고 말하며 아내에 대한 자신의 권리를 주장하며 대항한다. 하지만 결국 그 자신도 악당으로 그려짐으로써 이러한 귀족 비판은 아무런 힘을 쓰지 못한다. 혁명의 구호가 되지 못한다는 말이다. 사랑을 주제로 한 대화에서도 소피와 알체스트는 괴테가 그 몇 년 후에 쓴 『젊은 베르터의 슬픔』(1774)에서처럼 자신들의 감정의 절대성을 주장하지 못한 채 소시민적 가정생활 유지라는 틀에 머무르고 만다. 알체스트 또한 돈과 신분을 이용해 시민 가정의 유부녀를 유혹하는 귀족이자 사랑으로 고민하는 청년의 모습으로 등장하지만, 동시에 곪아 있다가 그의 등장으로 터져 버리게 된 옛 연인의 가정 문제를 중재하는 인물로 애매모호하게 그려지고 있다.

해학과 관용을 통해 해피엔드를 실현하는 주역이 지배 계층이라는 점에서 이 드라마에서도 해학과 관용이 신분 사회의 보수적 이데올로기로 기능하고 있음을 알 수 있다.

최민숙

GOETHE
LEXIKON
II

신들과 영웅들 그리고 빌란트

괴테의 『시와 진실』에 따르면 『신들과 영웅들 그리고 빌란트Götter, Helden und Wieland』와 관련한 사연은 그의 라이프치히대학 시절까지 거슬러 올라간다. 이 시기 빌란트는 괴테에게 있어 대학 스승 겔러트Gellert보다 더 중요한 작가였다. 괴테는 1770년 2월 20일, 빌란트 작품의 출판인 필립 에라스무스 라이히Philipp Erasmus Reich에게 보낸 편지에서 빌란트를 '화가 외저Adam Friedrich Oeser와 셰익스피어 외에 자신이 진정한 스승으로 여기는 사람'으로 언급한다. 아마 자신의 관심 영역인 회화(외저), 드라마(셰익스피어), 소설(빌란트)에서 모범인 작가들을 염두에 두고 한 말일 것이다. 하지만 이후 괴테는 빌란트에게 마치 자신의 아버지와의 관계처럼 존경과 비판적 거리의 양가적 태도를 보인다.

1773년에 빌란트는 작가로서의 명성이 절정에 있었다. 연초부터 잡지 《도이처 메르쿠어Der deutsche Merkur》—1774년부터는 《토이처 메르쿠어Der Teutsche Merkur》—를 간행했고, 그의 오페라용 극작품 『알체스테. 5막 가극Alceste. Ein Singspiel in fünf Aufzügen』(1773)은 큰 성공을 거둔다. 빌란트는 《도이처 메르쿠어》

(1773)에 발표한 5개의 편지 형식으로 된, 「한 친구에게 편지로 보내는 독일 가극 알체스테에 대한 설명Briefe an einem Freund über das deutsche Singspiel Alceste」에서 자신이 에우리피데스의 원전 텍스트를 어떻게 근대적으로 수정하고 더 낫게 변화시켰는지를 자세히 변호하고 있다. 에우리피데스의 비극에 대한 빌란트의 이런 비판은 상당한 논란을 불러일으킨다.

빌란트의 『알체스테』와 그 자신의 작품 변호라는 배경에서 괴테의 익살극Farce은 시작된다. 고대 그리스의 익살극처럼 뚜렷한 줄거리는 없다. 대신 대화에서 빌란트는 나이트캡을 쓰고 등장하는데, 바이마르는 침대에서 하데스—죽은 자들이 거주하는 지하 세계—로 불려온 탓이다. 그곳에는 그리스의 신들과 영웅들 그리고 죽은 그리스인들이 모여 있다. 여기서 빌란트는 자신의 작품 『알체스테』와 그것을 변호한 그의 편지들에 대한 공격을 받고 방어한다. 그는 에우리피데스도 만난다. 그리고 에우리피데스와 『알체스테』에 나오는 인물들인 그리스의 신들과 영웅에게 그들이 자신을 설득하지 못할 것이며, 자신은 에우리피데스나 그들과는 다른 시각을 가지고 있다고 반박한다. 이것을 인정하지 않고 그리스의 신들과 영웅들은 갑론을박으로 그를 공격한다. 그제야 빌란트는 잠에서 깬다.

빌란트는 이 작품에 대해 《토이처 메르쿠어》(1774년 6월판)에서 상대의 약점만 골라 우습게 만드는 '조롱과 소피스트적 위트의 걸작Meisterstück von Persiflage und sophistischem Witze'으로 꼬집는 평을 한다. 레싱 역시 '난센스'의 작품이라 비판적으로 평한다. 괴테는 빌란트보다 에우리피데스를 훨씬 더 이해하지 못했다는 것이다. 반면 하인제와 몇몇 슈투름 운트 드랑 작가들은 이 작품을 칭찬했다. 그 후 이 작품에 대해서는 현대까지 특기할 만한 의미 있는 수용을 볼 수 없어

아쉽다.

조우호

GOETHE
LEXIKON
II

연인의 변덕

사랑 이야기에 빼놓을 수 없는 것이 질투다. 사랑하는 사람들 사이에서 질투는 왜 일어날까? 질투심이 일어나지 않으면 건조한 사랑, 거짓 사랑일까? 여자의 질투와 남자의 질투는 다를까? 남자의 질투심이 더 강렬하고 위험할까? 익히 잘 알려진 이야기나 영화, 드라마에서 흔히 볼 수 있듯이 사랑과 질투는 마치 동전의 양면처럼 서로에게 묘한 작용을 일으킨다. 예컨대 연인들 사이의 질투심은 사랑을 위태롭게 하다가도 어느덧 보다 굳건하게 만드는 촉매제 역할을 하며, 질투가 더 이상 촉발되지 않으면 왠지 그 연인들 사이의 사랑이 식어버린 것은 아닌지 하는 의심을 낳기도 한다. 반대로 질투가 정도를 넘어서서 상대에 대한 과도한 집착으로 비쳐질 경우에는 그 사랑이 위기에 처하게 되고 비참한 파국으로 끝나는 경우도 있다.

괴테의 『연인의 변덕Die Laune des Verliebten』은 순박하지만 감정을 제어하기 어려운 젊은 연인들의 사랑과 질투에 관한 경쾌한 드라마이다. 괴테가 스무 살이 되기도 전에 쓴 이 초기 드라마는 질투심에 불타올라 심각한 정서적 좌절을 겪어야만 했던 자신의 라이프치히 시절 추억을 고스란히 반영하고 있다.

작품에는 두 쌍의 청춘 남녀가 등장한다. 라몬과 에글레는 서로를 사랑하면서도 각자 다른 이성에게 친절을 베푸는 행동을 너그러이 용납하는 유형을 대표한다. 라몬이 에글레의 친구인 아미네를 위해 장미꽃을 갖다 바쳐도 에글레는 질투심을 내보이거나 화를 내지 않는다. 그와 같은 행동이 둘 사이의 사랑을 의심할 만한 그 어떤 계기로도 작용하지 않는 것이다. 이들과는 반대로 아미네는 질투심으로 꽉 들어 차 있는 자신의 연인 에리돈 때문에 늘 불안해 하며, 심지어는 자신의 처지를 비관하기까지 한다. 에리돈은 아미네가 다른 남자와 같이 있는 것을 한시도 견디지 못할 뿐만 아니라, 다른 남자에게서 칭찬을 듣는다거나 어떤 작은 선물을 받는 것조차 이해하려 들지 않는다. 오히려 그는 아미네가 다른 남자들에게 호의를 베푸는 것을 경솔한 태도라고 생각하며 자신을 배려하지 않는 처사라고 나무란다. 자신을 향한 사랑이 진실되지 못하다고 쏘아붙이는 에리돈 때문에 아미네는 사랑하는 연인이 곁에 있으면서도 늘 괴로움에 빠져 있다. 에리돈의 병적인 집착은 춤추는 것을 좋아하는 아미네가 무도회에 가는 것을 허락하지 않는다. 아미네는 에리돈이 싫어한다는 것을 너무나 잘 알기 때문에 라몬, 에글레와 어울려 그 즐겁고 흥겨운 마당에서 함께할 기회를 번번이 포기하고 실의에 젖는다. 이들의 사랑은 계속 이어질 수 있을까?

친구인 에글레는 이런 아미네를 위로하면서도 다른 한편으로는 그녀의 태도에도 문제가 있다고 지적하며, 그에게 너무 다정하게 굴지도 말고 그가 원하는 것을 다 들어 주지 말라고 충고한다. 하지만 마음이 여린 아미네는 그렇게 행할 자신이 없기 때문에 또 다시 괴로움의 늪에서 허덕인다. 그녀는 애인의 질투심 섞인 투정을 고스란히 받아 주면서 그의 마음을 풀어 주기 위해서라면 자유로움에 제약을 받아도 뭐든지 양보할 준비가 되어 있는 것이다.

드라마의 후반부에서 보다 못한 에글레는 친구의 난처한 상황을 더 이상 참지 않고 에리돈과 대화를 시도한다. 아미네를 라몬과 같이 무도회로 보낸 후, 에글레는 아미네가 자기 곁에 없다는 사실을 알고 격분하며 욕을 쏟아붓는 에리돈을 설득하기 시작한다.

> 당신은 아미네가 당신을 사랑하는 것보다 더 아미네를 사랑하지 않나요? 하지만 당신이 그녀를 그렇게 붙잡아 둘 이유는 없어요. 그 아이는 춤추는 것을 좋아하는데, 왜 그것을 못하게 하죠? 오로지 당신의 사랑만으로 만족하며 살아야 한다고 말하고 싶은 건가요? 하지만 그건 아미네를 진정으로 사랑하는 태도가 아니에요. 구속하는 거죠. 그 아이는 당신의 노예가 아니란 말이에요! 내 말이 불쾌하게 들릴 수도 있겠지만, 에리돈, 당신은 잘 들어야 해요. 당신이 새를 키운다고 가정해 봐요. 그 새가 당신을 좋아하고 당신 말을 따른다는 것을 어떻게 알 수 있죠? 맨날 새장에만 갇혀 있다면 알 수 없을 거예요. 그 새가 새장에서 나와 하루 종일 자유롭게 들판을 날아다니다가 다시 자기 스스로 새장으로 들어온다면 어떨까요? 그 새는 어디든 날아갈 자유가 있지만, 당신의 집으로 제 발로 돌아온 거예요. 아미네도 마찬가지죠. 그녀가 어디를 가든, 누구와 함께 있든 당신에게로 다시 돌아올 것이며, 당신을 향한 사랑은 변함이 없다는 걸 왜 모르시는 거죠? 제발 그녀를 믿어요!

에글레의 진심 어린 충고에 에리돈은 어쩔 줄 몰라 하면서 자기도 모르게 괜한 상상이 빚어 낸, 자신도 주체할 수 없는 애인에 대한 분노와 절망을 솔직하게 고백한다. 에글레는 아미네의 애정을 믿고 무도회로 간 그녀를 용서하라고 덧붙인다. 무도회에서 어떤 일이 벌어지든 아미네의 사랑은 변함이 없기 때문이다. 이렇게 사랑 이야기가 점점 더 깊어지자 흥분하기 시작한 두 사람은 사랑의 열정이 선사하는 온갖 기쁨과 환희의 상상 속으로 빨려 들어간다. 이런 분위기로 한껏 고취된 에리돈은 무도회가 끝난 후 환하게 웃으면서 그의 품으로 안기는 아미네를 따뜻하게 반기라는 에글레의 말에 감격해 자기도 모르게 에글레에게 키스한다.

에리돈은 어떻게 자기에게 키스할 수 있느냐는 에글레의 장난 섞인 투정에 순간 당황했지만 다른 여자에게 키스를 해도 아미네를 향한 사랑의 감정이 흔들리지 않는다는 사실, 곧 다른 여자와 키스를 해서 얻는 즐거움이 그 어떤 방해도 되지 않는다는 사실을 깨닫는다. 바꿔 말하면 아미네가 무도회에서 그 누구와 춤을 춰도 자신을 향한 사랑이 변치 않는다는 믿음을 가지라는 에글레의 충고를 납득할 수 있게 된 것이다. 에리돈과 에글레의 뜻하지 않은 키스 사건은 때마침 무도회에 가는 것을 포기하고 되돌아온 아미네의 귀에 들어가게 되고, 이 세 사람의 장난기 넘치는 투정과 애교 섞인 변명이 오가는 대화가 이어지다 연극은 행복하게 막을 내린다.

앞서 언급했듯이 『연인의 변덕』은 괴테가 라이프치히 시절 겪었던 가슴 아픈 연애 사건을 도리어 유쾌하게 그려 낸 작품이다. 1766년 초, 그러니까 라이프치히 대학에 입학한 지 1년이 못 되어서, 17살의 괴테는 세 살 연상의 안나 카타리나 쇤코프Anna Katharina Schönkopf를 알게 된다. 동네 사람들이 캐트헨Kätchen이라는 애칭으로 불렀던 안나는 여관과 식당을 경영하는 아버지를 도우며 지냈으며, 그래서 그런지 모든 사람과 잘 어울렸고 언제나 친절한 웃음을 머금으며 상냥하게 대했다. 괴테는 그녀를 본 지 얼마 안 되어서 깊은 호감을 갖게 되었고 그의 마음은 금세 열정으로 불타올랐다. 그는 자기 고향 친구들에게 보낸 편지에서 온 마음을 던져 자기의 아네테Annette를 사로잡았으며, 그 어떤 어려움이 닥쳐도 그녀가 자신을 떠날 일은 없으리라고 호언장담을 했다. 하지만 괴테는 내심 그녀와의 관계를 오래 유지할 수 없다는 사실을 직감하고 있었다. 집에서 이 연애를 허락하지 않을 게 너무도 분명했기 때문이다. 그럼에도 불구하고 아네테를 향한 그의 사랑은 식을 줄 몰랐다. 하지만 이제 라이덴Ryden이라는 이름의 대학생이 여관을 기웃거리기 시작하자 그의 확신은 알 수 없는 불안감과 초조함으로 뒤바뀐다.

괴테는 안나를 완전히 소유했다고 생각했지만 그녀가 라이덴을 대하는 태도를 눈여겨보면서 질투심이 샘솟는 것을 숨길 수 없었다. 라이덴과 마주한 그녀의 사소한 몸짓, 눈짓, 무심결에 내뱉은 말 한마디도 놓치지 않았으며, 거기에 쓸모없는 의미들을 계속 부여하면서 스스로를 괴롭혔다. 그를 미칠 듯이 화나게 한 사건이 있었는데, 괴테는 아네테가 혼자 극장에 가는 것을 보고 그녀 몰래 뒤따라간다. 그 어두운 극장에서 괴테는 구석진 곳에 앉아 있는 아네테를 발견했고 곧바로 그녀 뒤로 라이덴이 있는 것을 목격한다. 괴테의 질투심 섞인 분노는 극에 달했고, 그는 주체할 수 없이 요동치는 감정을 글로 쏟아 낸다.

> 정말 역겹다고요! 아, 생각해 보세요. 저는 너무 화가 나서 머리가 터져 버릴 지경이었어요. 망원경으로 구석에 앉아 있는 그녀를 봤어요. 그 은밀한 장소에 라이덴이 같이 있었고, 그는 몸을 앞으로 기울여 나의 아네테에게 뭔가를 속삭이더군요. 나는 이를 악물고 끝까지 지켜봤어요. 눈물이 하염없이 흘렀어요. 물

론 눈을 계속 부릅뜨고 쳐다봤기 때문일 거예요. 하지만 저녁 내내 눈물이 그치지 않았지요.

이와 같은 내용을 담은 편지글의 수신자는 괴테보다 열한 살이나 많았지만 낯선 도시 라이프치히에서 이 젊은 천재와 두터운 친분 관계를 유지하던 베리쉬Ernst Wolfgang Behrisch라는 청년이었다. 괴테는 린데나우 백작의 가정교사이기도 한 베리쉬에게 의지하면서 사랑으로 불타오르던 가장 행복한 순간과 질투심으로 정신조차 녹아 버릴 듯한 처참한 순간들을 문학적 재현 형식으로 공유한다. 이때부터 자신의 연애 스토리를 소재로 하는 드라마를 염두에 두고 글쓰기 연습에 몰입했던 것은 아닐까?

결국 괴테와 안나의 풋풋한 연애 사건은 그의 표현대로 사랑으로 시작해서 우정으로 끝을 맺었지만, 그 사랑의 경험이 가져다준 승리와 좌절, 기쁨과 혼란의 감정은 그의 시심을 자극했고 결과적으로 『시와 진실』의 일부를 이뤘으며 『연인의 변덕』으로 승화되었다. 괴테가 자신의 습작들을 불태우는 사건을 저질렀을 때에도 『연인의 변덕』만큼은 그 불구덩이에 내몰리지 않았으니, 작품에 대한 괴테의 애정을 짐작할 만하다. 1767년에서 1768년 사이에 쓰인 이 드라마에서 괴테가 에리돈이라는 인물에 자신의 질투심을 반영했다는 점은 자명해 보인다. 1779년 5월, 바이마르의 에터스부르크 성에서 이 작품이 초연되었을 때 괴테는 에리돈으로 무대에 올랐다.

서송석

GOETHE
LEXIKON
II

엘페노어

생성사

1779년 2월 "몇 줌의 소금을 관객(궁정 귀족)에게 뿌릴" 목적으로 쓴 『타우리스의 이피게니에Iphiegenie in Tauris』를 쓴 후 두 번째로 쓴 "고대를 배경으로 하는 드라마"인 『엘페노어Elpenor』는 1781년, 바이마르 왕실에서 오랫동안 고대한 왕자의 탄생을 앞두고 계획한 것이었다. 루이제 공작부인이 출산 후 처음 교회에 참석하는 것을 기념하기 위해 이 작품으로 공연하려고 했다. 그러나 공작부인이 딸아이를 사산하게 되자 축제 계획은 무산되었고, 괴테도 『엘페노어』 계획을 중단하게 된다. 그러나 1783년 2월에 왕위를 계승할 왕자가 탄생하자 괴테는 다시 이 드라마를 잡게 되고, 그런 연유로 3월 9일로 잡혀 있던 공작부인의 첫 교회 행차에 맞춰 완성시킬 수가 없었다. 왜냐하면 괴테 자신의 생각으로는 이 드라마가 "너무 결점투성이"여서 처음부터 새로 써야 할 것 같았기 때문이었다.

이 작품은 2막 3장에서 멈춘 후 전혀 진척을 보지 못했다. 괴테는 1784년 9

월에 그의 비서 포겔Vogel에게 "엘페노어. 연극Elpenor. Ein Schauspiel"이라는 제목의 이 미완성 드라마를 깨끗하게 정서해 놓을 것을 부탁하면서, 그 당시 계획 중이었던 자신의 "괴셴 전집"에 가능한 한 완성해서 수록하려고 했다. 그래서 괴테는 로마에서 여전히 이런 의도를 가지고 바이마르에 있던 헤르더에게 교정을 부탁하는 편지를 보내기도 했지만, "괴셴 전집"에는 결국 수록되지 않았다.

20년 후 괴테는 마침내 이 미완성 드라마를 자신의 "코타 전집(1806–1810)"에 넣기로 결정한다. 그때 그의 비서 리머Riemer는 산문으로 되어 있던 이 미완성 드라마를 운문으로 고치자고 제안했는데, 괴테는 이 작업에 손을 대지 않고 전적으로 리머에게 맡겨 버린다. 이 미완성 드라마는 결국 리머가 제안한 "비극Tragödie"이라는 부제를 달고 출판된다. 다른 고전주의 드라마가 나중에 괴테의 손에 의해 대부분 완성되었던 것과는 달리 이 『엘페노어』 드라마는 괴테의 관심에서 완전히 멀어지게 된다. 괴테는 이 드라마에 대해 작가로서 도대체 어떤 반감을 가지고 있었던 것일까? 그것은 아마도 부제가 "연극"에서 "비극"으로 바뀐 것이 이 의문에 대한 대답을 추측하게 해 줄지도 모른다.

작품의 내용

왕비 안티오페Antiope는 어떤 모반으로 인해 자기 남편을 잃고 자기 아들마저 납치되는 불행을 겪는다. 이 사건의 결과로 그녀의 시숙인 뤼쿠스Lykus가 나라를 통치하게 되자 안티오페는 왕에게 그의 아들 엘페노어를 자기가 양육하게 허락해 줄 것을 간청한다.

세월이 흐른 후 이제 왕 뤼쿠스가 자기 아들에게 '제왕학Fürstenlehre'을 가르치기 위해 엘페노어를 왕궁으로 불러들이려 할 때, 안티오페는 양자 엘페노어에게 자신의 비극적인 운명을 이야기해 주며 복수해 줄 것을 간곡하게 부탁한다. 엘페노어는 어린 영웅심에서 양어머니인 안티오페를 위해 복수할 것을 다짐하면서, 안티오페의 팔에 이끌려 신전에 나아가 엄숙하게 신 앞에서 복수의 맹세를 하게 된다.

2막은 폴리메티스Polymetis의 독백으로 시작한다. 그는 현재의 왕 뤼쿠스의 친구로 지금까지 그에게 충성을 바쳤으나 지금은 과거의 국가 반란 사건에 대해 계속 침묵하면서 비밀에 부쳐야 할지 아니면 그 끔찍한 비밀을 폭로해야 할지 결정을 내리지 못하고 심적 갈등을 겪고 있다. 그의 독백은 뤼쿠스 왕이 가장 비열한 모반에 책임이 있음을 강하게 암시해 주고 있으나 폴리메티스는 두 번에 걸쳐 배반을 해야 할지를 결정내리지 못하고 망설이고만 있다.

> 너 간악한 검은 양심이여! 너는 나에게 무겁고도 사랑스럽구나. 너는 나를 괴롭히면서도 강하게 해 준다. 그러나 너의 시간은 성숙되어 곧 나타날 것이다. 아직도 나는 머뭇거리고 있다. 우리의 운명이 결심에 달려 있으니, 머뭇거리는 것도 얼마나 근심스러운가! 오, 신들이시여, 나에게 단지 하나의 신호만이라도 내리소서. 내 입을 열게 해 주시거나 내 입을 봉해 버리소서. 당신들이 원하시는 대로.

폴리메티스는 어린 엘페노어 왕자에게 따뜻한 인간미를 갖춘 미래의 군주상을 기대하면서 뤼쿠스 왕에 대한 불만을 달래 보려고 했으나 오히려 엘페노어와 실망스런 대화를 마친 후 자신의 폭로의지를 더욱 굳히게 된다.

> 낡은 가면 속에 숨어 있는 너의 간악한 행위들이여, 무덤에서 나오너라. 너희는 그곳에 갇혀 살고 있지만, 그 사악한 죄는 죽지 않는다. 일어서라! 희미한 안개로 무덤 위에 세워진 왕관을 에워싸라. 놀라움이 마치 천둥처럼 모든 이의 가슴에 파고들 듯이! 기쁨은 삐걱거리는 소리로 바뀌고, 벌린 팔 앞에서 희망은 수포로 돌아가리라!

이 폴리메티스의 독백을 마지막으로 이 드라마는 미완성으로 끝난다. 그러면 이후의 드라마는 어떻게 전개될 것인가? 다시 말해서 이 드라마는 비극적으로 결말을 맺을 것인가 아니면 『이피게니에』에서와 같이 서로 '화해Versöhnung'하는 모습을 보여 줄 것인가?

『엘페노어』의 줄거리가 어떻게 진행될 것인가에 대한 추측은 괴테가 이 작품을 쓰기 위해 어떤 자료를 이용했는지를 통해 할 수 있을 듯하다.

작품의 소재

괴테가 『엘페노어』를 쓰기 위해 어떤 자료를 참고했는지는 불확실하지만, 다음의 자료들이 가능한 참고 자료로 언급되고 있다. 먼저 14세기의 중국극 『조씨고아趙氏孤兒 Das Waisekind aus dem Haus Zhao』를 들 수 있는데, 이 중국 드라마는 1736년에 예수회 신부였던 장 바티스트 뒤알드Jean Paptiste du Halde(1674–1743)의 중국 이야기 모음집을 통해 유럽에 유명해졌다. 그리고 괴테는 독일어판인 『중국 제국과 위대한 타타르족의 상세한 이야기Ausführliche Beschreibung des chinesischen Reiches und der großen Tartarey』(1747–1749)를 읽은 적이 있다. 괴테의 일기에서 "오 쿠엔 쾅O Quen Quang"이라는 메모를 볼 수 있는데, 그 반대 어순인 '쾅 쿠엔'이라는 인물이 이 중국 드라마 2막과 3막에 자주 등장한다. 이 극은 한 소년이 아버지를 죽인 자기 양아버지에게 복수하는 것을 그리고 있다.

그다음으로 괴테가 참고했을 자료는 히기네스Hygines의 전설 모음집에 실려 있는 일곱 번째와 여덟 번째 우화에 나오는 안티오페 이야기다. 이는 전해지지 않는 고대 그리스의 비극 작가 에우리피데스의 『안티오페』를 모방한 작품이다. 이 작품도 괴테의 『엘페노어』와 비슷한 동기를 보여 주는 극으로 안티오페 왕비가 시숙에 의해 남편과 두 아들을 잃는다. 그러나 죽었다고 생각했던 쌍둥이 아들이 살아 돌아와 살인자에게 복수를 한다는 이야기다. 이 작품에서는 안티오페가 두 쌍둥이 아들 암피온Amphion과 체토스Zethos가 '서로 알아보는 장면Anagnorisis-Szene'이 극의 중심을 이루고 있다.

그 외에도 셰익스피어의 『햄릿』과 볼테르의 『메로페Meérope』 그리고 에우리피데스의 『이온Ion』을 들 수 있다. 『햄릿』을 기본 참고 자료로 보는 관점은 괴테의 『엘페노어』가 비극을 맞이할 것이라는 것을 전제로 한다. 즉 햄릿이 복수를 선언하지만 결국 복수를 완성하지 못하고 오히려 비극적으로 전개되기 때문에 괴테가 『엘페노어』를 쓸 때 자극을 받았을 것으로 추측하는 것이다. 특히 이 시기에 괴테가 장편소설 『빌헬름 마이스터의 연극적 사명』을 쓰면서 햄릿의 성격을 깊이 연구하고 있었다는 점을 강조한다. 볼테르의 『메로페』는 자기 남편과 두 아들을 잃은 어느 왕비의 이야기로 살인자가 왕비에게 결혼까지 강요한다. 그녀의 셋째 아들이 돌아와 복수를 하고 살인자에게서 왕위를 되찾는다는 줄거리인데, 이 작품은 1773년에 카를 아우구스트 공작이 어머니인 안나 아말리아 대비의 생일 축하극으로 바이마르에서 공연된 적이 있었다. 에우리피데스의 후기 비극인 『이온』은 모자간의 관계를 그리고 있는데, 그것이 괴테의 드라마에서는 안티오페와 엘페노어의 관계 설정에 작용했으리라고 추측한다. 『이온』에는 소년 이온과 어머니 크레우사Kreusa가 서로를 알아보는 장면이 나오는데, 많은 연구에서 괴테의 드라마에서도 이런 모자의 상봉 장면이 나와야만 한다고 주장한다. 그래야 아버지의 살해와 복수를 번복하는 양심의 갈등을 해결해 줄 수 있다는 것이다. 이 에우리피데스의 작품은 스위스의 신학자 토블러Georg Christoph Tobler가 독일어로 번역해 1782년에 괴테에게 보낸 바 있다.

그러나 이러한 주장들을 종합해 보면 복수를 갈망하는 왕비와 그녀의 아들에 의해서 복수가 완성되는 비슷한 동기와 줄거리를 가진 모든 자료는 괴테가 이 드라마를 쓰는 데 참고했다고 주장하고 있는 것처럼 보인다. 아니면 괴테의 『엘페노어』는 이 모든 자료를 섞어 놓은 "아말감Amalgam"일 가능성도 있다. 물론 괴테 나름대로의 결론을 가진 창작품이 될 수 있었던 가능성도 배제할 수 없다.

『엘페노어』는 화해의 극인가, 비극인가?

그럼에도 불구하고 이 추측들은 서로 상이한 두 가지의 기본 방향에서 출발하고 있다. 그 하나는 괴테가 이 드라마를 왕실을 위한 '축하극das Festspiel'으로 생각하고 있었기 때문에 결코 비극으로 계획하지 않았을 것이라는 주장이다. 오히려 『이피게니에』를 모범 삼아 인간의 갈등이 서로 화해하는 것을 그리려고 했을 것이라고 추측한다. 이런 점에서 괴테는 루이제 공작부인의 왕자 출산을 축하하는 뜻에서 엘페노어라는 인물을 인간들 사이에 맺힌 모든 불화를 풀고 서로 맺어 주는 인물로 그리려는 의도를 분명히 가지고 있었다는 것이다. 그래서 이 드라마에 "연극Ein Schauspiel"이라는 부제를 붙였을 것이라고 주장한다.

다른 한편으로 이 미완성 드라마는 '비극의 미학'에 더 어울린다는 주장이다. 이 주장에 따르면 엘페노어가 이 엄청난 비극적 사실을 알게 되었을 때 자기가 복수를 해야 하는 사람이 바로 자기 아버지라는 사실도 알게 되고—이는 『이피게니에』에서 오레스트가 자기 아버지 아가멤논의 복수를 위해 친어머니인 클리템네스트라를 죽이는 상황과 비교할 수 있다—그의 영혼은 엄청난 갈등을 겪기 시작하는데, 여기서 이 비극적인 결말보다 더 그럴듯한 결말을 찾기 어렵다는 주장이다. 즉 엘페노어가 자기 아버지를 죽이고 스스로 목숨을 끊든지 아니면 심각한 갈등과 번민 속에서 그 집안의 속죄를 위해 자살하게 될 것이라고 주장한다. 그래서 이러한 갈등에서 엘페노어가 죽음으로써 순수한 비극적 해결책을 제시하는 것이 이 드라마에서 예술적으로(또한 미학적으로도) 가장 만족스럽다고 보는 것이다. 이 외에도 많은 추측과 마지막 장면에 대한 여러 가지 변형된 형태에 대한 예상이 있을 수 있다. 그래서 리머가 이 극에 "비극"이라는 부제를 붙이자고 제안했는지도 모른다.

그러나 미완성으로 끝난 『엘페노어』의 근본 문제는 그 줄거리가 어떻게 진행되어 나갈 것인지를 추측하는 데 있는 것이 아니라, 괴테가 왜 이 드라마를 완성시키지 못했느냐는 점에 있다. 왜냐하면 괴테의 다른 드라마들은 그 이후 그가 쓰려던 의도대로 완성되든가, 그렇지 않으면 그 후 변형된 작가의 의도대로 결론을 맺었기 때문이다. 괴테가 1828년에 말리츠August von Malitz에게 이야기한 대로, "독일인들에게 연극 하나를 선사하고 싶었다면" 이 미완성 드라마를 완성시킬 수도 있었을 것이다. 그러나 이 드라마의 미완성은 분명히 어떤 희곡법상의 문제에 부딪혔든지 아니면 그 어떤 극복할 수 없는 내용상의 문제점을 가지고 있었을 것이라고 추측할 수 있다. 어쨌든 지금까지 살펴본, 가능한 줄거리 전개에 대한 추측으로 미뤄 보더라도 내용상 이 드라마가 계속 전개되는 데 있어 그다지 큰 문제는 없어 보인다.

그러나 괴테도 언급했듯이 같은 의도로 쓴 『이피게니에』에서 보여 준 차원 높은 "인간애Humanität"를, 즉 오레스트와 토아스왕 사이의 인간적인 갈등을 이피게니에가 자신의 "순수한 여성적인 것과 인간적인 것reine Weiblichkeit und Menschlichkeit"으로 인간애에 호소함으로써 해소시켜 줬듯이, 『엘페노어』에서도 보여 줄 수 있는가에 대한 의문이 제기된다. 왜냐하면 모반을 주도한 것으로 보이는 뤼쿠스 왕과 큰어머니인 안티오페를 위해 복수를 맹세한 엘페노어 사이의 갈등은 이피게니에 신화에 나오는 뜻밖의 해결책Deus ex machina 없이는 도저히 풀어지지 않을 것처럼 보이기 때문이다. 비록 괴테의 『이피게니에』에서 인간들이 신의 저주를 넘어 스스로 갈등을 푸는 데 성공했다고 하더라도 『엘페노어』에서는 결국 엘페노어나 그 아버지 두 사람 중 한 사람의 죽음이 필연적으로 따라야 한다. 인간의 가증스런 행위가 이를 저주하는 신과 대립되어 있는 것이 아니라, 신들에게 이미 복수를 맹세한 만큼 너무나 골이 깊은 인간의 원한으로 대립되어 있기 때문이다.

또한 『이피게니에』에서보다 첨예하고 더 복잡한 갈등이 『엘페노어』에는 도사리고 있는데 이런 복잡한 갈등을 풀기에는—부자지간의 갈등에서 아버지를 살해하거나 신에게 한 맹세를 파기하기에는—여기 묘사된 엘페노어라는 인물의 성격이 너무 나약해 보인다는 것이다. 다시 말해서 『이피게니에』에서 성공적으로 인간의 화해를 보여 줬으나 『엘페노어』에서는 "진실의 소리와 인간적인 목소리"가 더 어려운 조건하에서는 인간들의 갈등을 푸는 데 문제가 있어 보인다.

미완성의 원인에 대한 추측과 인간의 갈등 양상

1798년 6월 24일에 괴테는 『엘페노어』가 자신의 작품이라는 사실을 숨기고 실러에게 이 미완성 드라마에 대한 평가를 의뢰한다.

> 함께 보내 드린 원고를 나는 들여다보고 싶지도 않습니다. 이 작품은 소재를 터무니없이 잘못 고른 대표적인 예일 수 있어요. 이런 잘못을 경고하기 위해 더 무슨 다른 예가 필요하겠습니까. 선생이 이 실패한 작품에 대해 어떤 운명의 점을 치게 될지 정말 궁금하군요.

괴테는 이 편지에서 자기가 이 작품에 대해 분명히 어떤 거부감이 있음을 밝히고 있지만, 동시에 두 가지의 상이한 기대를 갖고 있음도 실러에게 숨기지 않는다. 먼저 실러가 괴테 자신이 이 작품에 갖고 있는 "반감"을 인정해 주길 기대하는 것이고, 다른 한편으로는 실러에게 혹시 긍정적인 평가가 나올지도 모른다는 기대감인데, 그래서 실러가 칠 "운명의 점Nativität"이 정말 궁금하다고 한 것이다. 그러나 실러의 평가는 냉엄했다.

> 드라마도 동봉해서 돌려 드립니다. 저는 이 작품을 당장 읽어 봤고, 실제로 이 드라마를 평가하는 데 있어 제가 선생님보다 더 유리한 입장에 있는 것 같습니다. 비록 이 작품이 아마추어 수준일 따름이어서 예술적 평가를 내릴 정도는 못 된다고 해도, 어느 좋은 선생님 밑에서 썼다는 생각은 듭니다. 이 드라마는 도덕적 교육을 잘 받은 사람이 아름답고 절제할 줄 아는 감각으로 훌륭한 교본을 충분히 이해한 상태에서 쓴 것임을 알 수 있습니다. 만약 이 작품을 여성이

쓴 것이 아니라면, 어느 정도 남성도 분명히 가질 수 있는 여성적 감각을 느끼게 해 줍니다. 주제에서 벗어난 많은 부분과 또 부분적으로 제가 이미 줄을 친 몇몇 꾸민 듯한 말투 등을 삭제하고, 특히 부자연스런 비약을 가져오는 마지막 독백 부분을 좀 손질하면, 분명히 흥미롭게 읽힐 수 있을 것입니다. 만약 그 작가를 알아도 된다면, 그 이름을 제게 밝혀 주시기 바랍니다.

실러의 평가 중에서 가장 중요한 부분은 이 작품이 "아마추어 수준의 작품ein dilettantisches Produkt"이어서 예술적인 평가를 내릴 수 없다는 점이다. 또한 이 드라마는 여류 문학 성격을 띠고 있다는 것인데, 이 작품이 루이제 공작부인을 위한 축하극이었고 또 바이마르 궁정 극장에서 상연될 아마추어들을 위한 드라마였다는 사실을 생각해 볼 때 실러의 평가는 정확한 것이라고 볼 수 있다.

실러의 평가에 대한 답신으로 3일 후 보낸 편지에서 괴테는 이 작품에 대한 자신의 반감을 더욱 굳히게 된다.

우연하게, 아니 당신이 이 『엘페노어』가 내 작품으로 알고 있었을지도 모른다고 예상했기 때문에 확실하게 작가가 누구인지에 대해 말하지 않았습니다. 그래도 이 작품이 당신한테 완전히 제대로 작용했기 때문에 오히려 내게는 더 나은 것 같습니다. 내가 이 2막의 드라마를 쓸 때가 약 16년 전이었습니다. 그러고는 곧 이 작품이 보기 싫어졌습니다. 10년 전부터는 두 번 다시 쳐다보지도 않았습니다. 항상 그렇지만, 이번에도 당신이 현명하고 공정해서 기쁩니다. 당신은 내가 처해 있었던 그 상황을 옳게 지적했습니다. 왜 이 작품을 내가 싫어하게 되었는지 그 원인까지도 알 수 있게 해 주는군요.

실러는 이 편지를 받고 정말 당황하고 놀라서 자기가 평가절하했던 이 드라마의 명예를 회복시켜 주기 위해 받은 그날 "선생님(괴테)의 정신과 그 시대의 역사를 위해 명예롭게 간직해야 할 고귀한 기록물"이라고 말하면서 괴테에게 사과의 편지를 보낸다. 무엇이 16년 전 괴테의 정신과 그 시대의 역사를 위해 명예롭게 간직해야 할 기록물이 될 수 있을까?

9년 뒤 1807년에 괴테의 친구이자 음악가인 첼터가 이 드라마에 긍정적인 반응을 보이자 괴테는 다시 한번 자기 드라마에 대해 언급했는데, 괴테는 이 미완성 드라마의 목적이 이미 달성되었다고 보여 아주 흡족하지만, 자기 자신은 이 드라마에 대해서 아직도 어떻게 평가를 내려야 할지 모르겠다는 말을 덧붙였다. 괴테는 더 나아가 "만약 무엇인가가 더 나아가지 못하고 막히게 되면, 우리는 항상 그 책임이 우리(작가)에게 있는 것인지 아니면 그 작품 자체에 있는 것인지 모르게 됩니다. 우리는 우리가 완성할 수 없는 것을, 우리에게 저항해서 우리 마음대로 할 수 없는 것이라고 해서 싫어하게 됩니다" 하고 썼다.

괴테는 실러와 첼터에게 보낸 편지에 각각 왜 자기가 이 작품을 완성할 수 없었는지에 대해 암시를 주고 있다. 실러에게는 "소재를 터무니없이 잘못 고른 것"이라고 했고, 첼터에게는 "무엇인가가 막혀 있다etwas in Stocken geraten"고 했는데, 이 두 표현에서 괴테는 이 드라마가 미완성으로 남은 원인을 소재와 그 처리의 문제로 돌리고 있음을 보여 준다. 특히 엘페노어라는 인물이 모반의 수괴로 추정되는 자신의 아버지에 대한 충성과 양어머니 안티오페를 위한 복수를 신에게 맹세라는 이중의 부담을 지고 있는 것이 드라마 작법상 해결될 수 없는 정체 상태로 남게 되었다고 추측할 수 있다. 게다가 1막의 마지막에 폴리메티스가 "기쁨은 삐걱거리는 소리로 변하고, 벌린 팔 앞에 희망은 수포로 돌아가리라!"고 저주하는 순간 이 드라마의 진행을 막히게 해 버린 것처럼 보인다.

'그 시대의 기록물'

미완성의 또 다른 원인을 찾는다면 정치적인 이유를 들 수 있다. 괴테는 분명 엘페노어의 모습에 희망을 담으려 했을 것이다. 실제로 드라마에서도 엘페노어에게 모든 사람이 기대와 희망을 걸고 있다. 에바드네Evadne와 궁정 나인들 간 대화에서도 엘페노어는 "황금빛 태양의 아침 햇살der goldnen Sonne Morgenstrahlen" 또는 "샛별der Stern des Morgens"로 묘사되며 노신老臣 폴리메티스도 그에게서 미래의 희망을 주는 군주의 모습을 보려 한다. 안티오페에게는 그녀의 복수를 수행할 수 있는 유일한 희망이며, 왕위 계승자로서 뤼쿠스 왕과 백성들에게도 희망의 상징이다. 이러한 여러 모습으로 미뤄 보아 괴테는 엘페노어의 모습에서 새로 태어난 왕자에 대한 기대와 희망을 상징하고자 했을 것이다. 그러나 실제로 극에 묘사된 엘페노어를 보면 아직 청년 티를 벗지 못한 카를 아우구스트 공작을 더 염두에 두지 않았나 하는 의구심마저 들게 한다. 특히 에바드네뿐만 아니라 폴리메티스와의 대화에서 엘페노어는 자신의 관심이 백성의 피와 땀을 담보로 해야 하는 힘의 과시 그리고 군사적 영웅 행위(무기, 창, 말, 사냥, 명예, 칼)에 두고 있음을 밝힌다(1막 2장). 에바드네와 폴리메티스는 엘페노어와의 대화에서 이제 막 청년으로 성장한 엘페노어에게 한결같이 백성에게 선정을 베풀어야 함을 역설하지만, 엘페노어는 오히려 군대놀이나 조급하게 명성을 얻는 데 더 관심을 보인다. 그래서 모든 사람이 기대하는 인간미 있는 군주의 가능성은 찾아볼 수 없게 된다. 그래서 에바드네는 엘페노어에게 "신들은 왕자님께 유명한 것과 유명하게 되는 것을 구분할 기회와 숭고한 감각을 주실 것입니다" 하고 충고하기에 이른다. 폴리메티스도 엘페노어와의 대화에서 실망하고 마침내 그를 저주하게 된다.

> 왕자님은 아마 행복한 사람들만 다스리게 되지는 않을 것입니다. 조용한 구석마다 많은 백성이 헐벗고 고통에 눌려 있습니다. 행복이 그들을 내팽개쳤기에, 그들도 내팽개쳐진 듯이 보입니다. 그러나 그들은 용감한 자의 길을 눈에 띄지 않게 따라가고 있고, 그들의 간청은 신의 귀에까지 올라갈 것입니다. 이 비밀스런 도움도 종종 약한 사람에게서 나와 더 강한 사람에게 영향을 미칠 수 있으니까요.

그 당시 괴테는 카를 아우구스트 공작에게 교육적으로 영향을 미치려고 노력했고, 특히 인간애 넘치는 '계몽된 군주상'을 심어 주려고 노력했다. 군주의 의무를 공작에게 인식시키고, 나라와 백성의 복지를 위해 자신의 생활을 제한하는 덕을 길러야 한다고 1783년 9월 3일 아우구스트 공작의 26회 생일을 맞아 바친 「일메나우 시Ilmenau-Gedicht」에서도 호소하고 있다.

> 그래서 오 군주시여, 나라의 한쪽 구석도
> 전하 시대의 모범이 되게 하소서!
> 전하께서는 오래전부터 군주의 의무를 알고 계시고
> 그리고 점점 전하의 자유로운 영혼을 스스로 제한하고 계십니다.
> 남을 고려하지 않고 자기 자신을 위해 자신의 뜻대로 살아가는
> 사람은 여러 소원을 즐길 수 있습니다.

그러나 다른 사람들을 훌륭하게 인도하려고 노력하는 사람만은 많은 것을 없이 지낼 능력이 있어야 하는 것입니다.

괴테는 아우구스트 공작에게 정치 군사적 모험—바이마르가 프로이센 대동맹에 가입해 오스트리아 황제와 전쟁을 계획하는 것—을 피하라고 경고했고, 결코 바이마르 소공국이 이 전쟁에 휘말려 들어가 나라와 백성을 도탄에 빠지게 해서는 안 된다고 호소한 바 있다. 이런 관점에서 엘페노어가 자기에게 주는 충고를 듣고 반응하는 장면은 상당히 암시적이라고 할 수 있다. 에바드네의 충고에 엘페노어는 "내게 무슨 말을 하는 거지요? 난 이해할 수 없어요"라고 대답한다. 엘페노어에게 미래의 희망을 건 사람들에게 이 얼마나 실망스런 순간이란 말인가! 그 당시 괴테와 아우구스트 공작 사이의 인간적인 갈등을 시사하고 있음을 부인할 수 없다.

2막이 시작되는 독백에서 폴리메티스는 자신과 뤼쿠스 왕 사이의 관계를 한탄한다.

왕은 자신의 뻔뻔한 행동에 어느 누구도 공범으로 만들어서는 안 된다. 그가 왕관과 나라를 얻어 반석을 다지기 위해 하는 일이나 그 왕관과 나라를 위해 하는 일에 어울리는 것은 비열한 모반의 꼭두각시놀음이다. 그러나 왕관과 나라는 그를 사랑하고 밀고자를 미워한다. 그는 저주를 받으리라. 왕관과 나라의 총애에 우리는 흥분의 도가니에 빠졌고, 우리는 자신의 품위에 대한 죄책감을 잊어버리는 데 익숙해졌다. 그 총애의 대가는 우리가 우리 자신의 가치를 대수롭지 않은 것으로 여길 만큼 비싼 것이었다. (중략) 우리는 친구 사이지만 나는 신하에 불과하다. 우리가 근심에 가득 찬 얼굴을 땅바닥에서 떼기도 전에, 그는 우리 등을 밟고 말 위로 훌쩍 뛰어올라 목적지를 향해 쏜살같이 달려갈 뿐이다.

여기서 폴리메티스는 자신의 무리가 뤼쿠스가 왕위를 찬탈하는 데 가담했음을 암시해 주고, 그 이후 총애를 받아 권력의 핵심에서 지내면서 그 모반의 죄의식도 잊고, 공신으로서 왕위를 다지는 작업에 헌신했음을 알려 준다. 그러나 뤼쿠스의 왕위가 다져지자 폴리메티스는 자신이 신하에 불과한 존재임을 인식하게 되고, 영원히 친구인 줄 알았던 뤼쿠스가 더욱이 자신들의 희생으로 왕위를 누리고 있음을 분하게 생각하고 있다. 여기서 폴리메티스는 뤼쿠스에게 인간적인 배신을 느끼고 그를 저주하며 모반을 폭로할 의지를 다지는 것이다.

이런 노신 폴리메티스와 뤼쿠스 왕 간 갈등은 바이마르 궁정에서의 괴테와 아우구스트 공작 사이의 인간적·정치적 갈등을 그대로 반영하고 있다고 카타리나 몸젠Katharina Mommsen은 주장한다. 카를 아우구스트 공작이 삼촌인 프로이센의 프리드리히 2세의 대對오스트리아 동맹에 가입해서 군사적 모험도 불사하려고 했고, 괴테가 평화를 위해 제시했던 "소국연합정책"에는 관심을 보이지 않았다는 것이다. 이런 점에서 엘페노어와 아우구스트 공작의 모습은 일치한다. 프로이센의 프리드리히 2세의 무력 정책에 반대하는 괴테의 입장은 이미 아리스토파네스의 우화를 각색한 그의 드라마 『새들Die Vögel』(1780)에서 "목숨을 건 위험한 공중 곡예salto mortale"에 비교하면서 제시한 바 있다. 무거운 왕홀로 지배하는 뤼쿠스 왕에 대한 폴리메티스의 반감도 무력을 일삼는 폭군에 대한 반감으로 해석할 수 있다. 엘페노어가 폴리메티스가 요구하는 선정에 귀 기울이지 않고 군대의 트럼펫 소리에 더 관심을 보이는 것에서 폴리메티스는 이

나라의 장래를 예상할 수 있었다. 즉 엘페노어도 뤼쿠스의 무력 정책을 이어 갈 것이라고 생각한다. 그래서 처음 엘페노어에게 걸었던 희망이 마지막 독백에서는 "너 귀엽고 예쁜 소년아, 살 수 있을 것 같으냐?"라는 무시무시한 저주로 바뀐다. 폴리메티스는 이 저주로 인간의 갈등이 '폭력에 의해 해결'되리라는 것을 암시해 주고, 관객도 폴리메티스의 비장한 저주에 의해 이 극이 어떤 결말을 맺게 될 것인지 예견할 수 있다.

기쁨은 삐걱거리는 소리로 바뀌고, 벌린 팔 앞에 희망은 수포로 돌아가리라.

이 저주는 괴테의 프리드리히 2세를 향한 저주인가 아니면 카를 아우구스트 공작을 향한 저주인가? 더 이상 드라마를 전개한다는 것은 일개의 궁정시인에겐 너무 힘들고 벅찬 작업이자 "목숨을 건 위험한 공중 곡예!"일지도 모른다. 그래서 이 드라마는 내부적으로는 이 상황에서 열린 형태로 완결을 맺고, 외형적으로는 미완성으로 남게 되었는지도 모른다.

임우영

GOETHE LEXIKON II

프로제르피나

생성사

모노드라마인 『프로제르피나Proserpina』는 1777년에 『감상주의의 승리Der Triumph der Empfindsamkeit』와 거의 동시거나 약간 일찍 쓴 것으로 보인다. 이 드라마는 1778년 1월 28일에 『감상주의의 승리』가 초연을 위해 인쇄될 때 따로 인쇄되어 나왔고, 1778년에 빌란트가 발행하던 《토이처 메르쿠어》에도 발표되었다. 처음에는 산문 텍스트였으나 1787년 『감상주의의 승리』와 함께 운문 텍스트로 바뀌게 된다. 괴테는 프로제르피나 소재를 오비디우스의 『변신론Metamorphosen』 5권에서 따왔다. 그리고 괴테가 당시에 많이 이용하던 헤데리히Benjamin Hederich가 쓴 『신화백과사전Mythologisches Lexicon』도 참고한 것으로 보인다.

전통적인 연구에서는 이 모노드라마의 창작 동기에 대해 여러 괴테의 전기적 요소가 언급되었다. 오페라 작곡가인 글루크Christoph Willibald Ritter von Gluck(1762–1787)가 1776년 4월에 죽은 조카이자 수양딸인 나네테Nanette를 애도하는 오페라를 쓰기 위해 여러 작가에게 추모 시를 부탁했는데 괴테가 여기에

응해서 쓴 작품이라는 추측도 있고, 괴테가 1777년 6월 8일에 죽은 괴테의 여동생 코르넬리아를 위해 쓴 작품이라는 추측도 있다. 그러나 바이마르 궁정 극장의 유일한 전문 여배우였던 코로나 슈뢰터Corona Schröter를 위해 쓴 것이라는 주장이 가장 설득력을 얻고 있다. 그녀가 제켄도르프의 음악과, 음악이 없는 낭송과 음악이 깔리는 상태에서 낭송하고 노래 부르는 것을 가장 잘 해냈기 때문이라는 것이다.

모노드라마는 1770년대 아주 인기가 있던 연극이었다. 대부분의 경우 신화 속의 여성 인물 한 사람이 등장하는 이 드라마는 그 여성 연기자의 상승된 감정의 도취를 다양하게 음악에 맞춰 낭송했다. 그 당시 대표적인 모노드라마는 장 자크 루소의 『피그말리온Pygmalion』(1770)이었으며, 괴테도 이 작품을 "작지만 우아하게 한 시대를 여는 작품"으로 평가했다. 이 작품은 1772년에 독일어로 번역되어 바이마르에서 새로 작곡된 음악과 더불어 상연되었다. 루소의 『피그말리온』이 성공함으로써 모노드라마는 감상주의가 절정이던 시기의 독창적이고 유일한 드라마 장르가 되었고, 이를 모범으로 한 많은 작품이 나오게 되었다. 한 예로 게르스텐베르크Heinrich Wilhelm Gerstenberg가 그리스신화를 주제로 쓴 교성곡 〈낙소스의 아리아드네Ariadne auf Naxos〉를 배우 브란다Johann Christian Branda가 모노드라마로 고쳐 상연해 성공을 거뒀다.

『프로제르피나』를 익살극 같은 『감상주의의 승리』에 삽입한 것은 아이러니하게도 그 장르와의 거리 두기를 암시한다. 비록 이 드라마가 전혀 풍자적이나 자기비판적인 특징들을 보여 주지 않는데도 말이다. 루소에게 이런 드라마는 하나의 실험이었다. 루소는 간략한 말과 많은 "빈자리"을 몸짓 동작과 음악이 채울 수 있는지를 보여 주려고 했다. 이 멜로드라마의 의도는 원칙적으로 "영혼의 표현Seelenausdruck"이었고, 이것은 전통적인 드라마나 음악이라는 수단만으로는 불가능해 보였다. 그래서 한 인물에 집중해서 주로 그 인물의 감정이 실린 언어 행위, 기악곡, 어떤 구체적인 줄거리 구조가 없는 비극적 상황을 주인공의 감정을 표현해 내는 데 이용하려고 했다. 그래서 멜로드라마의 경우 줄거리가 별로 없기 때문에 대부분 유명한 신화에서 소재를 따오게 되고, 이런 드라마 장르는 음악과 감상적인 언어, 무언극, 무대장치 그리고 "활인화Tableau vivant"—살아 있는 사람이 분장해 정지된 모습으로 역사적 장면을 연출하는 것—등의 수단으로 종합 예술 작품을 만들어 내게 된다.

프로제르피나 신화 이야기

a. 루벤스가 그린 〈프로제르피나의 납치〉(1636~1638)

그리스신화에서 프로제르피나(페르세포네)는 제우스와 대지의 여신인 체레스 사이에서 태어난 딸이다. 미모가 뛰어났던 프로제르피나는 전쟁의 신 마르스와 아폴로 신으로부터 구혼을 받았고, 어머니 체레스 여신은 딸을 보호하기 위해 프로제르피나를 시칠리아에서 숨어 살게 했다. 프로제르피나는 숲에서 오케아노스의 딸들과 논 후 수선화—또는 제비꽃—가 핀 것을 보러 다가갔다가 하계의 왕 플루토에게 납치되고 만다. 이전에 플루토는 제우스에게 프로제르피나를 하계로 데려가도록 허락을 받는다. 즉 수선화는 제우스가 플루토의 소망을 들어 주기 위해 그곳에 둔 것이었다. 검은 말이 이끄는 플루토의 전차에 끌려가는 프로제르피나는 비명을 질렀고, 요정 키아네가 이를 막아 보려고 했으나 역부족이었다. 괴테가 참고했을 것으로 여겨지는 헤데리히의 책에 나오는 신화 이야기에 의하면 주피터는 프로제르피나가 시칠리아섬에 있는 것을 알아내고, 자신이 플루토에게 신부를 마련해 주기로 한 사실을 처음에는 비너스에게, 그다음에는 미네르바와 다이아나 여신에게도 털어놓는다. 그러자 세 여신은 함께 시칠리아로 간다. 여기서 이 세 여신은 체레스 여신이 없는 사이에 프로제르피나에게 자신들과 함께 화려한 옷을 입고 산책하러 나가자고 제안한다. 요정들까지 합세해 멋진 산책이 된다. 이때 갑자기 지진이 일어나고 탑과 담장이 무너지더니 플루토가 마차를 타고 나타나 프로제르피나를 납치해 간다. 이에 아테네 여신과 다이아나 여신이 그녀를 걱정하지만, 주피터는 천둥을 치면서 플루토의 납치를 허용한다는 신호를 보낸다. 그래서 두 여신은 플루토가 프로제르피나를 데려가게 내버려 두고, 프로제르피나는 자신의 불행을 슬프게 한탄한다.

딸을 잃어버린 어머니 체레스 여신은 세상을 돌아다니며 딸을 찾아보지만 결국 허사로 끝난다. 곡식의 여신이자 모든 생물의 수태를 관장하는 체레스 여신은 세상에서 곡식이 결실을 맺지 못하게 하고 자식이 태어나지 않도록 함으로써 사람들의 원성이 높아지게 만든다. 이에 제우스는 플루토에게 프로제르피나를 지상으로 돌려보내라고 명령하지만 이미 프로제르피나가 그곳의 석류를 먹었기 때문에, 하계의 음식을 입에 댄 사람은 그곳을 떠날 수 없다는 법칙에 따라 지상으로 돌아가지 못한다. 이에 제우스가 절충안을 내놓는데, 프로제르피나로 하여금 9개월은 지상에서 어머니와 함께 지내게 하고, 나머지 3개월은 지하에서 풀루토의 왕비로 지내게 하는 것이다—다른 신화 이야기에서는 6개월은 지하에서, 나머지 6개월은 지상에서 어머니 체레스 여신과 함께 지내게 했다고도 한다—. 이와 같은 "프로제르피나의 납치Raube der Proserpina"는 중세에서 18세기에 이르기까지 유럽의 문학과 오페라 그리고 조형 예술의 소재로서

긴 전통을 이어 오고 있었다. 플루토에 의한 프로제르피나의 납치는 사랑하는 여인을 납치해 가는 문학의 전형적인 모티브가 되었으며, 이후의 기사문학—예를 들어 "아마디스 소설"류—에서도 이처럼 납치된 공주와 여왕을 구해 주는 기사들의 모험담이 중심 모티브를 이루게 된다.

괴테의 『프로제르피나』가 나오기 전에도 이미 많은 프로제르피나 시리즈가 나왔는데, 중세 후기부터 현대에 이르기까지 두 가지 프로제르피나 소재가 전통으로 내려오고 있다. 하나는 신화적 소재를 진지하게 다루는 것이고, 다른 하나는 신화를 우스꽝스럽게 만들어 반어적이고 익살스럽게 다루는 것이다. 특이한 점은 프로제르피나라는 인물이 에로틱한 여성의 대명사가 되어 왔다는 사실이다. 그래서 지하 세계의 왕 플루토와 프로제르피나는 르네상스 이래로 "사랑의 고전적 짝das klassische Liebespaar"이 되어 왔다. 괴테도 프로제르피나가 가지고 있던 이러한 전통적인 에로틱한 의미를 알고 있었고, 그래서 자신의 드라마 『신들과 영웅들 그리고 빌란트Götter Helden und Wieland』(1773)에서 프로제르피나를 우습게 그린 바 있다.

b. 내용 및 해설

괴테의 모노드라마에서는 플루토에게 납치당한 프로제르피나가 바위밖에 없는 황량한 지하 세계를 이리저리 돌아다닌 후 지쳐 멈춰 서서 자신의 처지를 깊이 생각해 보는 순간부터 시작된다. 그래서 이 작품은 프랑크푸르트 시절에 쓴 프로메테우스 작품과 1779년에 시작한 『이피게니에』와 관련 있는데, 그리스의 총사령관이었던 아가멤논이 자신의 딸 이피게니에를 희생시키는 소재와 주피터가 하계(지하 세계)의 왕 플루토(하데스)에게 자신의 딸 프로제르피나를 납치해 가는 것에 동의하는 모티브가 유사하기 때문이다. 프로제르피나는 자신이 살던 지상의 세계, 빛과 꽃이 만발하던 세계와 이제 자신이 살아가야 할 황량한 돌과 어둠이 지배하는 지하 세계를 비교하면서, 자신이 지상에서 살 때 즐겁게 놀았던 친구들을 제일 먼저 생각한다. 그리고 친구들과 꽃을 따러갔다가 플루토에게 납치당한 것을 저주한다. 그리고 자신이 플루토의 아내이자 왕비로 지하 세계로 납치당해 왔는데도 하늘과 땅에 사랑을 선사하는 아모르 신을 원망한다. 프로제르피나는 자신을 납치한 플루토를 도저히 사랑할 수 없기 때문에 그리고 자신을 찾고 있지만 어디 있는지 모를 어머니 체레스 여신에 대한 안타까움에 자신이 지하 세계의 왕비가 된 것도 저주한다.

프로제르피나는 지하 세계에서 고통을 겪고 있는 많은 신화적 인물을 떠올린다. 먼저 제우스의 저주를 받은 탄달로스가 하계에서 머리만 내놓고 물속에 잠겨 있으면서 끊임없이 갈증을 느껴도 물을 마시지 못하는 고통스러운 모습, 익시온이 주피터의 아내 유노를 흠모하자 주피터가 구름으로 그녀의 모습을 만들어 주고 그런 구름에 익시온이 사랑에 빠지자 지하 세계에서 영원히 돌아가는 바퀴에 몸이 묶인 채 고통을 당하는 모습, 다나우스의 49명의 딸이 아버지의 말을 따라 아버지와 적대 관계에 있는 에깁투스의 아들들을 모두 죽여서 그 벌로 뚫어진 항아리에 영원히 물을 담아야 하는 모습도 저주한다. 그리고 자기 딸을 이 죽은 자들의 세계로 보낸 아버지 주피터에 대한 원망도 이어진다. 그러나 이상하게도 프로제르피나는 지하 세계에 있는 유일한 석류나무와 그 냄새에 유혹을 받는다. 이때 운명의 여신들이 모습을 드러내지 않은 채 프로제르피나에게 그 석류를 깨물면 영원히 우리의 사람이 된다고 유혹하고, 프로제르피나가 이런 운명의 여신들마저 저주하면서 이 모노드라마는 끝난다.

이 모노드라마에서는 프로제르피나를 강제로 납치해 온 남편 플루토와의 만남이 그려지지 않는다. 프로제르피나가 친구들과 땄던 제비꽃은 처녀성의 상징이고, 석류는 유혹의 상징이다. 그래서 석류를 깨무는 것은 의도적으로 이중의 의미—에로틱한 유혹과 성경의 원죄—를 갖는다. 프로제르피나에게 지하세계의 풍경이 "슬픈 들판Trauergefilde"으로 보이는 것은 한탄 섞인 시적인 은유로, 수시로 바뀌는 감정을 자아내게 해 이 모노드라마를 감상주의의 배경 안으로 몰아넣게 한다.

공연사

괴테는 이 모노드라마에서 대사와 음악을 결합시켜 고독한 여인의 영혼을 표현해 내는 멜로드라마적인 특징을 부각시키려고 했다. 이 모노드라마의 초연은 1778년 1월 28일에 『감상주의의 승리』의 일부로 바이마르 궁정 극장에서 루이제 공작부인의 생일 축하극으로 공연되어 대성공을 거뒀다. 『프로제르피나』는 독립된 작품으로는 1779년 6월 10일에 에터스부르크에서 초연되었다. 음악은 바이마르 궁정의 악장이었던 폰 제켄도르프 남작이 맡았고, 코로나 슈뢰터가 프로제르피나 역을 맡았다. 이 모노드라마와 『감상주의의 승리』 두 작품은 이후 세간의 관심에서 사라졌다가 1815년 2월 2일에 비로소 "종합 예술작품"으로 다시 공연되었다. 첼터의 제자이자 괴테의 가정 악장이었던 카를 에버바인이 이번 공연을 위한 작곡을 맡았다. 작가도 이 작품을 쓴 지 40년 만에 에버바인의 피아노 반주에 맞춰 낭송했다. 이번에는 세 차례 공연되었는데, 아말리에 볼프Amalie Wolff가 프로제르피나 역을 맡았다.

1815년 6월 28일에 괴테는 「프로제르피나」라는 글을 쓰기도 했다. 이 글에는 이 작품의 연출을 위한 상세한 제안이 많이 들어 있다. 그러나 다른 극단들은 이 모노드라마에 큰 관심을 보이지 않았고 이후에도 이 소재를 다룬 작품은 나오지 않았다. 단지 1818년에 괴테의 프로제르피나의 독백에 영향을 받은 빌헬름 폰 쉬츠Wilhem von Schütz의 『어느 봄의 축제Eine Frühlingsfeier』가 출판될 뿐이었다. 오히려 1815년의 개작은 괴테 만년의 작품에 영향을 미쳤다. 특히 『파우스트 2부』 2막에서 여자 예언가 만토Manto가 "페르세포네(프로제르피나의 그리스 이름)에게로 가는 어두운 통로"를 열어 주면서 하데스의 왕비에 대해서 말하는데 완전히 40년 전의 이 모노드라마를 바탕으로 하고 있다.

그분은 올림포스 산기슭 굴속에서
금지되어 있는 인사를 남몰래 듣고 있지요.

7491~2행

여기서는 프로제르피나가 지상의 모든 징후에 집착하는 모습으로 그려지고 있다. 1826년에 쓴 헬레나 장면의 초안을 보면 파우스트가 프로제르피나에게 헬레나를 지하 세계에서 풀어 달라고 부탁하는 것으로 계획했다. 비록 이 장면이 실현되지는 않았으나 "고전적 발푸르기스의 밤"부터 3막에 헬레나가 등장할 때까지의 사건 진행이 이 장면을 대신해 주고 있다.

임우영

GOETHE
LEXIKON
II

혼외의 딸

작품 생성

『혼외의 딸』은 괴테의 "고전적 시기klassische Periode"의 절정을 이루는 동시에 그 시기를 종결짓는 작품이다. 5막으로 된 이 비극에 줄거리와 등장인물을 제공해준 책은 바로 전 해에 프랑스 파리에서 발행된 스테파니-루이즈 드 부르봉-콩티Stéphanie-Louise de Bourbon-Conti(1762-1825)의 두 권으로 된 『스테파니-루이즈 드 부르봉-콩티 회고록, 수기Memoires historiques de Stephanie-Louise de Bourbon-Conti, ecrits par elle-meme』이다. 괴테는 1799년 11월 18일 실러Friedrich Schiller의 집을 방문해 그로부터 이 책을 소개받는다. 괴테는 당장 1권을 빌려와 읽고 이튿날 2권도 마저 빌려와 열독한다. 1권의 내용은 다음과 같다.

이 『회고록』의 저자는 1762년 루이-프랑수아 드 부르봉-콩티 친왕(親王)Prinz Louis-François de Bourbon-Conti(1717-1776)과 프랑스의 명문가 출신인 마자랭 공작비Herzogin Mazarin 사이에서 태어난 혼외의 딸이다. 자신의 실수를 감추고 싶어 했던 그녀의 어머니는 결코 딸을 인정하지 않았고 보려고도 하지 않았다. 그래서 그녀는 태어나면서부터 들로름Delorme 부인의 보호하에 성장한다. 반면 아버지는 그녀를 사랑으로 떠받들어 키웠다. 그녀는 아버지의 친구인 철학자 루소Jean-Jacques Rousseau에게서도 교육을 받는다. 아버지와 그녀의 이복형제인 오빠 마르쉬 백작Graf de la Marche 사이에는 긴장이 가득했다. 하나뿐인 아들의 품성과 행실도 문제였지만, 무엇보다도 1771년 왕과 의회 간의 대결에서 아버지는 절대주의를 반대하는 편에 섰고, 오빠는 절대왕정의 편을 들었기 때문이다. 아들에게 실망한 아버지는 혼외정사로 낳은 딸이 루이 15세로부터 적출로 인정받아 왕가의 일원이 되고, 아들과 법적으로 동등해지도록 일을 추진한다. 그러나 1773년 자신의 명성에 금이 갈까 염려하는 어머니와 오빠의 사주로 그녀는 들로름 부인에 의해 납치되어 수도원에 수용된다. 그녀의 나이 열한 살 때였다. 위조된 사망 진단서로 세상에서 제거된 그녀는 1774년 강제로 어느 변호사와 결혼한다.

이어 2부에서는 법률적 남편과 그녀 사이의 문제들이 조명된다. 그녀는 도주를 감행하지만 실패하고 1786년에야 마침내 이혼한다. 1788년에 파리로 귀향한 그녀는 루이 16세의 궁정에서 부패한 앙시앵 레짐과 천민 공포정치를 직접 체험한다. 루이 16세의 지지를 받아 그 사이 작고한 아버지의 유산에서 자신의 몫을 받으려고 일을 추진하지만, 이복 오빠의 방해와 혁명의 발발로 무너진다. 그녀는 1815년 파리에서 죽는다.

이 『회고록』을 다 읽기도 전에 괴테는 이것을 소재로 하여 그 동안 자신이 프랑스 혁명과 그 결과에 대해 쓰고 생각한 모든 것을 적당히 진지하게 보관해 두는 그릇으로서 희곡을 한 편 쓰려는 계획을 세운다. 그해 연말인 1799년 12월 6일과 7일 사이의 일기에서 그는 『회고록』에 등장하는 "혼외의 딸fille naturelle"이라는 말을 그대로 가져와 새 드라마의 제목으로 기록해 두었다. 이 즈음 괴테는 이 드라마를 3부작으로 계획하여, 『회고록』에서처럼 2부에서는 여주인공이 체류하던 영지를 배경으로 하고, 3부는 극심한 혼란의 장소인 수도 파리를 배경으로 구상한다. 작업은 잠시 중단된다. 1801년 10월 20일에야 다시 드라마 집필에 착수한 괴테는 연말에 1부의 1막을 끝내고, 이듬해인 1802년에 2막과 3막을 완성한다. 이어 1803년 1월에 4막을 끝내고, 3월에 5막을 완성한다. 마침내 1803년 4월 2일에 바이마르Weimar에서 초연되고, 같은 해에 출간된다.

그러나 속편은 발표되지 않았다. 괴테는 원래 계획했던 3부작을 진작 포기했고, 대신 이미 발표한 1부를 무효화하고, 이것을 처음 구상했던 2부와 3부와 합쳐 한 편의 드라마로 만들려는 계획을 세운다. 하지만 이 계획마저 무산된다. 이유는 그가 더 이상 그 엄청난 것을 다시 떠올리고 싶지 않다고 첼터Carl Friedrich Zelter에게 고백했듯이(1831년 9월 4일), 혁명이라는 방대한 사건을 무대에 올리는 현실적인 문제가 그에게는 상당한 부담으로 작용했기 때문일 것이다.

줄거리

1막. 울창한 숲.

여주인공인 오이게니에Eugenie는 공작과 여군주 사이에서 혼외정사로 태어난 딸이다. 그녀의 어머니가 사망하자 아버지는 자신의 조카인 왕에게 그 동안 숨겨왔던 딸을 소개하고 적출로 인정받게 하려고 한다. 이 목적으로 그는 오랜 세월 원한 관계에 있던 왕에게 다시 접근한다. 함께 숲에서의 몰이사냥에 참가했을 때, 평소에도 대담하게 승마를 즐겼던 딸 오이게니에가 벼랑에서 벼랑으로 사슴을 추격하다가 추락해 아버지와 왕 앞에 의식을 잃고 누워 있게 된다. 오이게니에의 의식이 돌아오자 왕은 그녀를 자신의 혈육으로 인정하며, 곧 있을 자신의 생일잔치에서 그녀를 공식적으로 인지認知하겠다고 약속한다. 덧붙여 왕은 그때까지 이 일은 비밀로 해줄 것을 요구한다.

딸과 단둘이 남게 된 공작은 오이게니에게 잔칫날 필요한 예복과 장신구가 담긴 함을 보내주겠다고 약속하고 함의 열쇠를 건네지만, 함은 열어 보지 말라고 명령한다. 공작은 그녀에게 아무도 믿지 말 것을 충고하면서, 특히 이복오빠에 대해 주의를 준다. 공작은 추락 후 실신해 죽은 듯 쓰러져 있던 딸의 모습이 자꾸 떠올라 여전히 불안해하고, 오이게니에도 앞날을 예견한 듯 낯설고 거친 세상에 아버지 없이 지내게 될까봐 두려워한다. 부녀는 감정에 복받쳐하며 어렵게 헤어진다.

2막. 오이게니에의 방, 고딕 양식.

오이게니에의 가정 교사는 그녀가 태어났을 때부터 엄마처럼 그녀를 키워온 여성이다. 이 가정 교사는 공작의 비서를 사랑한다. 그런데 그는 공작 아들인 오이게니에의 이복 오빠의 하수인이다. 그는 그녀에게 겨울에는 도시에서 봄에는 시골에서 넓고 멋진 집에서 행복하게 살자고 유혹적인 제안을 한다. 그러나 그 전에 오이게니에를 멀리 해외의 외딴섬으로 몰래 데려다 놓고 돌아올 것을 요구한다. 경악하는 그녀에게 만약 협조하지 않는다면 오이게니에를 죽일 거라고 위협한다.

가정 교사는 행운 앞에서 위험과 죽음, 추방이 기다리고 있음을 오이게니에가 예감할 수 있도록 경고해주려고 애쓴다. 그러나 기쁨에 취해 있는 오이게니에는 불길한 말일랑 하지 말고 나가 달라고 요구한다. 혼자 남은 오이게니에는 왕의 생일잔치에서 낭송할 헌정시를 쓴다. 이윽고 가정 교사는 공작이 보낸 함들과 함께 다시 들어온다. 열어 보는 것이 금지된 함이지만 이미 가정 교사가 비밀을 알고 있기에 괜찮다고 판단한 오이게니에는 제지하는 그녀를 무시하고 함들을 열어 본다. 잔칫날 입을 화려한 옷을 입어보고 장신구를 달아보고 휘장을 둘러보며 행복해하는 오이게니에와는 달리 가정 교사는 그것들을 보며 귀신이라도 보는 듯 섬뜩해한다.

3막. 공작의 접견실. 화려하고 현대적이다.

공작의 비서와 그에게 매수당한 세속 성직자는 오이게니에가 말에서 떨어져 죽었고, 세속 성직자가 그녀를 매장한 것으로 사전에 공모한다. 그 사이 가정 교사는 오이게니에를 납치한다. 공작은 딸을 잃은 고통으로 괴로워하며 오이게니에가 지난번 말을 타고 무모하게 벼랑길을 질주하다 추락했을 때 따끔하게 경고하지 못했던 자신을 책망한다. 절망에 빠진 그는 가정 교사에게 오이게니에를 지키지 못한 책임을 돌려보기도 한다. 그러자 비서는 가정 교사가 공작과 얼굴을 마주치는 것이 두려워 외국으로 도망쳤다고 전한다. 이내 공작은 자신의 잘못임을 재차 인정한다. 능숙하게 말을 타는 딸아이는 자신의 자랑이었고, 어떤 위험이든 피해갈 수 있겠다고 생각되어 그 애의 위험을 무릅쓴 연습을 지켜보고만 있었는데 그것이 결국 죽음을 가져왔다고 후회한다.

이어 사건의 진상을 밝힐 것을 요구하는 공작에게 비서는 세속 성직자가 죽은 오이게니에를 매장해주었다고 거짓말을 한다. 문 밖에서 기다리고 있던 세속 성직자가 등장하고, 공작은 그에게 사랑하는 딸아이를 한 번 더 보게 해달라고 애원한다. 그러나 그는 덤불과 바위에 쓸리고 찢기고 깨지고 부서져 형체를 알아볼 수 없이 피투성이가 된 딸아이의 모습을 보아서는 안 된다고 만류한다. 세속 성직자는 조국의 안녕을 위한 일에 공작 개인의 고통과 슬픔을 바칠 것을 그에게 조언한다.

4막. 항구 옆 광장.

육지 끝자락의 항구에서 오이게니에를 태울 배가 출항을 준비하고 있다. 가정 교사는 법관에게 오이게니에의 추방 명령이 담긴 왕의 친서를 보여준다. 그는 그것을 보고 소름 끼쳐 한다. 가정 교사는 오이게니에가 왕족임을 알려 주고, 가면 죽을 게 뻔한 섬으로 그녀를 데려가는 임무를 맡았다고 솔직하게 털어놓는다. 그녀는 오이게니에가 시민 계급의 평범한 남성과 결혼을 하는 것만이 문제를 해결하는 방법이라고 말하고는 법관 자신이나 그 주변의 남자들 가운데 가장 오이게니에를 가질 만한 가치가 있는 사람에게 그녀를 주겠다고 제안한다.

오이게니에가 법관 곁으로 와서 단둘이 대화를 나눈다. 그녀는 금지된 것을 열어 본 것이 그렇게 큰 죄이며 그 대가가 이렇게 혹독한지 한탄한다. 법관은 오이게니에에게 그녀가 가게 될 섬이 얼마나 위험한 곳인지를 설명해준다. 오이게니에 또한 온갖 짐승과 곤충이 우글거리고 생명을 단축시키는 그곳에 대해 어려서부터 들어 잘 알고 있다. 그녀는 구원을 요청한다. 그러나 그 해결책을 알고 있는 법관은 자신이 대담하게 나가면 얼마나 무례하고 뻔뻔하게 보일까를 고민하며 그 자리를 피해 달아나려고 한다. 오이게니에는 그를 가지 못하게 붙들며, 그에게 살려만 달라는 간청한다. 이에 법관은 과거의 오이게니에는 이제 존재하지 않는다는 것을 일깨우면서, 문제를 해결할 수 있는 방법은 결혼

뿐이라고 말한다. 아직 결혼에 대해 생각해보지 않았던 그녀는 왕족인 자신에게 맞는 상대가 있을까 의심하며 자신을 구원해 줄 용감한 남자가 어디 있겠느냐고 묻는다. 법관은 그녀의 구원자를 자처하며 그녀에게 구혼한다. 그는 자신이 그녀에게 줄 수 있는 것은 오직 시민의 안정적인 지위뿐이라며, 그녀가 그의 아내가 된다면 든든한 남편이 지켜주는 가정의 울타리 안에서 보살핌과 보호를 받으며 행복하고 평화롭게 살 수 있다고 말한다. 오이게니에는 그가 자신을 도와 줄 마지막 사람이라는 것을 알지만 시민 계급과 혼인의 뜻은 없다. 승선을 앞두고 작별 인사를 하면서 법관은 가정 교사에게 오이게니에게 청혼했음을 밝힌다. 오이게니에가 배에 타려고 하지 않자 가정 교사는 추방을 면할 수 있는 방법은 혼인뿐이라고 재촉한다.

5막. 항구의 광장.

가정 교사는 법관의 청혼에 응하지 않는 오이게니에에게 당장 배에 올라타라며 과격하게 나오고, 오이게니에는 이게 모두 오빠의 음모 때문이며 그녀도 공모자라고 말한다. 가정 교사는 얼토당토않은 헛소리라고 일축한다.

가정 교사에게 실망한 오이게니에는 항구에 있는 낯선 사람들에게 자신의 신분을 알리고 도움을 받으려고 한다. 먼저 그녀는 자기 주변을 오가는 군중에게 도움을 청해본다. 그러나 사람들은 놀라서 그녀를 바라볼 뿐 말없이 가버린다. 이윽고 집무실로부터 병사들을 대동하고 나오는 총독에게 구원을 요청한다. 그는 친절하게 응대하며 다음 날 두 여인을 집으로까지 초대했지만, 가정 교사가 보여준 친서를 보며 무탈한 항해와 운명에의 복종을 기원하며 자리를 뜬다. 이어 오이게니에는 수녀들을 대동하고 광장으로 내려오고 있는 수녀원장에게 자신의 전 재산을 바칠 테니 곤경에 처한 자신을 수녀원에 있게 해 달라고 간청한다. 그러나 가정 교사가 친서를 내보이는 순간 수녀원장은 더 높은 손에 머리를 조아린다면서 도움을 거부한다.

오이게니에는 자신을 도와 주려는 선량한 사람들을 쫓아 버리는 그 친서를 직접 보고자 한다. 그녀는 친서를 펼쳐 자신의 추방 명령에 친필로 서명한 왕의 사인私印을 본다. 절망에 빠진 그녀는 바다 속으로 사라질 듯 자살을 시도하다가 멈춘다. 추방을 당해 유형지에서 서서히 죽어갈 것인지 아니면 조국 땅에서 신분에 맞지 않는 결혼으로 목숨을 보존할 것인지를 놓고 다시 갈등한다. 마지막으로 그녀는 길 가던 수사를 붙잡고 자기 앞에 놓인 두 개의 길 중 어느 길을 택해야 할지 묻는다. 수사는 부패한 사회의 전복 가능성에 대해 암시하고, 진심에서 우러나오지 않은 결혼은 축복할 수 없다며 바다 건너 세상의 슬픔에 빠져 있는 사람들을 이끌고 혼탁한 세상을 환하게 밝혀주라고 대답한다.

그러나 오이게니에는 몰락의 위기에 직면해있는 조국을 두고 떠날 수 없다. 조국에 남아서 자신을 해친 나쁜 무리에게 복수하고 공작과 왕의 오해를 풀 수 있는 기회도 준비해야 한다. 오이게니에는 청량제가 담긴 선물 상자를 갖고 나타난 법관에게 오누이 같은 부부 관계를 제안한다. 법관은 오이게니에를 보는 것조차 단념해야 하면서도 그녀와 함께 혼인 제단을 향한다.

작품 설명

제목 『혼외의 딸』이 말해 주듯이 이 드라마는 최고의 귀족 태생이지만 서출인 여주인공의 운명을 그리고 있는 비극임을 살펴보았다. 혼외의 딸인 그녀의 이름 오이게니에Eugenie는 '고귀한 태생의edelgeboren'라는 뜻의 그리스어 형용사

(εὐγενής)에서 파생된 이름이다. 그리스어에서 εὐ라는 말은 '좋은' 및 '아름다운'이란 뜻으로 그녀의 이름 속에는 우월하다는 뜻이 함축되어 있다. 작품 속에 소개되는 그녀는 아름다운 외모를 지녔을 뿐만 아니라, 켄타우로스 같은 힘을 지녔고 여러 가지 기사 덕목을 훈련받았으며 무엇보다도 말타기에 능하다. 그래서 공작은 아마존의 딸같이 생긴 아이라고 왕에게 기억을 일깨운다. 그녀는 신체적으로 우월할 뿐만 아니라 양질의 교육을 받아 훌륭한 교양과 높은 기상도 갖추었다. 반면 아이 같은 순진함과 고운 심성을 지니기도 한 그녀는 아버지와 왕, 조국에 대한 충효가 대단하다. 그러므로 그녀는 혈통의 귀족일 뿐만 아니라 정신적으로도 귀족이다.

오이게니에는 1막 4장에서 처음 등장하는데 높은 절벽에서 추락하여 의식을 잃은 모습이다. 다행히 다친 곳 없이 의식을 회복하지만, 이 첫 등장 장면은 미래의 어떤 불길한 비극을 암시하는 것 같다. 낭떠러지 위를 한동안 대담하게 질주하다 말과 함께 추락했다고 그녀의 추락 장면을 직접 목격한 백작의 사건 보고와 기사 훈련 좀 적당히 하라는 아버지의 당부에서 알 수 있듯이 그녀는 절제를 모른다. 이런 그녀는 공작의 만년의 기쁨이자 자랑거리일 뿐만 아니라 두려움과 걱정거리이기도 하다. 나중에야 그녀는 저돌적이고 모험적인 자신의 행동이 주제넘은 건방진 짓이었음을 깨닫는다. 그녀는 오만Hybris이라는 고전적인 병에 걸렸던 것이다. 그녀의 오만은 불손을 낳았다. 왕은 자신의 생일을 축하하는 궁중 잔치에서 그녀를 세상에 소개할 계획을 세우며 그때까지는 비밀을 지켜 달라고 요구한다. 아버지로부터도 함을 열어 보지 말라는 명령을 받는다. 공작의 말처럼 그것은 어렵지 않은 가벼운 시험이었다. 오이게니에는 맹세까지 했지만, 호기심에 방심하여 비밀을 엄수하지도 못하고 시험에도 합격하지 못한다. 나중에 그녀는 스스로 자기 무덤을 팠다는 사실을 인정한다.

그러나 그 사소한 위반이 그처럼 가혹한 벌을 받아야만 할 행동이었냐는 그녀의 질문처럼 드라마는 그녀의 죄를 탓하기보다는 부당한 운명에 의심을 돌린다. 자신이 독자인 줄만 알았는데 자기 몫을 나누어야 할 여동생이 나타나자 시기 질투에 사로잡힌 그녀의 이복 오빠는 천성이 포악하고 방종한 인물이어서 공작의 골칫거리이다. 뿐만 아니라 정치적으로도 반대편에 있어서 아버지와 적대하고 있다. 공작의 비서가 그의 하수인이고, 오이게니에의 가정 교사는 그의 애인이다. 그녀는 야비하고 나쁜 남자이지만 매력이 넘치는 그에게서 헤어나오지 못한다. 그래서 그는 아버지의 계획을 미리 알고 손을 쓸 수 있었고, 오이게니에 자신의 말처럼 그녀를 "폭력과 간계"를 써서 아버지의 품으로부터 쫓아 버릴 수 있었다. 오이게니에의 순진무구한 삶의 기쁨으로 가득한 영역과는 달리, 결혼과 가정에서 행복과 만족을 찾는 법관으로 대변되는 시민 계급의 세계와는 달리, 왕과 공작과 이복 오빠가 몸담고 있는 정치의 영역은 복면 쓴 불화가 지배하는 전혀 다른 세계이다. 시민 계급이라는 중간 위치에서 보면 어떤 조언이나 판결도 없이 사람을 살리고 죽이는 정치의 세계는 수수께끼 같은 곳이다. 공작이 보기에도 그곳은 불신을 공기처럼 마시고 시기 질투로 피가 끓어오르는 근심과 위험의 세계이다. 순진한 오이게니에는 접근도 하기 전에 희생되고 마는 무서운 영역인 것이다.

바야흐로 그 무시무시하고 비밀스러운 곳이 무너지려고 한다. 왕은 높은 것이 가라앉고, 낮은 것이 높이 솟아오르는 시대, 평준화의 시대가 오고 있음을 한탄한다. 그는 그 원인이 배 안에 구멍이 뚫려 배가 난파되듯 내부의 분열에 있음을 알고 있다. 독재를 고집하는 왕과 왕에 반기를 든 귀족들 간의 불화가 그들과 백성들 간의 대립과 갈등에 앞서 국가 전체를 몰락하게 만드는 첫 번째 원인으로 암시된다. 혁명의 원인이 제대로 일을 수행하지 못하는 정부에 있다고 본 괴테의 평소 지론이 이 지점에서 드러난다. 상황은 이미 저 아래 백성들이 거칠게 들끓는 지경에 이르렀고, 수사는 견고하고 호화로운 형상들이 부서져내려 파편더미를 이루는 지진의 이미지를 본다. 전반적인 해체와 총체적인 파국에 대한 예견이다.

이 위험한 상황에서 오이게니에는 조국에 남는 길을 선택한다. 바다 건너의 세상이 위험하다 해도 그곳은 그녀에게 세상을 이끄는 존재로서의 새로운 가능성이 열려 있는 곳이다. 그러나 그녀가 신분에 안 맞는 결혼이라는 굴욕적인 조건을 감수하면서까지 조국에 남는 것은 자기 목숨 때문만은 아니었다. 그녀는 자신에게 목숨 다음으로 소중한 조국, 혁명 전야의 혼란스럽고 불안한 조국을 버리고 도망갈 수 없었기 때문이다. 그래서 파국 직전의 조국에 남아 언젠가 자신이 소용될 때를 기다리겠다고 비장한 결심을 한다. 이는 그녀의 고결한 정신과 영웅적인 희생에 대한 증거이다. 괴테는 이 작품에서 오이게니에의 어린아이 같은 천진난만함, 부드러운 여성성, 영웅주의에 이르기까지 여주인공의 모습을 여러 모티프들을 통해 그려내고자 했다고 밝힌 바 있다. 여기서 작가가 보여주려고 했던 그녀의 영웅적인 면모는 말을 타고 달릴 때의 그녀의 켄타우로스 같은 모습과 아마존의 딸 같은 여전사의 이미지에서도 볼 수 있지만, 자신이 간절히 소망하는 모든 꿈들과 큰 세상을 포기하고 세상으로부터 물러나 앉아야만 한다는 사실을 알면서도 조국을 위해 그 비극적인 운명을 감수하려는 그녀의 체념적이고 희생적인 태도에서도 드러난다.

괴테가 원래 계획했던 3부작의 구상대로라면, 2부에서 오이게니에는 법률적 남편인 법관이 제공하는 외딴 영지의 낡고 반쯤 스러져가는 집에서 은둔 생활을 보내고, 3부에서는 파리로 돌아가서 왕을 만나 자신의 법률적 정체성과 권리를 찾기 위해 분투할 것이다. 그러는 중에 그녀는 혁명의 소용돌이 속에서 꿈을 이루지 못하고 비극적인 최후를 맞을 것이다. 아쉽게도 미완으로 끝나는 바람에 비극으로서 이 작품이 갖는 완성도는 높지 못하다. 그러나 오이게니에가 비극적인 가정사와 정치사의 희생양인 것만은 분명하다. 다른 한편 오이게니에의 비극적인 실존은 변혁의 시대에 화려한 옛 궁정 세계를 추구하고 지키려는 그녀의 시대착오성에서도 비롯된다. 그 밖에 이 드라마의 단편斷篇적인 성격은 정치적인 내용과 프랑스 혁명에 대한 괴테의 입장 등 많은 것을 열린 채로 남겨 두고 있어 다양한 해석과 추측을 가능하게 한다.

이 작품 이전에도 이미 혁명을 배경으로 해서 몇 편의 작품을 쓴 바 있는 괴테는 "모든 사건들 가운데 가장 끔찍한 사건"인 혁명에 대해 오랜 세월 천착했다. 그리고 상술한 것처럼 그는 그동안 자신이 프랑스 혁명과 그 결과에 대해 쓰고 생각한 모든 것을 보관해 두는 그릇으로서 이 작품이 쓰이길 바랐다. 그러나 다음의 작품 수용에서도 알 수 있듯이 유감스럽게도 『혼외의 딸』은 그가 바라던 그릇은 되지 못했다. 그럼에도 불구하고 이 드라마는 혁명을 다룬 그의 단편과 드라마들 중에서는 비중 있는 작품으로 꼽힌다.

수용 및 공연

1803년 바이마르 극장에서 최초로 상연되고 같은 해에 최초로 간행된 『혼외의 딸』에 대해 갈채를 보낸 사람들도 있지만, 대부분의 동시대인들은 유보적인 반응을 보였다. 1803년 8월 18일 실러는 훔볼트Wilhelm von Humboldt에게 보낸 편지에서 드라마가 "말이 너무 많고 행동은 너무 없다"며 무대 공연용으로는 부족함을 아쉬워했다. 4월 12일 헤르더Caroline Herder는 실러와 비교해 괴테의 "고전적인 단순함"을 높이 산다고 장 파울Jean Paul에게 말했고, 장 파울도 괴테 드라마의 "진짜 그리스적이고 문학적인 도덕성"을 언급하며 그녀의 견해에 동조했다(11월 22일). 헤르더는 "괴테의 은연필은 오늘날의 관객에겐 너무 부드럽다. 은연필이 긋는 선은 너무 가늘고 너무 알아보기 힘들고 너무 에테르 같다"고 평하면서, 『혼외의 딸』이 너무 수준 높은 작품이어서 오히려 대중의 수용에는 한계가 있다는 점을 지적했다. 피히테Johann Gottlieb Fichte 또한 "통일성"과 "무한성", "깊이와 동시에 단순성"을 갖추고 있는 "대가의 최고의 걸작"이라고 격찬하며, 현존하는 어떤 극단도 "이 드라마에 내재하는 정신"을 연기할 수는 없을 것이라고 했다.

반면 코체브August von Kotzebue는 혁명에 대한 서술이 빠진 이 드라마가 너무 보잘것없어 보인다고 부정적인 반응을 보였고, "납같이 무거운 날개를 달고 장시간 공중에 떠서 전체를 살펴봐야 하는" 지루함에 불만을 쏟았다(7월 22일). 뵈티거Karl August Böttiger는 과장된 실러의 드라마와 비교하면서 이 드라마의 "수정같이 맑고 깨끗한 언어"와 "순결한 형상들"을 칭찬하고, 성애 없이 부드러운 여성성으로 가득한 주인공 처녀의 모습 등에서 고대 그리스적인 특징을 인정했다. 그러나 그는 주인공을 제외하고는 등장인물들의 이름이 없이 추상명사를 사용한 점을 지적하고, 줄거리와 디테일에 있어 개연성이 없다고 비난했다.

작품의 내용적인 면에서 쾨르너Christian Gottfried Körner는 작품 소재가 "답답하고 불쾌"해서 견디기 어렵다고 거부하면서, 많은 사람들이 이 작품을 불호하며, 더 많은 사람들이 이해하지 못하고, 소수의 사람들만이 감탄한다"고 실러에게 털어놓았다(10월 24일). 소재와 연관해 혁명을 배경으로 한다는 점에서 괴테의 이 드라마는 바로 몇 해 전(1797년)에 출간된 그의 서사시 『헤르만과 도로테아Hermann und Dorothea』와 함께 거론되기도 한다.

동시대의 저널들 또한 다양한 반응을 보였다. 〈라이프치히의 신 문학지Neue Leipziger Literaturzeitung〉에서 후버Ludwig Ferdinand Huber는 이 드라마를 "대리석처럼 매끈하고 대리석처럼 차갑다"고 평했고, 반면 델부뤽Johann Friedrich Ferdinand Delbrück은 〈예나 문학지Jenaische Allgemeine Literatur-Zeitung〉에서 매우 긍정적인 견해를 피력했다.

문학학적인 해석들에서는 정치적인 면이나 미학적인 형태에 강조를 두었다. 전자의 경우에는 괴테의 혁명관이 중요했고(게르하르트Gerhard, 묑케마이어Moenkemeyer, 슈탐멘Stammen 등), 반면 미학적인 형태에 관심을 둔 해석에서는 드라마가 "대리석처럼 차갑다"는 견해에 반대하며, 상징에 특별히 주목한다(뵈크만Böckmann, 슈탐멘Stammen).

이 작품이 바이마르에서 초연되기 보름 전인 1803년 3월 19일에 실러의 비극 『메시나의 신부』가 초연되었고, 출판도 거의 동시에 되었다. 그래서 괴테 자신뿐만 아니라 많은 동시대인들에게 두 작품은 비교 대상이었다. 그러나 둘은 혼외의 딸들인 젊은 처녀들의 비밀스러운 성장 과정이라는 점 이외에는 내용적인 면에서는 별로 관계가 없다. 그 보다는 오히려 많은 모티프들의 일치에서 공통점을 찾을 수 있다. 일례로 오이게니에의 '추락'에서처럼 징후와 예언의 모티프를 『메시나의 신부』에서도 찾아볼 수 있다. 문체적인 측면에서 보자면 두 드라마 모두 명구名句가 많고, 괴테의 드라마의 경우엔 과장된 실러의 작품과 달리 상징과 암시가 많다.

『혼외의 딸』의 무대 수용에 관해서는 거의 언급할 것이 없다. 바이마르에서의 상연 이후에 이 드라마는 1803년에도 이플란트Iffland에 의해 베를린의 무대에 오르긴 했지만, 19세기에 극장 무대에서는 1876년과 1893년에 바이마르에서, 1891년에 쾰른Köln에서 공연되었을 뿐이다. 20세기에 와서도 무대 공연은 손에 꼽을 정도이다. 2차 세계대전 이후에 서독에서 1948과 1960년 사이에 단 6차례 공연되었고, 그러고 나서 1992년에야 비로소 다시 본Bonn에서 공연되었다.

한상희

Chapter Ⅴ
시 / 서사시 / 담시

GOETHE
LEXIKON
II

식물의 변형

그대를 어지럽게 하지, 사랑하는 이여, 정원 너머 사방에
이 꽃무리 수천 겹으로 뒤섞임이.
많은 이름에 그대 귀 기울이지만, 귓속에선 언제나
한 이름이, 학명이 야만적 울림으로 다른 이름을 억눌러 버린다.
모든 모습이 비슷하건만 그 어느 것도 다른 것과 같지는 않다.
그렇게 그 합창은 비밀스러운 법칙을,
신성한 수수께끼를 암시한다. 오, 내가 그대에게, 친구여
딱 맞는 답을 금방 줄 수 있으면 얼마나 좋으랴!
그 이뤄지고 있는 모습 이제 관찰하라, 어떻게 식물이 차츰차츰
단계적으로 이끌어져, 꽃이 피고 열매 맺는지.
씨앗에서 나와 발전한다, 대지의 수태시키는 고요한 자궁이
씨를 아리땁게 삶 속으로 내놓아 주자마자
빛의, 영원히 유동하는 성스러운 빛의 자극에

싹트는 이파리들의 가장 여린 구조를 내맡기자마자.
씨앗 속에는 힘이 잠자고 있었던 것, 시작하는 본보기 하나가
꽉 닫겨서, 껍질 밑에 휘어져 들어 있었다.
이파리와 뿌리와 싹은, 절반의 모습만 갖춘 채 색깔 없이,
씨앗은 그렇게 건조하게, 고요한 생명을 간직하고 있다.
위로 위로 치닫으며 솟구친다, 온화한 습기에다 몸을 맡기며
그러다 에워싼 어둠에서 곧바로 벗어나 몸을 일으킨다.
하지만 그 첫 현상의 모습은 매양 단순하다.
그렇게 식물 가운데서도 어린이 표시가 난다.
그 뒤를 따르는 어린 싹 하나. 몸 일으키며, 모습 새로워져,
마디에 마디가 늘어나지만, 여전히 첫 모습이기에,
늘 똑같은 건 아니어도, 다양하게 생성되기에,
모습이 만들어져, 보이지, 늘 따라오는 잎은,
좀 더 늘어나고, 파이고, 갈라지지, 뾰족한 끝과 나뉜 부분들로.
전에는 아래쪽 조직 속에 뒤엉켜 있던 것들인데,
그리하여 그렇게 처음으로 아주 뚜렷한 완성에 이른다.
어떤 종(種)에서는 그대를 놀라움으로 뒤흔드는 완성에.
많이 골 지고 삐죽삐죽하게, 도톰하게 팽팽한 평면 위에서
어린 싹의 충만함은 자유롭고 무한해 보인다.
하지만 여기서 자연이, 힘찬 두 손으로, 형성을
억제시키며 부드럽게 한층 더 높은 완성으로 이끌어 간다.
보다 절도 있게 수액을 유도해, 맥관(脈管)들을 팽팽히 채워 준다.

그러면 형태는 즉시 보다 사랑스러운 작용을 드러내 보인다.
뻗어 나가는 가장자리의 어린 싹은 가만히 뒤로 물러나고
꽃줄기의 뼈대는 보다 완벽하게 모습 이뤄진다.
하지만 이파리 없는 한결 연한 잎자루는 빠르게 몸을 일으키고
그러면 놀라운 형상 하나가 바라보는 사람의 마음을 끈다.
사방에서 원을 이루며 이제 세워진다, 헤아려져 있기도 하고
무수하기도 한 좀 더 작은 잎들이 비슷한 것과 나란히 돋는다.
축을 에워싸고 밀집되어, 감싸 주는 꽃받침이 갈라지고,
거기서 색색깔 꽃부리가 나와 최고의 형태가 된다.
그러니까 드높은, 충만한 현상 속에서 자연이 과시되는 것,
차례차례, 마디마디 단계 지어, 보여 주는 것.
그대는 늘 새롭게 놀란다, 잎자루에서 꽃 솟아
나날이 달라지는 잎들의 날씬한 얼개에서 솟은 채 흔들릴 때마다.
한데 이 찬연함은 바로 새로운 창조의 예고,
그렇다, 색색깔 잎들은 신의 손길이 닿았음을 느끼는 것.
하여 얼른 오므려진다, 오므려졌다가는 이 가장 사랑스런 형태들,
갑절의 힘으로 펼쳐지려 한다, 서로 결합하도록 정해졌기에.
이제 다정하게 서 있다, 아름다운 쌍쌍, 함께
성스러운 제단을 에워싸고 무수히 가지런히 서 있다.
히멘이 둥둥 떠 다가온다, 그러면서 찬란한 향기, 강렬하게
감미로운 냄새 쏟아 낸다, 모든 것에 생명 불어넣으며 이리저리.
금방 하나씩 무수한 싹이 부풀어 오른다.

부풀어 오른 열매들의 자궁 안에 아름답게 감싸여.
여기서 자연은 영원한 힘의 고리를 마무리하지만
새로운 고리는 즉시 앞서 있는 고리를 감싸 안는다,
사슬이 계속 모든 시대를 지나며 늘어나도록
전체가, 또 하나하나가 모두 살아 있도록.
자아, 아 사랑이여, 눈길을 어지러운 색색깔 무더기로 돌려라,
이 꽃무더기 더는 정신 앞에서 어지러이 흔들리지 않으니.
모든 식물이 그대에게 이제 영원한 법칙을 알려 준다.
꽃 한 송이마다 점점 크게 더 크게 그대와 이야기 나눈다.
그대는 여기서 여신의 성스러운 문자들을 해독한다.
그러면 사방에서 문자들이 보인다, 그 획, 열(列)이 바뀌어도.
꿈틀꿈틀 애벌레는 기어가고, 바삐 나비는 서둘러라,
유연하게 제 모습 빚어 가며 인간도 고정된 모습을 스스로 바꾸기를.
오 또한 생각하라, 친분이라는 씨앗으로부터
우리 가운데서도 차츰차츰 아름다운 습관이 싹텄던 것도
우정이 우리 내면으로부터 힘 있게 모습 드러내며 나왔고
아모르가 마침내 활짝 핀 꽃과 열매를 낳아 줬던 것도.
생각하라, 금방 이런 모습, 또 금방 저런 모습을 얼마나 다양하게
조용히, 활짝 펼치며 자연이 우리들의 감정에 빌려 줬던가도!
또한 오늘 하루를 기뻐하라! 성스러운 사랑은
같은 생각이라는, 사물들에 대한 같은 견해라는
최고의 열매를 지향한다. 조화로운 관조 가운데서

한 쌍이 결합되도록, 보다 높은 세계를 찾아내도록.

생성사

바이마르에서 보낸 첫 번째 시기(1775–1786)에 괴테는 광물학, 지질학, 골학 등 다른 자연 연구들과 함께 식물학에도 몰두했는데, 이는 이탈리아 여행 중 더욱 심화되었다. 이탈리아에서 돌아온 지 2년 후인 1790년에 괴테는 그의 식물 연구의 주저인 「식물의 변형을 설명하려는 시도Der Versuch, die Metamorphose der Pflanzen zu erklären」를 썼다. 「식물의 변형Die Metamorphose der Pflanzen」은 그로부터 8년 후 쓰였다. 이 시는 1798년에 먼저 실러의 「1799년 무젠 알마나흐Musen-Almanach für das Jahr 1799」에서 약간 변형된 『새 저작들Neue Schriften』(1800)에 실렸다. 1817년에 괴테는 이 시에 주석을 달아 『형태론에 대해Zur Morphologie』 노트들에 넣었으며, 1827년에는 "신과 세계Gott und die Welt"라는 제목이 붙은 일련의 시들 중 하나로 출판되게 했다.

「식물의 변형」의 집필에 영향을 미친 요소는 여러 가지이다. 괴테는 카를 루트비히 폰 크네벨Karl Ludwig von Knebel이 번역한 루크레티우스의 교훈 서사시 『사물의 본성에 관하여De rerum natura』를 읽고 자극을 받아 1798에서 1799년 사이에 동시대의 자연학 전체를 포괄하는 현대적인 교훈시를 창작하려는 계획을 세웠다. 교훈시라는 장르를 혁신하려는 이 시도는 실러의 공감과 찬동을 얻었으나 결국 실행되지 못했고, 이로부터 「식물의 변형」과 1799년경에 쓰이고 1827년에 출간된 헥사미터(6각운) 시 「동물의 변형Die Metamorphose der Tiere」만이 남았다. 「식물의 변형」은 루크레티우스의 영향을 받았지만 그의 시처럼 헥사미터만으로 쓰이지 않고 펜타미터(5각운)와 헥사미터가 번갈아 나타나는 디스티혼

Distichon들로 이뤄져 있는데, 이 점에서 「식물의 변형」은 형식상으로 「로마의 비가Die römische Elegien」에 이어진다.

또한 괴테는 1798년 1월 26일에서 27일 사이에 실러에게, 에라스무스 다윈Erasmus Darwin의 교훈 시 「식물원The botanic garden」을 읽었는데 이 시가 현학적이고 문학적으로 서투르다며 비판적으로 언급한다. 그는 이 소재가 문학에 어울리지 않거나 부적합하다고는 생각하지 않으며, 이 시가 실패한 이유는 전적으로 저자의 탓이라고 했다. 그러면서 "자연을 그 풍요로운 다양성과 운동성 그리고 환상과의 상호 작용 속에서 가깝게 하려고 시도하면 생생한 관심을 불러일으킬 수 있을 것이다"라고 썼다.

구성, 내용 및 해설

괴테의 고전주의 시기를 대표하는 핵심적인 작품인 「식물의 변형」은 괴테가 식물적인 개체들의 발전과 형성에 대한 연구를 통해 얻은 형태론적인 지식을 압축한 글로, 식물의 형성 원리가 이 시에서는 자연의 다른 영역과 더 나아가 인간적인 사랑의 관계의 형성에 전이된다.

시는 크게 세 부분으로 나눌 수 있다. 시는 사랑하는 여성에게 말을 거는 것으로 시작한다(1~8행).

> 그대를 어지럽게 하지, 사랑하는 이여, 정원 너머 사방에
> 이 꽃무리 수천 겹으로 뒤섞임이.
> 많은 이름에 그대 귀 기울이지만, 귓속에선 언제나
> 한 이름이, 학명이 야만적 울림으로 다른 이름을 억눌러 버린다.

모든 모습이 비슷하건만 그 어느 것도 다른 것과 같지는 않다.
그렇게 그 합창은 비밀스러운 법칙을,
신성한 수수께끼를 암시한다. 오, 내가 그대에게, 친구여
딱 맞는 답을 금방 줄 수 있으면 얼마나 좋으랴!

이 도입부에서는 시에서 다룰 문제가 드러난다. 시적 자아의 연인은 정원에 다양한 꽃이 만발한 가운데 서로 비슷하면서도 같지 않은 이 꽃들로 인해 혼란에 빠져 있다. 다양성 속의 통일성이 문제의 핵심이며, 식물의 변형에 대한 시적 자아의 설명이 이 문제에 대한 답을 준다. 질문과 대답의 구조로 되어 있는 이 대화를 통해 시적 자아는 사랑하는 이를 식물 세계로 인도한다. 이 시를 괴테는 자신의 연인이고 동거인이자 나중에 아내가 되는 크리스티아네 불피우스에게 바쳤다. 선생이자 연인인 시적 자아는 자신의 애인에게 다양성 속에서 혼란스러워 보이는 자연의 "비밀스러운 법칙"을 설명해 주겠다고 한다. 그러나 이 법칙은 "신성한 비밀"이기 때문에 한순간에 갑자기 파악할 수 없으며, 단계적으로만 발견하고 체험할 수 있다.

그래서 시의 두 번째 부분(9~62행)에서 시적 자아는 자신의 연인을 형태론적인 관찰 방식으로 이끈다.

그 이뤄지고 있는 모습 이제 관찰하라, 어떻게 식물이 차츰차츰
단계적으로 이끌어져, 꽃이 피고 열매 맺는지.

9~10행

시는 식물의 유기적 성장 단계들을 보여 준다. 이는 "씨앗(11행)"과 "싹(17행)"에서 "마디(24행)"와 "잎자루(39행)"를 지나 "꽃(47행)"과 다시 새로운 "싹들(57행)"이 생겨난 "열매(58행)"에까지 이른다. 씨앗 속에 숨어 잠들어 있는 "시작하는 본보기 하나ein beginnendes Vorbild(15행)"가 처음으로 잎의 "아주 뚜렷한 완성(29행)"으로 발전하고, 자연으로부터 "한층 더 높은 완성으로(34행)" 이끌려 꽃을 피운다. 싹트는 씨앗들 속에서 펼쳐지기 시작하는 힘은 발전의 두 번째 단계에서 생식 기관의 형성으로 이끌리고, 이렇게 맺힌 열매들 속에서는 다시 싹이 수없이 부풀어 오른다.

> 여기서 자연은 영원한 힘의 고리를 마무리하지만
> 새로운 고리는 즉시 앞서 있는 고리를 감싸 안는다,
> 사슬이 계속 모든 시대를 지나며 늘어나도록
> 전체가, 또 하나하나가 모두 살아 있도록.
>
> 59–62행

씨앗으로부터 시작한 식물의 성장 과정은 여기에서 완성되지만 이 전체 과정은 무한히 반복되는데, 이를 괴테는 계속 늘어나는 생명의 사슬이라는 이미지로 표현한다. 즉 식물 개체 하나의 성장 과정은 그것들 하나하나로 이뤄지며, 또 그 자체로 성장하는 전체 생명의 사슬의 일부로 파악된다. 이처럼 성장은 전체적으로 질서 있게 이뤄지며, 그 바탕에 놓여 있는 힘은 더 높은 단계의 발전을 향하는 것으로 그려진다.

식물의 성장을 묘사하는 시의 두 번째 부분에서도 대화를 나누는 상황이 이

어진다. 시적 자아는 계속 연인에게 말을 걸며 그녀가 식물들을 관찰하고 또 본 것에 대해 경탄하도록 이끈다. 시적 자아의 연인은 이렇게 인식의 주체가 되며, 인식 대상 간에 밀접한 관계가 생겨난다. 자연에서 일어나는 사건을 묘사하는 데 있어서 의인화를 통해 자연이 인간화되는 것이 인식 주체가 인식 과정에 포괄되는 데 상응한다. 예컨대 씨앗 속에는 힘이 "잠자고 있다(15행)", 씨앗은 "몸을 일으킨다(23행)"고 표현되며, 꽃의 암술과 수술은 "아름다운 쌍쌍(53행)"으로 불린다. 더 나아가 의인화는 신화적인 표현들을 통해 고양된다. 암술과 수술 곁으로 결혼의 신 "히멘(55행)"이 둥둥 떠 다가오며, 나중에는 자연 자체가 "여신(67행)"이라고 불린다. 시의 두 번째 부분의 끝에 나타나는 일반화는 동시에 연인에게 말을 거는 것 안으로 통합되어 그녀의 인식 과정의 결과로 나타난다.

식물의 영역에서 발견된 이 근본 법칙은 시의 세 번째이자 마지막 부분(63-80행)에서 자연의 다른 영역으로 확장되어 적용된다.

> 모든 식물이 그대에게 이제 영원한 법칙을 알려 준다.
> 꽃 한 송이마다 점점 더 크게 그대와 이야기 나눈다.
> 그대는 여기서 여신의 성스러운 문자들을 해독한다.
> 그러면 사방에서 문자들이 보인다. 그 획, 열(列)이 바뀌어도.
>
> 65~68행

여기에서 괴테는 "자연의 책das Buch der Natur"이라는 오래된 토포스를 사용하고 있다. 식물의 변형을 고찰함으로써 형태론의 기본 법칙을 알게 된 "그대"는 이제 동물의 영역에도 같은 법칙이 적용됨을 알게 된다. 그래서 애벌레와 나비의 모습을 보고도 그것을 이해할 수 있게 된다. 같은 법칙은 인간의 영역에도 적용된다. 그러나 인간은 자신의 변화를 의식적으로 그리고 책임감을 가지고 형성할 수 있는 존재로 그려진다. 그래서 스스로 자기 모습을 바꾸며 자기 자신을 형성하라는 자율성 요구가 인간에게는 새로운 과제로 제시된다.

> 유연하게 제 모습 빚어 가며 인간도 고정된 모습을 스스로 바꾸기를.
>
> 70행

스피노자가 능산적 자연能産的 自然, natura naturans이라고 부른 창조하는 자연은 또한 형상들을 만들어 내고 완성하는 예술가들이 모방해야 할 모범으로 여겨진다.

시의 마지막 부분에서는 더 나아가 인간의 감정, 인간 사이의 관계들과 식물의 성장 단계 사이의 유비 관계가 제시된다. 즉 사람들이 서로 알게 되고 관계를 습관에 의해 지속·성장시켜 마침내 우정이 생겨나고 사랑에 이르는 과정이, 씨앗이 싹트는 것으로부터 열매가 맺히는 데 이르는 식물의 유기적 성장에 비유된다. 또한 이는 바로 시적 자아와 그의 연인 사이에 적용되어 식물의 성장 과정에 대한 인식은 그 둘의 자기 인식이 되며, 이 시는 사랑의 시가 된다. 그리고 이 사랑 묘사와 식물 성장 단계는 서로 밀접하게 연관되어 있다. 암술과 수술이 "아름다운 쌍쌍(53행)"으로 불리고 그들에게 결혼의 신 히멘이 등장했던 것처럼, 사랑하는 "한 쌍(80행)"에게는 아모르가 나타난다. 식물의 묘사가 의인화된 것에 상응해 시적 자아와 그 연인 관계의 묘사에는 자연 메타퍼가 쓰인다.

아모르가 마침내 활짝 핀 꽃과 열매를 낳아 줬던 것도.

74행

이렇게 자연과 인간 세계를 포괄하는 "성스러운 사랑"은 더 고양된 삶을 위한 열쇠로 제시된다.

또한 오늘 하루를 기뻐하라! 성스러운 사랑은
같은 생각이라는, 사물들에 대한 같은 견해라는
최고의 열매를 지향한다. 조화로운 관조 가운데서
한 쌍이 결합되도록, 보다 높은 세계를 찾아내도록.

77~80행

시의 시작 부분에 나타난 질문에 대한 대답은 이처럼 질문의 지평을 넘어 일반적인 것으로 확대된다.

다른 한편 시의 마지막 부분을 학문과 문학의 관계에 대한 것으로 읽을 수도 있다. 괴테는 1817년 『형태론에 대해』 노트들에 식물의 변형에 대한 논문을 교훈 시 「식물의 변형」과 함께 넣어 출판하면서 다음과 같은 설명을 덧붙인다.

> 학문과 문학이 하나가 될 수 있다는 것을 어디에서도 인정하려고 하지 않는다. 학문이 문학에서 발전했다는 것은 잊혔고, 시대가 변하고 나면 양자가 더 높은 곳에서 서로 다시 화기애애하게 만날 수 있으며 이것이 서로에게 더 도움이 되리라는 것을 생각하는 사람이 없다.

「식물의 변형」 마지막 행에 나타나는 "한 쌍"을 자연 연구와 문학에 적용시키면 이 시를 서로 다른 두 영역의 종합에 상응하는 것으로도 읽을 수 있다.

수용과 평가

「식물의 변형」은 오랫동안 괴테 식물 연구의 주저인 「식물의 변형을 설명하려는 시도」와 연결되어 해석되어 왔으며, 전자는 후자의 부록처럼 여겨지기도 했다. 그러나 이 시를 식물의 변형에 대한 논문으로부터 독립시켜 그 예술성을 밝히려는 시도들도 있었다.

두 텍스트의 내용이 서로 상응하기는 하지만, 시에서 다루는 것은 논문에서 설명하는 전체 내용 가운데 잎이 모든 식물 형태의 배아 세포라는 원칙에 한정되어 있다. 또한 시에서 저자는 가급적 전문적인 학술 용어들을 피하고 생생하고 구체적인 이미지들을 통해 표현하며, 풍부한 은유와 결혼의 신 히멘, 사랑의 신 아모르, 신성한 수수께끼, 신의 손길, 여신의 성스러운 문자 등 신화적·종교적인 표현들을 사용한다. 더 나아가 연인에게 말을 거는 방식과 사랑하는 연인들의 존재를 통해 시는 개인적인 성격을 띠게 되며, 자연의 과정을 묘사하는 데 있어서 인간의 영역에서 나온 비유들이 사용되어 자연의 과정이 의인화·인간화된다. 이를 통해 이 시는 자연과학적인 학설의 단순한 전달을 넘어서게 된다.

조향

GOETHE
LEXIKON
II

크세니엔

괴테와 실러가 공동으로 작업한 이행시Distichon 모음의 제목인 '크세니엔Xenien'은 원래 '손님에게 주는 선물'이라는 뜻의 희랍어 '크세니아Xenia'에서 유래한 말이다. 그러나 실제 시의 내용은 제목과 반대로 대개 날카로운 풍자가 주를 이루었으며 실러가 발간하고 있던 문예지들, 그중에서도 특히 《호렌》에 대한 비판적인 반응에서 촉발되었다. 괴테는 1795년 10월에서 11월 사이 《호렌》에 대한 대중의 몰이해와 거부 반응에 대해 발행인인 실러보다 더욱 분개해서 이 잡지에 대한 부당한 비판에 응수해야 한다고 주장했다. 실러는 괴테의 제안에 대해 처음에는 소극적이었지만 1795년 12월 괴테가 구체적인 대응 방식을 내놓자, 즉 고대 로마의 풍자시인 마르티알리스Marcus Valerius Martialis(약 40–104년)의 『크세니아』를 모범으로 한 경구시Epigramm로 자신들의 입장을 밝히자며 몇 가지 예시를 보내오자 괴테의 도발적인 착상에 열광적으로 화답했다.

1796년 1월부터 괴테와 실러는 본격적으로 이행시를 써내기 시작했는데 빠른 속도로 그 양이 늘어났을 뿐만 아니라 주제도 점점 다양해져서 문학적 적수들에 대한 풍자를 넘어서 철학적, 시학적 내용으로 확대되었다. 편집 작업은 주로 실러가 맡았지만 발표 매체, 취사 선택과 배열의 문제에 대해서는 둘이 함께 논의했다. 그들은 그해 여름까지 완성된 총 900편이 넘는 이행시들 중 약 4분의 3을 실러가 발행하던 문예지 《문학연감Musen-Almanach》의 1797년 호에 발표하기로 했다. 그리고 경구시를 크게 두 부류로 나누어 일반적인 내용의 "순수한unschuldig" 이행시 103편을 「서원판誓願板, Tabulae votivae」이라는 제목으로 앞쪽에 배치하고, 풍자적이고 공격적인 이행시 414편을 「손님에게 주는 선물들(크세니엔Xenien)」이라는 제목으로 뒤쪽에 넣기로 했다. 그밖에 각각 '얼음길Eisbahn', '여러 사람들에게Vielen', '한 사람에게Einer'라는 제목을 붙인 세 묶음의 이행시와 별도로 제목을 붙이지 않은 18편의 이행시도 이 문예지에 함께 실렸다. 《문학연감Musen-Almanach》에 실린 이행시의 3분의 2 정도는 실러가 쓴 것으로 여겨지고 있으며 원작자를 추정할 수 있는 경우도 적지 않다. 그러나 괴테와 실러가 지인들과 주고받은 편지와 「크세니엔」 91번 이행시 등을 보면 이들은 애초부터 각각의 시편이 누구의 작품인지를 밝히지 않고 공동 작업으로 남겨두고자 했다. 개별 시행의 원작자를 밝히지 않음으로써 「크세니엔」은 두 사람의 긴밀한 문학적 동맹의 증거가 되었으며 독자들에 대한 파급 효과 역시 증대시킬 수 있었다.

「크세니엔」의 주제는 정치, 당대의 문화 산업, 학문적 담론 등 매우 폭넓고 다채롭다. 독일 민족에 대한 질문, 프랑스 혁명에 대한 독일 측의 입장, 유행하는 잡지와 연감, 서적판매업, 연극계의 현황, 학문적 아카데미, 문법과 시학 및 자연사의 문제들, 특히 지질학과 색채론, 방법론, 철학사 서술의 문제들이 제기되었다. 괴테와 실러는 도입부에서부터 라이프치히 도서박람회로 여행을 떠나는 상황을 가정하여 도서 및 잡지의 상품화, 정치화, 검열이라는 주요 주제를 다루었다. 이들은 이 공동의 기획에서 자신들에게 맞섰던 당대의 문학 그룹들, 정치적 당파, 이데올로기적 분파의 대표자들을 신랄하게 공격했다. 예컨대 괴테의 『젊은 베르터의 고뇌』를 희화화했을 뿐만 아니라 실러의 『미학 편지』를 혹평하기도 했던 베를린의 후기계몽주의자 프리드리히 니콜라이Friedrich Nicolai는 멍청하고 어설픈 경험주의자로 낙인찍혔다. 궁정악장 출신 저술가였던 요한 프리드리히 라이하르트Johann Friedrich Reichardt는 공화주의를 찬양하는 입장에서 《호렌》의 비정치적 프로그램을 비판한 글과 프랑스 혁명에 대한 우호적인 서술 때문에 상퀼로트Sansculottes(프랑스 혁명 시기의 과격한 민중 세력), 거짓말쟁이, 식객, "민주적 스피츠demokratischer Spitz" 같은 비방을 들어야 했다. 이런 날선 비판에는 라이하르트 역시 잡지 편집인으로서 실러와 경쟁 관계에 있었다는 상황이 한몫했다. 그 밖에도 역시 실러의 『미학 편지』를 혹평했던, 브레슬라우의 김나지움 교사 만조Johann Kaspar Friedrich Manso, 기독교적 애국 그룹의 대표자로서 실러의 시 「그리스의 신들」을 신성 모독으로 낙인찍은 슈톨베르크Stolberg 형제, 라이하르트의 잡지에 실러의 시를 비판하는 비평을 실은 프리드리히 슐레겔 Friedrich Schlegel 등이 힐난의 대상이 되었다. 한편 괴테는 이 기회를 이용해 색채론 내지 광학에서 그와 다른 입장에 있었던 뉴턴주의자들을 공박했다.

괴테와 실러는 「크세니엔」의 풍자적 재판을 통해 그들의 적대자들을 단죄하는 동시에 독자들에게 즐거움을 주고 위트와 패러디로 자신들의 시적 우월성을 증명하고자 했다. 이행시들은 때로는 연작시를 형성하기도 하고 대화 형식이나 낱말 맞추기, 신문 광고나 비가悲歌의 형태를 띠기도 했다. 이 두 시인은 마치 흥겨운 사육제에서 경박함, 버릇없음, 건방짐이라는 가면을 쓴 것처럼 변덕스럽고 유머러스하고 비약적인 태도를 취했으며 자신들의 재치 있는 말에 독자들이 미소를 머금고 동의해 줄 것을 기대했다. 풍자적인 현실 연관의 신랄함을 완화시키기 위해 그들 자신에 관한 이행시들에서는 거듭 유희적인 성격이 강조되었다. 이렇게 유희와 유머는 「크세니엔」에서 중요한 역할을 하긴 하지만 전반적으로 관철되지는 않았다고 볼 수 있다. 편집이라는 여과 과정을 거쳤음에도 불구하고 한 개인을 겨냥해서 풍자하면서 거칠게 욕하고 비하하는 이행시들이 상당수 남아 있었기 때문이다. 그러나 유희적 성격은 '구혼자들에게'라는 제목이 붙어있는 마지막 이행시에서 다시 한 번 강조된다. "모든 것이 단지 유희였을 뿐! 너희 구혼자들은 아직 모두 살아 있다. / 여기 활이, 여기 겨뤄 볼 자리가 있다." 이 시는 조롱당한 사람들에게 유희 규칙에 맞게 반격을 가하라는 제안을 하고 있는 셈이다. 물론 이러한 요청을 굳이 할 필요가 없었던 것이 「크세니엔」의 출판 자체가 강력한 도발이었으므로 공격당한 입장에서 반박은 불가피한 것이었고 실제로 괴테와 실러는 40 가지의 공개적인 답변을 받았다. 그러나 두 사람의 의도대로 재치 있고 성공적인 패러디로 반론을 편 경우는 드물고 대개는 고약한 비방과 인신공격에 그쳤다.

조성희

GOETHE
LEXIKON
II

헤르만과 도로테아

내용 요약

a. 1장 – 칼리오페: 운명과 동정

라인강 오른쪽의 소도시에서 황금사자집이라는 여관을 운영하는 헤르만의 부모가 등장한다. 그들은 프랑스 혁명군을 피해 라인강 왼쪽에서 오른쪽으로 도망 온 피난민들을 구경하기 위해 사람들이 다 몰려가 시장과 거리가 아주 한적해졌다는 이야기를 나눈다. 헤르만의 어머니는 피난민들을 위해 아들 헤르만에게 헌옷가지와 음식물을 넉넉하게 주어 보낸다. 구경하러 갔던 사람들이 돌아오는 가운데 헤르만의 부모는 목사와 약사로부터 피난민들에 대한 이야기를 듣는다. 목사와 약사, 헤르만의 아버지는 집 안쪽의 시원한 곳에서 포도주를 즐기며 전쟁과 헤르만의 성격에 대해 이야기를 나눈다.

b. 2장 – 테르프시코레: 헤르만

마차를 타고 헤르만이 등장한다. 그는 활기차고 달라진 모습으로 자신이 한 행동에 대해 보고한다. 그 행동이란 다음과 같다. 음식과 옷가지를 주기 위해 피난민들에게 가던 헤르만은 황소 두 마리가 끌고 있는 마차를 본다. 거기서 기다란 막대기로 황소를 부리는 젊은 여성이 자신의 소와 마차로 간신히 구해 낸 해산 직후의 여성을 위해 아마 헝겊 같은 거라도 기증해 달라고 헤르만에게 부탁한다. 그는 어머니가 준 헝겊과 헌옷 등을 그녀에게 건네고 뒤이어 먹을 것과 마실 것도 나눠 주고는 사람들에게 적절히 분배해 달라고 말한다.

이야기를 들은 약국 주인이 이럴 때는 피난 가기가 편하고 가족 걱정을 안 해도 되니 혼자 사는 사람이 제일 좋다고 하자 헤르만은 그를 힐난하며 자신은 어느 때보다도 결혼을 하고 싶다고 말한다. 이에 어머니는 자신과 아버지가 맺어진 이야기를 하며 자신들을 본보기로 제시한다. 즉 20년 전에 일어난 화재로 이웃 간이었던 아버지와 어머니의 집이 다 타 버렸는데, 그때 그 둘이 맺어진 것이다. 아버지는 부유한 이웃집을 구체적으로 가리키며 기왕이면 지참금이 많은 신부를 맞았으면 좋겠다는 소망을 피력한다. 그러나 헤르만이 그 집 딸들, 특히 그중에서도 자신을 놀리는 막내딸 민헨과는 절대 결혼하지 않겠다고 하자 아버지는 격분하며 아들을 비난한다.

c. 3장 – 탈리아: 시민

아버지는 목사와 약사에게 헤르만에 대한 불만을 토로한다. 집안일도 도시의 일도 시대와 외국의 본보기에 따라 쇄신하고 개선해야 한다면서 그는 스트라스부르와 프랑크푸르트, 만하임 등 정비가 잘된 대도시들을 여행하게 함으로써 헤르만의 안목을 높이려는 계획을 이야기한다. 그러고는 시의회의 토목 감독 의원직을 여섯 번이나 성공적으로 수행한 경험 등 자신의 치적을 이야기하며 헤르만도 그런 공인으로서의 생활에 관심을 갖기를 희망하지만 과연 자기 뜻대로 될지를 걱정한다. 어머니는 아버지가 헤르만에 대해 부당한 말을 한다면서 자식을 자기 뜻대로 기르려고 하기보다는 있는 그대로 사랑해야 한다고 이야기한다. 그녀는 헤르만이 나중에 집주인으로서나 공인으로서나 다 잘 해낼 거라고 확신한다면서 그를 옹호한다.

d. 4장 – 에우테르페: 어머니와 아들

정원으로 나가 아들을 찾던 어머니는 언덕 아래 있는 배나무 밑에서 혼자 울고 있는 헤르만을 발견하고 깜짝 놀라 그 이유를 묻는다. 그는 조국을 위해 전쟁에 나가 싸우고 싶다고 말하지만 어머니는 그게 헤르만의 본심이 아님을 느끼고 진심을 말해 보라고 촉구한다. 그는 아내가 없기 때문에 모든 것이 황량하게 느껴진다고 고백한다. 어머니는 그가 이미 한 사람을, 즉 피난 중에 만났다는 그 젊은 여자를 마음에 두고 있다는 사실을 알아차린다. 헤르만은 어머니의 직감이 맞는다고 하면서 그 여성을 아버지가 거절할 경우 집을 떠나겠다는 단호한 결심을 어머니에게 알린다. 어머니는 아버지의 본심이 꼭 그렇지는 않다고 하면서 둘 사이를 중재하려고 하고, 지금 아버지와 함께 있는 친구들의 도움을 받자고 제안하며 헤르만과 함께 집으로 간다.

e. 5장 – 폴리힘니아: 세계시민

목사와 약사 그리고 집주인인 헤르만의 아버지는 아직도 이런저런 이야기를 하며 앉아 있다. 어머니는 헤르만이 드디어 신붓감을 골랐다면서 타지방에서 왔다는 그 피난민 여성을 그의 아내로 얻어 주자고 한다. 헤르만도 아버지의 허락을 받으려고 한다. 그러나 아버지가 말이 없자 목사가 헤르만이 좋은 선택을 한 것 같다고 하며 아버지를 설득하려고 한다. 약사는 신중하게 중용의 길을 걷자고 하면서 자신을 보내 주면 그 여성을 시험해 보고, 그녀에 대해 잘 아는 그 마을 사람들에게 물어보겠다고 한다. 아들은 좋은 생각이라고 하면서 목사도 함께 가 달라고 부탁한다. 아버지도 여기에 동의한다. 헤르만은 두 사람의 결정에 완전히 따르겠으며, 그 여성이 자신의 아내가 될 때까지는 만나지 않겠다고 한다.

헤르만은 마차에 목사와 약사를 태우고 피난민들이 머무는 마을로 간 후 그 입구에서 그들과 헤어진다. 목사와 약사는 피난민들의 지도자이며 재판관이라고 불리는 노인을 만난다. 목사는 그에게 헤르만이 만난 여성에 대해 묻고 약사는 그녀를 직접 찾아보기로 한다.

f. 6장 - 클리오: 시대

목사는 그 노인으로부터 피난민 무리의 체험을 전해 듣는다. 그들은 처음에는 프랑스 혁명의 이상에 동조하고 열광했지만, 이어진 전쟁에서 혁명군의 폭력과 약탈, 지배욕과 탐욕 등을 경험하게 된다. 계속해서 피난민들이 겪은 고난에 대한 이야기를 듣다가 목사는 여자들만 집에 있을 때 쳐들어온 프랑스 군인들을 그들의 칼로 물리쳐 어린 소녀들을 구해 낸 한 여성의 활약상에 대해 듣는다. 그는 그녀가 바로 헤르만이 마음에 둔 사람이라는 사실을 알게 된다. 이어 노인은 목사에게 혁명이 일어나자 파리로 달려갔지만 그곳에서 무참하게 죽었다는 그녀의 약혼자에 대한 이야기와 이 여성이 약혼자의 죽음이 가지고 온 고통을 조용히 견뎌 냈다는 이야기도 들려준다. 목사와 약사는 기다리는 헤르만에게 서둘러 와, 그들이 보기에도 이 피난민 여성이 그의 아내가 될 자격이 있는 훌륭한 사람이라고 말한다. 그러나 그는 기뻐하는 내색 없이 한숨을 쉬며 온갖 번민과 걱정에 사로잡힌다. 그녀가 아직 약혼을 하지 않았을 리가 없다고 생각하기 때문이다. 그래서 그는 자신이 직접 그녀에게 가서 사실을 확인하고 청혼을 하기로 결심한다. 헤르만의 마차를 타고 목사와 약사는 집으로 돌아간다.

g. 7장 – 에라토: 도로테아

이 장에서 도로테아라는 이름이 처음 나온다. 헤르만은 샘가에서 물을 긷고 있는 도로테아를 만난다. 그러나 그는 그녀에게 차마 사랑의 고백을 하지 못하고, 자기 어머니께서 살림을 도울 착실한 하녀를 구하시는데 자신은 그녀를 적임자로 생각했다고 거짓으로 말한다. 도로테아는 바로 승낙의 뜻을 밝힌다. 헤르만은 진실을 말할까 말까 고민하지만 그녀가 손가락에 낀 반지를 보고 하지 않는다. 도로테아는 피난민 무리의 지도자, 자신이 구해 준 산모와 여러 아이, 친척들 등 많은 사람과 작별을 하고 헤르만을 따라 그의 집으로 길을 떠난다.

h. 8장 – 멜포메네: 헤르만과 도로테아

둘이 함께 집으로 돌아가는 길에 도로테아가 헤르만에게 부모님이 어떤 분들인지를 묻자 헤르만은 자신의 부모님에 대해 이야기한다. 그러면서도 헤르만은 계속 사랑의 고백을 하지 못한다. 거절당할까 봐 두렵기도 하고 또 망설이다가 도로테아가 손가락에 낀 반지를 다시 보게 되었기 때문이다. 그들은 집에 도착하지만 어둠 속에서 도로테아가 돌계단에서 발을 헛디딘다. 헤르만이 그녀를 안아 일으키면서 그들은 신체 접촉을 하게 된다.

i. 9장 - 우라니아: 전망

어머니는 아들을 초조하게 기다리며, 그 피난민 여성에게 말을 걸어 보지도 않고 혼담을 꺼내지도 않은 채 헤르만과 금방 헤어져 돌아온 약사와 목사를 비난한다. 이때 헤르만과 도로테아가 나타나는데, 이들은 굉장히 체격이 좋은 남녀 한 쌍으로 묘사된다. 헤르만은 목사에게 도로테아는 자신이 하녀로 일하게 된 줄로 알고 있다며 이 곤경에서 벗어나게 해 달라고 은밀히 고백한다. 그사이 아버지가 신붓감을 잘 골랐다는 투로 이야기를 하자 도로테아는 이것이 자신을 조롱하는 농담인 줄 알고 얼굴이 빨개지며 모욕감을 느낀다. 목사는 도로테아가 자신의 고통을 억제하는 걸 보고 오해를 빨리 풀어 주기보다는 그녀의 흥분한 마음을 시험하는 게 좋겠다고 생각하고 계속 도로테아와 대화를 나누는데, 이 가운데 헤르만에 대한 그녀의 마음이 드러난다. 도로테아가 마음의 상처를 입고 눈물을 흘리며 이 집을 빨리 떠나겠다고 하자 아버지는 이 소동에 마음이 불쾌해진다. 그래서 헤르만은 다시 목사에게 오해를 풀어 달라고 요청하나, 목사는 자신의 꾀를 통해서 도로테아의 마음이 드러나게 되었으니 이제 헤르만이 직접 나서라고 한다. 그래서 헤르만이 도로테아에게 진실을 이야기하자 그녀는 행복해 하며 헤르만과 열렬한 포옹과 키스를 나눈다. 한편 다른 사람들에게는 목사가 사정을 설명하고, 아버지와 어머니도 도로테아를 기쁘게 받아들인다. 목사는 아버지의 손가락에서 반지를 뽑아내어 그 두 사람을 약혼시키려다가 도로테아의 손가락에 끼인 반지를 보고 깜짝 놀란다. 그녀는 혁명을 위해 싸우다가 죽은 자신의 첫 번째 약혼자에 대해 이야기하고, 헤르만 부모님의 반지를 자기 손에 이미 끼고 있는 반지 옆에 나란히 낀다. 헤르만이 온 세상이 진동하는 이때 두 사람의 결합을 더욱 단단히 하자고 하며 자신들의 소유를 지키기 위해 싸우고자 하는 결의를 도로테아에게 밝히면서 작품은 끝을 맺는다.

생성사

『헤르만과 도로테아Hermann und Dorothea』는 1796년 9월부터 1797년 6월 사이에 쓰이고 1797년 10월에 처음 출간되었다. 이 작품은 아홉 개의 노래로 구성되어 있는데, 이 노래들은 각각 고대 그리스 뮤즈들의 이름을 제목으로 하고 또 부제를 가지고 있다. 전체는 2,000여 행으로, 6운각 시구(헥사미터)로 되어 있다. 괴테는 1734년 G.G. 괴킹이 쓴 『잘츠부르크 대교구에서 쫓겨나 대부분 프로이센으로 간 신교도들의 이주 이야기』에서 소재를 취해 시대와 장소를 프랑스 혁명 전쟁 발발 직후 라인강 오른쪽의 작은 시골 도시로 옮겼다. 괴테는 작센-바이마르-아이제나흐 군주 카를 아우구스트를 따라 오스트리아와 프로이센을 중심으로 한 대프랑스 동맹 전쟁에 참여했고, 그때 이 지역에서 피난민들의 행렬을 직접 목격했다. 이 당시의 체험은 그가 수십 년 후에 쓴 「프랑스 원정기(프랑스 출정)」(1822)와 「마인츠 점령(마인츠 포위)」(1822)의 소재가 되었다.

헥사미터로 쓰인 하인리히 포스의 전원시 「루이제」(1781)와 그의 『오디세이아』(1781) 및 『일리아드』(1793) 번역은 괴테가 『헤르만과 도로테아』를 창작하는 데 있어 중요한 자극이 되었다. 또한 호머의 서사시에 대한 문헌학자 프리드리히 아우구스트 볼프(1759–1824)의 연구 역시 고대의 형식에 대한 괴테의 관심에 큰 영향을 미쳤다(프리드리히 아우구스트 볼프에게 보내는 1796년 12월 26일 자 편지).

괴테는 『빌헬름 마이스터의 수업시대』를 완성한 직후에 『헤르만과 도로테아』를 집필했는데, 이 시기는 괴테가 실러와 밀접하게 교제하며 많은 공동 작업과 활발한 의견 교환을 하던 때였다. 괴테는 고대 그리스, 로마의 문학과 예술에 깊은 관심을 기울이고, 실러와의 대화를 통해 여러 문학 장르의 근본적인 특성을 확인하려고 했다. 괴테가 『헤르만과 도로테아』를 쓸 때에도 『빌헬름 마이스터의 수업시대』나 『발렌슈타인』의 경우처럼 그들이 주고받은 장르 이론적 성찰에서 문학적 실천이 나오고, 이것이 다시 이론적 성찰을 뒷받침하는 식으로 양자가 상호 작용했다.

작품 해설

a. 프랑스 혁명과의 관계

마이어H. Mayer는 『헤르만과 도로테아』를 "프랑스 혁명의 사상과 사건에 대한 괴테 논쟁의 정점"이라고 평가했다.

『헤르만과 도로테아』에서는 프랑스 혁명이라는 세계사적인 사건과 라인강 오른쪽 작은 도시에서의 소시민적 일상이 엮여 있다. 이 작품은 첫 시작 부분부터 프랑스 혁명과 밀접한 관련을 갖는다. 1장은 프랑스 혁명 전쟁에서 프랑스군을 피해 라인강 왼쪽에서 오른쪽으로 도망쳐 오는 피난민들의 행렬을 구경하기 위해 작품의 무대가 되는 이 도시가 텅 비어 버린 모습에 대해 헤르만의 아버지가 이야기하는 것으로 시작한다. 또한 헤르만은 어머니가 피난민들의 처지를 생각하며 헌옷가지와 음식물 등 당장 요긴하게 쓰일 수 있는 물건들을 전달하라고 하여 피난민들이 머무는 곳으로 간다. 프랑스 혁명의 체험은 이 작품에 직접적으로가 아니라 피난민들의 입을 통해 간접적으로 전달된다. 일견 평화롭고 목가적으로 보이는 독일 소도시 시민들의 일상은 프랑스 혁명이라는 세계사적인 대사건과 좋은 대조를 이루지만, 전자는 라인강 왼편에서 피난 온 피난민들의 유입으로 시대사적 사건과 무관할 수 없게 되며, 무엇보다도 이 도시 시민인 헤르만이 피난민 여성 도로테아와 사랑에 빠지고 결국 이 사랑이 이뤄짐으로써 양자는 서로 밀접하게 연결된다.

주지하다시피 괴테는 그가 "모든 사건 가운데 가장 끔찍한 이 사건"이라고 불렀던 프랑스 혁명에 대해 대체로 부정적인 입장이었다. 그러나 이 작품에서 특히 피난민 무리의 지도자에 해당하는 재판관 노인의 이야기에서 그리고 첫 번째 약혼자였던 혁명가에 대한 도로테아의 회상에서 그려지는 프랑스 혁명은 양가적이다. 특히 프랑스 혁명의 초기 국면에 대한 묘사에서는 긍정적인 측면이 부각되어 있다. 이 시기에 혁명의 이상에 사람들이 열광하는 모습은 재판관 노인의 이야기 속에서 종교적인 언어들을 매개로 하여 표현된다. 그러나 프랑스 혁명군들이 곧 스스로 이 이상을 배반하며, 이를 명분으로 내걸면서 기존 질서가 무너진 혼란을 틈타 오히려 인간의 공격성과 폭력성, 지배 야욕, 탐욕 등을 제약 없이 표출하는 모습을 목격하면서 이 피난민 무리에 속한 사람들이 체험한 혁명에 대한 열광은 금방 환멸로 바뀌게 된다.

혁명의 양가성은 프랑스 혁명의 이상에 열광하며 직접 혁명에 동참하고자 파리로 떠났다가 곧 죽음을 맞이하게 된 도로테아의 첫 약혼자에 대한 이야기에서도 드러난다. 재판관 노인은 그가 죽은 이유가 "고국에서와 마찬가지로 횡포와 음모를 공격했기 때문"이라고 한다. 즉 이상주의적인 혁명가였던 도로테아의 첫 약혼자는 독일의 현실과 다를 바 없는 것으로 묘사되는 혁명의 현실 속에서 희생된다. 또한 이 작품에서는 혁명으로 인해 세상의 안정과 질서가 돌이킬 수 없이 파괴되었음이 거듭 강조되고 다양한 방식으로 표현된다. 이는 작품 전반에 걸쳐 나타나지만 무엇보다도 마지막 부분에 나오는 도로테아의 회상 속에서 전달되는 첫 번째 약혼자의 작별 인사 속에서 웅변적으로 드러난다. 여기에서 그는 세상의 기반이 무너지고 모든 것이 서로 분열되는 것처럼 보인다고 말한다. 그러나 다른 한편 파괴된 세상의 폐허 위에서 "혼돈과 암흑"으로부터 세계가 다시 새롭게 생성되고 인간도 다시 새로워질 것이라는 암시도 한다. 또한 20년 전에 일어났던 화재가 당시 서로 이웃 간이었던 헤르만의 어머니의 집과 아버지의 집은 물론이고 도시 전체를 잿더미로 만들었지만 바로 그 사건으로 인해 두 집 사이의 벽이 허물어지고 그들이 맺어졌듯이, 기존 세계의 형상을 녹이고 토대를 무너뜨리는 혁명이 만나거나 맺어질 수 없었을 도로테아와 헤르만을 결합시키는 계기로 작용하기도 한다.

b. 헤르만과 도로테아의 성장 과정과 결합

헤르만과 도로테아가 변화하고 성숙해 가는 과정은 이 작품의 핵심이다. 강한 신분 상승 욕구와 물질주의적 가치관의 소유자로 자신의 아들이 그 도시에서 가장 부잣집인 옆집 딸과 결혼하기를 바라는 아버지와 달리 헤르만은 말을 기르고 농사를 짓는 것을 천분으로 아는 욕심 없고 조용한 성격을 가진 인물이다. 이런 그에게 불만을 가진 아버지는 아들을 여러 가지로 비난하지만, 그는 아버지에게 대항하지 않고 조용히 갈등을 피한다. 수줍은 성격으로 또래 소녀들에게도 쉽게 접근하지 못하며 춤도 좋아하지 않던 헤르만은 어머니의 부탁으로 피난민들에게 물건을 나눠 주러 갔다가 첫눈에 도로테아와 사랑에 빠지고 나서는 눈에 띄게 활달해지고 말도 잘하는 등 달라진 모습으로 나타난다. 결혼을 무엇보다도 물질적인 기준으로 생각하는 아버지와 다르게 헤르만이 결혼을 위해 중요하게 여기는 것은 사랑과 행복이다. 그는 이해심 많고 다정다감하며 아들의 진정한 행복을 바라는 어머니의 도움으로 아버지를 설득하고, 또 목사와 이웃인 약사의 조력도 받아가면서 도로테아와의 사랑을 이루려고 한다.

그러나 여기에는 몇 가지 난관이 있다. 라인강 왼편에서 온 피난민인 도로테아는 이 도시 사람들에게 낯선 타지 사람이며 전쟁 피난민으로서 곤궁한 처지에 놓여 있다. 즉 아버지가 원하는 부유한 신부와는 정반대이다. 그래서 약사와 목사가 이 여성이 어떤 사람이고 헤르만의 신붓감으로 적절한 인물인지를 탐색하는 역할을 맡게 되는 것이다. 또 하나의 난관은 도로테아가 손에 끼고 있는 반지다. 즉 헤르만은 그녀에게 이미 약혼자가 있지 않을까 우려한다. 이 난관들을 때로는 타인의 도움을 통해, 때로는 스스로의 힘으로 극복해 나가면서 헤르만은 점점 성숙한 인간으로 변해 간다. 작품의 마지막 부분에서 도로테아와 약혼을 한 후 그는 자신의 가족과 소유를 굳건히 지키겠다는 뜻을 밝히는데, 이 대목은 특히 19세기 내내 주로 민족주의적이고 애국주의적으로 해석되었다. 그러나 물질과 소유를 중시하는 아버지의 입장과 진정한 사랑에 바탕을 둔 결혼과 가정을 중시하는 헤르만의 입장 차이가 여기서 줄어들며 양자가 종합된다고 볼 수도 있다. 헤르만이 사랑에 바탕을 둔 결혼을 하려고 하고, 아버지로부터 독립하고 해방되면서 자신의 본성을 펼쳐 나가며 성숙해 가는 개인적 해방의 과정은 큰 역사에서 일어난 프랑스 혁명을 통한 정치적 각성의 과정에 상응한다. 그렇게 보면 도로테아의 첫 번째 약혼자와 헤르만은 서로 대조적인 인물이면서도 공통점을 갖는다.

작품의 또 다른 주인공인 도로테아는 괴테의 다른 작품들에 등장하는 몇몇 여성 인물처럼 복합적인 특성을 가진다. 한편으로 그녀는 소녀들과 자신을 지키기 위해 프랑스 군인들의 칼을 뽑아 프랑스 군인들을 물리치는 용감하고 강한 모습으로 묘사되는데, 이는 괴테의 작품들에 자주 나오는 아마존 전사, '남성적인' 여성의 이미지이다. 다른 한편 도로테아는 피난민 아이들의 "제2의 어머니"로 불리며, 그녀가 아이를 안고 있는 모습은 성모 마리아를 연상시킨다. 또한 자신도 피난민이면서 다른 피난민들, 특히 아이를 출산하는 산모와 갓난아기 그리고 어린이들과 노인들을 돌보는 이타적이며 모성적인 모습으로 그려진다. 그녀의 활동성과 명랑성, 정신적이며 육체적인 탁월성과 아름다운 외모 등도 거듭 강조된다. 친척들이라고 불리는 피난민 무리와 함께이기는 하지만 가까운 가족 구성원 없이 혼자 떠도는 여성인 도로테아는 헤르만과 반대로 가정도, 재산도 없이 불확실하며 위험한 처지에 있으며, 돌아갈 기약도 없이 낯선 땅을 떠돌며 생존을 위협받고 있는 이방인이다. 또한 도로테아는 열렬한 혁명가로 싸우다 죽은 사람의 약혼녀이기도 하다. 그녀는 자신의 약혼자를 고귀한 사람으로 기억하며, 그를 통해 알게 된 것과 체험한 것들을 부인하거나 억압하지 않고 헤르만과의 새로운 삶에 통합하려고 한다. 이는 그녀가 손에 끼고 있던 첫 번째 약혼반지 옆에 헤르만과의 약혼반지를 나란히 끼는 것으로 표현된다.

프랑스 혁명이라는 세계사적인 대사건과 독일 소도시 시민들의 일상생활은 이렇게 구체적으로 연결되며 통합된다. 일견 목가적·전원적으로 보이는 소도시에서의 삶은 피난민들의 유입을 통해 이 사건과 더이상 무관할 수 없게 된다. 프랑스 혁명으로 인한 세계의 근본적인 변화는 누구라도 그리고 언제든지, 그들과 같은 처지가 되게 할 수 있다. 또한 이 평화로운 도시 역시 20년 전의 화재로 완전히 타 버린 폐허 위에 재건한 도시라는 점도 평화로움과 위기, 정주민과 난민의 처지는 일견 대립되어 보이지만 언제든지 그 위치가 뒤바뀔 수 있음을 암시한다.

도로테아와 헤르만의 결합은 시대의 혼란에 대항해 사적이고 작은 세계에서 안전과 확고함을 지키려는 소시민적이고 보수적인 태도로 해석되기도 한다. 실제로 이 작품에서는 그 무대가 되는 독일 소도시의 구체적인 정치적 상황이나 배경이 소거되어 있으며, 가정과 사적인 영역에 초점이 맞춰져 있다. 그러나 다른 한편 이 작품 창작에 영향을 미친 하인리히 포스의 전원시 「루이제」나 『헤르만과 도로테아』의 영향을 받아 쓰인 수많은 소위 "시민적 서사시"(빌헬름 폰 훔볼트) 또는 "전원적 서사시"(헤겔)들과 비교해 보면 유사점에도 불구하고 차이가 드러난다. 이 작품들에서는 시대적 배경이 소거되고 오로지 전원적이고 목가적으로 미화된 작은 세계만을 그려 내고 있다. 이와는 달리 『헤르만과 도로테아』에서는 프랑스 혁명과 그로 인한 시대의 변화가 작품 안에 엮여 있으며, 앙시엥 레짐에 대한 비판이 구체적으로 나와 있지는 않지만 그렇다고 그것이 정당화되지도 않는다. 도로테아와 헤르만의 결합은 세상의 기반이 흔들리고 파괴되는 것처럼 보이는 격변의 시대에 파괴와 죽음에 대항하는 희망과 생명, 구질서의 붕괴와 해체의 혼란 속에서 탄생한 새로운 질서의 상징으로 또한 피난민 여성과 정주민 남성, 이주와 정착, 파괴와 건설, 큰 세계와 작은 세계 등의 화해와 종합을 상징하는 것으로 해석할 수 있다. 더 나아가 헤르만 부모의 결합과 유사하면서도 프랑스 혁명 같은 더 큰 차원을 그 안에 통합시키고 그들과 다른 가치관에 바탕을 둔 도로테아와 헤르만의 결합은 부모의 결합의 상승이며, 또 생명이 그렇게 계속 이어질 것이라는 암시이기도 하다.

c. 작품의 형식적 요소 및 교양의 이념

『헤르만과 도로테아』에서 가장 눈에 띄며 또 이 작품이 19세기에 높은 평가를 받는 데 핵심적인 요소였던 형식적 측면도 이와 같은 내용과 밀접한 관련을 갖는다. 호머의 서사시 『일리아드』와 『오디세이아』에 사용되었고 하인리히 포스의 호머 번역에도 사용된 6각운(헥사미터), 아홉 뮤즈의 이름을 딴 아홉 개의 노래, 뮤즈 부르기 등 이 작품은 고대화하는 형식을 취하고 있다. 이와 같은 형식은 한편으로는 작품의 내용에 초시간적이고 일반적·전형적인 인상을 부여한다. 작품에 빈번하게 등장하는 유형화하는 표현들—"영리한, 이해심 많은 가정주부", "훌륭한 목사님", "착한 집주인", "수다스러운 이웃", "풍부한 과일"—역시 이러한 특성에 기여한다. 이를 통해 헤르만의 가족과 그들을 둘러싼 시민적인 작은 세계가 일반적인 것, "사람살이의 자연 형태"(빅토르 헨)로 나타난다.

이와 같이 정제된 형식은 도로테아와 헤르만의 결합처럼 모든 것이 해체되고 세상의 기반이 근본적으로 파괴되고 뒤흔들리는 것처럼 보이는 시기에 대한 응답이자 옛것과 새로운 것, 그리스적인 것과 독일적인 것, 탈역사화와 시대 관련성의 종합을 통한 새로운 창조의 시도로 이해될 수 있다. 그리스 아홉 뮤즈의 이름과 동시대적 관련성을 가진, 독일어로 된 부제로 이뤄진 이중 제목이 이 이중성과 긴장을 가리킨다. 그리고 이 작품은 헥사미터라는 고대 그리스의 형식을 차용하면서도 그것을 변형시키는 자유를 허용했다. 그래서 생명의 리듬처럼 전체적으로 통일성과 조화의 느낌을 주면서도 지나치게 경직되어 있지 않다. 또한 서사시가 시작할 때 뮤즈를 부르며 영감을 청하는 고대적 전통에 의거하면서도 이런 대목을 『헤르만과 도로테아』에서는 텍스트의 시작 부분이 아니라 마지막 장의 앞부분에 넣었다. 그럼에도 불구하고 고대 서사시의 전통에 서 있는, 전체적으로 엄격하고 정제된 형식이 텍스트의 중심에 놓여 있는 독일 시민 계급의 가정적이고 사적인 세계를 미화하고 탈역사화하는 효과를 낳는 것인지, 아니면 이를 시대의 변화가 요청하는 도전에 응답하는 새로운 형식적 실험으로 볼 것인지, 이에 대한 평가는 물론 다양할 수 있다. 다른 한편 고대의 서사시적 형식이 거기에 걸맞지 않은 근대 독일 소시민들의 일상생활을 묘사하는 데 쓰임으로서 생기는 "미학적 시대착오" 및 부조화가 낳는 아이러니적 요소들도 존재한다. 작품의 마지막 부분 역시 해피엔드가 아니라 열린 결말로도 해석할 수 있으며, 그런 점에서 이 작품을 여러 장르와 이질적인 요소들이 뒤섞인 열린 텍스트로 볼 수 있다.

『헤르만과 도로테아』는 무엇보다도 바이마르 고전주의의 프로그램인 미적 교육의 견지에서 바라볼 수 있다. 도로테아는 마음씨만 아름다울 뿐 아니라 육체적으로도 건강이 흘러넘치며 탁월해 신체와 정신이 조화를 이루는 인물이다. 헤르만 역시 피난민의 처지에 대한 공감 능력, 물질적인 가치보다 진정한 애정과 행복을 중요시하는 마음 등을 가지고 있으며, 역시 키도 크고 신체가 잘 발달된 인물로 그려진다. 또한 두 사람 모두 어려움이나 고통에 직면해 자신의 감정을 조용히 절제하려고 노력하며, 자신들의 행복과 공동체의 안녕 모두를 중요하게 여기며 양자를 조화시키려고 한다. 괴테는 이 작품에서 이렇게 신체와 정신, 감정과 이성이 조화를 이룬 "아름다운 영혼"을 보여 주며 낡은 것처럼 보이지만 새로운 형식적 실험의 산물인 아름다운 형식을 창조함으로써 시대의 혼란에 대응하려고 한다.

이 둘과 관련되면서 헤르만과 도로테아의 변화와 관련되는 것이 "교양 Bildung"의 이념이다. 헤르만의 마지막 대사에 이러한 요소가 들어 있다.

왜냐하면 모든 것이 동요하는 시대에 생각이 흔들리는 사람은
악을 증가시키고 그걸 더욱더 퍼뜨리는 것이지만,
자신의 신념을 확고하게 지키는 사람은, 자신의 세계를 형성하는 것이기 때문입니다.

헤르만이 여기서 표현한 것, 즉 스스로 자기 세계를, 더 나아가 자기 자신을 형성하는 것은 바이마르 고전주의에서 제시하는 미적 교육의 핵심 목표이다. 주지하다시피 이는 바이마르 고전주의가 동시대의 현실에 대한 비판적인 인식을 바탕으로 하여 현실의 정치적인 문제를 해결하기 위해 필요한 "우회로"로 제시한 것이다.

수용과 영향

괴테는 『헤르만과 도로테아』가 자신이 가장 좋아하는 작품이며, 다른 작품들과 달리 한 번도 자기 자신에게 낯설게 되지 않았다고 했다(에커만, 『괴테와의 대화』). 『헤르만과 도로테아』는 『젊은 베르테르의 슬픔』 이후 괴테의 가장 큰 성공작이었다. 출간되자마자 이 작품은 즉시 실러, 헤르더, 셸링, 아우구스트 슐레겔, 빌헬름 폰 훔볼트, 헤겔 등 동시대인들의 열광적인 호응과 찬사를 받았다. 특히 실러는 이 작품을 "아주 새로운 우리 예술의 정점"(마이어에게 보내는 1797년 7월 21일 자 편지)이라고 극찬했다. 『헤르만과 도로테아』는 출간 후 덴마크어, 영어, 프랑스어, 이탈리아어, 라틴어 등 여러 언어로 번역되었으며 드라마로 개작되어 바이마르에서 여러 번 공연되기도 했다. 이 작품은 수많은 시민적인 서사시들과 전원시들—헤벨의 「어머니와 아이」, 뫼리케의 「보덴제의 목가」

등—의 모델이 되었고—이 시들은 오늘날 대부분 잊혔다—, 다니엘 호도비에키, 에밀 클라인, 요젭 폰 퓌리히 등 수많은 화가는 『헤르만과 도로테아』의 내용을 바탕으로 삽화를 그렸다. 이 그림들로 엽서 연작도 만들어졌다. 칼 슈테른호이저라는 신고전주의 조각가는 『헤르만과 도로테아』의 영향으로 카를스루에의 슐로스가르텐에 조각품을 만들기도 했다. 로버트 슈만은 이 작품에서 영감을 받아 작곡한 「헤르만과 도로테아 서곡」(op. 136, 1851)에서 원래 프랑스혁명 전쟁이 발발했을 때 〈라인군을 위한 군가〉로 작곡되었다가 나중에 프랑스 국가가 된 〈라 마르세예즈〉의 멜로디를 사용했고, 오페라 작곡가 장 우리히는 괴테의 텍스트에 바탕을 둔 리브레토 〈헤르만과 도로테아〉(1899년 베를린 초연)를 작곡하기도 했다. 이처럼 이 작품은 특히 19세기에 상호 매체적으로도 많은 영향을 줬다.

『헤르만과 도로테아』는 19세기에 학교 수업을 위한 필독서로 정전화되었고, 독일 시민 계급의 가치를 전달하고 시민적이고 가부장적인 가족을 미화하는 애국적인 작품으로 이데올로기화되었다. 이렇게 이 작품은 20세기에 이르기까지 『파우스트』에 이어 괴테의 두 번째 대표작으로 여겨졌다. 그러나 2차 대전 이후 『헤르만과 도로테아』에 대한 관심은 줄어들고, 이 작품은 더이상 학교 교과서에 실리는 정전의 목록에 포함되지 않았다. 최근에는 기존의 수용에 거리를 두면서 이 작품에 대한 관심이 다시 살아나고 있다. 예컨대 2016년 2월, 알렉산더 클루게는 '경계라는 주제에 대하여'라는 제목을 가진 프랑스 괴테 문화원과의 인터뷰 시작 부분에서 『헤르만과 도로테아』를 프랑스 위그노파로부터 현재에 이르는 유럽 난민 문제의 맥락에서 언급했다. 또한 같은 해 10월, 빈의 부르크테아터에서도 알프레트 키르히너의 연출로 『헤르만과 도로테아』

를 현재 유럽의 중요한 이슈인 난민 문제를 새롭게 해석하고 낭독 공연Szenische Lesung의 형식으로 공연한 바 있다. 마리아 하펠, 마틴 슈밥이라는 두 배우만 등장한 이 공연에서는 배우의 성별에 따라 역할이 고정되지 않았다.

조향

Chapter Ⅵ
개념

GOETHE LEXIKON II

개인성

괴테의 개인성Individualität에 대한 견해는 주로 그의 이론적인 글에서 발견되는데, 비교적 동질적 내용을 보이고 있다. 괴테가 개인성의 규정을 위해 전제로 삼고 있는 것은, 우연한 요소와 본질적 요소의 구별이다. 그에 따르면 특징들은 "개인을 구성하는 것이며, 보편적인 것은 이 특징들을 통해 세세하게 기술"된다. 하지만 "가장 독특한 것들 속에서도 여전히 오성과 이성 그리고 호의와 같이 우리를 이끌고 한데 묶는" 보편적인 것이 드러난다.

위와 같은 괴테의 언급에서 알 수 있는 것은, 개인성이 자기 보존과 보편적인 것과의 경계 짓기 사이에 있는 긴장 영역에서 구성된다는 것 그리고 괴테가 개인성을 한편으로는 상황에 따라 제한된 것이나 유일한 것으로, 다른 한편으로는 지속적인 것이나 저항적인 것으로 파악하고 있다는 것이다. 오성이나 이성 혹은 호의와 같은 것은 종種적 속성일 뿐 개인성을 형성하는 것은 아니다. 개인성을 형성하는 것은 '특징', 즉 종적 속성들이 가장 독특한 것들 속에서도 여전히 분명히 드러나는 방식이다. 다른 말로 하자면 괴테는 개인성을 규범적으로 정초된 보편성에서 비껴나 있거나 비정상적인 것, 병적인 것 혹은 열등한 어떤 것으로 평가한 것이 아니라, 그 반대로 합리성이나 의지와 같은 보편적인 속성에 비로소 형상과 개성을 중개하는 특수한 것으로 평가했다. 하지만 개인성의 특수성은 투쟁 속에서만 자신을 주장하거나 관철시킨다. 그것은 오직 보편적인 것을 개별적인 것에 종속시킬 때 존재하며, 특수한 것이 보편적인 것에 종속되면 사라진다.

눈에 띄는 것은 괴테가 개인성 개념을 개인이 생존하고 자신의 특성을 드러내기 위해 필요한 성격, 즉 끈질김이나 저항성과 같은 성격과 더불어 '엔텔레케이아'와 같은 개념으로 설명하고 있다는 것이다. 아리스토텔레스가 만든 이 개념은 삶을 보존하는 원칙인 영혼의 고유성을 가리킨다. 이 개념을 발전시킨 근대사상가로는 라이프니츠를 들 수 있는데 그에 따르면 엔텔레케이아 혹은 개인의 본질은 에너지를 보존하며 작용하고 개별화하는, 생성하는 힘이다. 이와 더불어 괴테는 동시대 철학자인 셸링의 엔텔레케이아 개념 역시 자신의 개인성 개념을 위해 참조하고 있다. 셸링은 엔텔레케이아가 영혼이라는 비물질적 원칙을 물질적 현상 형식인 유기적 육체와 결합시키는 원천이라고 보고 있는데, 이러한 견해는 아리스토텔레스나 라이프니츠의 생각과도 일치한다.

종적인 것과 개별적인 것의 양가적 관계와 그 투쟁이 그리는 운명적 상황을 괴테는 때로 '데몬'과 관련지어 설명한다. 데몬은 "사람이 태어날 때 직접적으로 표현된 필연적이며 제한된 개인성이자 개개인이 다른 모든 사람과 커다란 유사성을 가짐에도 불구하고 그들과 구분되는 특성을 의미"한다. 이러한 언급을 통해 괴테는 각자에게 적절한 삶을 위한 개인성의 본질적 의미를 고대 그리스의 전통과 연결시키고 있다. 왜냐하면 헤라클레이토스는 'Ethos anthropo daimon', 즉 '인간의 고유성이 그의 운명'이라고 말하고 있으며, 플라톤 역시 이와 유사한 의미로 개인적인 삶과 사회적 삶의 완수를 자기 인식이라는 원칙과 연결시키고 있기 때문이다.

작품에 나타난 '개인성'에 관한 구체적인 언급으로는 먼저 그의 자서전인 『시와 진실』을 참조할 수 있다. 괴테는 이 저작의 제3부 서문을 구상하면서 "전기는 개인을 생생하게 묘사함으로써 역사보다 높은 우선순위를 획득해야 한다"고 말하고 있다. 괴테는 이로써 역사가 개인을 만드는 것이 아니라 개인들이 역사를 만든다는 사실에 방향을 맞춰야 한다는 현대적인 생각을 선취하고 있다. 물론 이때 개인은 다분히 역사 속에서 투쟁하거나 창조성을 발휘하는 인물을 염두에 둔 것이다. 예를 들어 괴테는 시인이란 새로운 언어를 창조하며, 이로써 자신의 개인적인 독자성을 최고조로 이끄는 존재로 보고 있다. 그는 예술의 형태로 스스로의 내면을 통찰함으로써 창조적인 결과물을 만들어 내는 개인인 것이다.

> 지상의 모든 시문학은 순수하게 객관적이 되기에는 여전히 너무 개성적이다. 다시 말해 너무나도 개인적이며, 충분히 일반적이지 않다.

괴테의 이러한 생각은 개인성을 첨예화된 형태로 예술가에게 투사한 것으로 보이며, 창조적인 생산성의 원천이자 조건인 예술적 주관성을 옹호하는 것으로 해석된다. 예술이 자연을 모방하더라도, "대상이 예술가의 내면으로 깊이 파고들면 파고들수록, 예술가의 개인성이 크면 클수록, 그가 활동적이면 활동적일수록 더 행복한 결과"에 이르게 된다.

급진적 개인성의 원칙과 모방이 독특하게 결합된 예술론적 사유는, 예를 들어 『빌헬름 마이스터의 수업시대』에는 배우의 개인성과 작품 속 등장인물의 모방이라는 형태로 결합되어 나타난다. 작중 인물인 제를로에게 괴테는 다음과 같이 말하게 한다. 배우의 제1의 덕목은 "어떤 역할에 충실하기 위해서는 작가가 작품에서 생각한 것이 무엇이며, 자신의 개인성에서 포기해야 하는 것이 무엇인지를 선명하게 파악하는 것"이다. 개인성의 희생을 말하는 듯한 이 대목은 더 나아가 다음과 같은 인식을 함의하고 있다. 자신을 개인으로 이해하는 사람만이 개인인 어떤 다른 사람의 입장에서 생각할 수 있고, 그 결과 무대 위의 개인적 인물을 만들어 내게 된다는 것이다.

반면 타협하지 않는 개인성을 극단적으로 살아 나가고자 하는 태도는 결국 사회 속에서 좌절을 겪게 된다. 예를 들어 베르터가 자살하는 것은 그가 '죽음에 이르는 병'에 걸렸기 때문이 아니라, 이 병을 생산적인 고통으로 변화시키는 노력을 보이지 않았기 때문이다. 베르터라는 인물을 통해 괴테는 유보적인 동정과 비판적인 거리감이 섞인 형태로 낭만주의적 개인과 그 개인의 비현실주의 그리고 그 비극을 선취하고 있다. 베르터와 논쟁할 때 알베르트가 기초하는 오성은 그가 두둔하는 도덕을 위해서 뿐만이 아니라, 주체 간에 영향을 끼치는 가능성이기도 하다. 하지만 베르터의 낭만적 과격성은 스스로의 죽음을 통해 개인을 이러한 중재로부터 멀어지게 하고, 그 자연적인 논리를 이성적인 거리보다 더 강력하다고 설명한다.

베르터가 사용하는 용어인 '죽음에 이르는 병'은 19세기에 키르케고르의 주저작의 제목으로 사용됨으로써 개인 철학을 위해 현재에 이르기까지 주목할 만한 의미 확장을 경험하게 된다. 『성경』의 「요한복음」에 등장하는 나사로의 죽음과 연관된 이 용어는 실존적인 상황의 특성, 즉 개인을 구성하는 대체될 수 없는 절망의 특성을 가리킨다. 키르케고르에 따르면 이 병은 자기 상실에서 그 정점을 찍는데 이러한 상실은 개인적으로 신과 연결됨으로써만, 즉 구원을 통해서만 피해 갈 수 있다. 하지만 베르터의 '죽음에 이르는 병'은 어떠한 구원도 불가능하다. 스스로의 죽음을 자연권이라고 과격하게 옹호하는 태도를 통해 베르터는 자신의 상태에 유일무이한 의미를 부여하고, 죽음을 통해 자기 발견의 예를 제시한다. 키르케고르와 달리 베르터는 구원이 가능한 절망이나 구원이 필요한 절망을 묘사하고 있지 않다. 결국 괴테는 베르터를 통해 개인을 영웅화하고 있는 것이 아니라, 그의 비극과 그 전개 과정을 보여 주고 있는 것이다.

정현규

GOETHE
LEXIKON
II

노동/노동자

사회 전반에서 목격되는 산업 기술적 변화들은 '현대'로 이어지는 과도기라 할 수 있는 소위 '괴테 시대'에서 시작되었다. 괴테 전문가인 보르히마이어D. Borchmeyer는 "현대 유럽에서 활동 계급의 철저한 가치 전환은 산업기술적인 시민사회의 해방과 농경문화에서 산업 문화로의 이행 그리고 물적 재화의 산출이 지니는 점증하는 의미와 함께 수행되었다. 노동은 활동의 전통적 서열의 낮은 단계로부터 정점까지, 결국에는 순수한 인간 행동의 표기로까지 그 지위가 상승한다"라고 지적한 바 있다. 괴테는 "나약, 오류, 기교"에 대응해서 "활동적이면서 섬세하며, 정신적으로 숙련되고 실질적인 것"을 내세운 것처럼 인간의 실천 영역을 강조하는데, 이는 좁은 의미의 생산노동의 작업이라는 제한된 방식을 뛰어넘어 본래 의미의 인간 활동 그 자체로 파악된다. 여기서 '노동'은 궁극의 의미에서 노동 방식과 하나 되고 일체화된 의미에서 인간 유형의 한 표현으로 이해된다.

괴테의 노동 표상을 슈림프H. J. Schrimpf의 견해로 좀 더 보완하면 "인간은 노동을 통해 자신의 정신적·육체적 힘들을 증명하며 인간으로서의 존재를 수행한다". 노동에 대한 이러한 해석은 분명 전체적 '삶'과 연관이 있다. '기술' 즉, 테크놀로지는 특히 '노동'에 관한 인식에서 중요한 한 지점을 형성함과 아울러 인간과의 관련을 배제하고는 독자적으로 사유될 수 없다는 인식이다. 그렇기 때문에 기술자는 테크놀로지와 연관된 특수한 노동 성격만을 드러낼 뿐이다.

괴테의 후기 축제극인 『판도라』(1809)에서 프로메테우스는 냉정한 행동 인간으로 묘사된다. 괴테는 이 희곡에서 새로운 시대의 변화를 무엇보다 꾸준히 일하는 부단함을 통해 특성화시켰다. 초기의 「프로메테우스」 초본(1773)과 같은 이름의 찬가(1773/74)에서 '거인'으로 또 천부적인 창조자로 묘사되었던 프로메테우스 형상이 『판도라』에는 순수 노동자로서 계급적 질서를 뛰어넘는 "현대의 엄격한 노동 윤리자로, 현대의 기술 관료"로 나타난다. 괴테의 프로메테우스가 "노동 세계의 총체성 요구와 기술적 생산의 절대적 설정"을 구체화한다는 점에서 현대의 '호모 파베르Homo Faber'로 간주될 만하다. 프로메테우스는 말하자면 기계 및 기술의 조정자로서 또 기술에 의한 세계 질서의 창조자로서 이해될 수 있다.

독일의 독문학자인 제게베르크H. Segeberg는 『파우스트』에 대해 다음과 같이 기술하고 있다.

> 테마는 기계가 아니라 이에 앞서는 인간의 기계화이고 이로써 근·현대적인 노동 유형 속에서 특수한 현대성이 보여진다.

이런 관점에서 볼 때 파우스트는 '현대'를 대변하는 형상으로 파악된다. 제게

베르크는 파우스트 형상을 '기술자'로 파악하는 재미있는 해석을 제시한 바 있다. 이러한 해석은 파우스트의 죽음이라는 비극적 상황과 테크놀로지가 부각되는 현대의 한 시대 양상을 연계지어 비판적으로 고찰한 결과라고 볼 수 있다. 노동을 현대의 테크놀로지와 연계시킬 때 대두되는 노동자는 기술자로 인식되겠지만, 기술자가 사용하는 테크놀로지는 제한적인 노동의 한 수단일 뿐이며, 여기서 정작 중요한 것은 기술자가 삶의 총체성에 얼마큼 관여하는지에 있다.

괴테의 노동자상은 노년작 『파우스트 2부』와 『빌헬름 마이스터의 편력시대』(이하 『편력시대』)에서 발견되는데, 특히 집합적 공동체의 비전과 함께 강조된다. 노동 및 노동자와 관련된 괴테의 사고는 1821년부터 출간된 소설 『편력시대』에서 많이 엿볼 수 있는데, 레나르도가 찾아 나선 스위스 알프스 지역의 방적공과 직물공의 삶에 대한 묘사 속에 잘 나타나 있다. 괴테의 노동 표상은 "지불된 작업이라는 의미에서 합리적 생산"만을 의미하지 않으며 또 "나날의 욕구 만족을 위한 수단을 조달하는 것으로 만족하지도 않는다". 왜냐하면 괴테의 노동 콘셉트가 경제적 가치와 관련을 맺으면서도 결코 인간의 유기적 조건들로부터 분리되어 있지 않기 때문이다. 괴테는 이처럼 노동 및 노동자를 경제적 척도로만 바라보지 않는다. 하지만 노동이 경제적으로 계산될 수 있음을 배제하지도 않는다. 왜냐하면 인간은 노동 산물의 물질적 연관들로부터 분리될 수 없기 때문이다.

괴테가 말한 바 있는 "삶을 향한 드높은 힘"은 노동과의 연관 속에서 전면적으로 새로운 삶의 실현을 위한 힘으로, 말하자면 새로운 의지로 파악된다. 슈림프는 괴테의 인간과 노동의 관계를 다음과 같이 설명하고 있다.

> 인간은 노동과정에서 단지 분리된 기능을 수행하지 않고, 규정된 특별한 자로서 노동과정 속으로 진입해 하나의 생동적인 전체 속에 있는 것처럼 느낀다. 만약 내가 노동에 열중한다면, 이것은 내가 기능이 아니라 일하는 인간에 향해 있음을 의미한다.

이 설명은 『편력시대』에 관한 것인데, 새로운 인간상인 노동자에도 잘 부합한다. 이런 의미에서 괴테에게 테크놀로지의 문제 제기는 실상 별로 중요하지 않은데, 왜냐하면 테크놀로지에 따른 노동은 새로운 삶의 양식을 실현하기 위한 외적 양식에 불과하기 때문이다. 이로써 『편력시대』 소설에서 레나르도의 표현대로 "살아 있는 전체의 가장 순수한 감정"이 생겨날 텐데, 이 경우는 "그 자체 인간과 노동의 고요한 유기적 일체성"이 문제가 될 때이다.

1902년에서 1912년까지 출간된 괴테의 기념판본Jubiläumsausgabe에서 그라이제나흐W. Greizenach가 해설한 것처럼 이 『편력시대』 소설에서 빌헬름이 "공허하고 규정되지 않는 이상을 떠나 규정적이며 활동적인 삶으로 들어서지만, 그렇다고 이상화된 힘들이 소멸되는 건 아니다". "하지만 최소한 인문계 김나지움의 수업에서 표출되곤 하는 신인문주의의 이상"은 포기된다. 이러한 유의 '이상'은 괴테의 이 후기 소설에서 비판적으로 서술된다. 이를테면 인물 야르노는 일반교양과 이에 대한 모든 기관을 "바보짓"으로 간주한다.

> 우선은 각기 직접적이고 실천적 목적을 지니지 않는, 심미적 토대에서의 모든 방면으로의 교양과 또 이를 바탕으로 그런 목적으로의 전환, 이러한 이상은 『편력시대』에 나타나지 않는다.

상기 문맥에서 현대적 의미의 전문화된 교육은 이미 괴테가 문학적으로 구상했다고도 볼 수 있다. 괴테가 야르노의 입을 통해 전문 교육에 대해 한 말을 보면 더욱 그렇다.

> 한 인간이 어떤 것을 속속들이 이해해서 자기 주변의 어느 누구도 쉽사리 흉내 낼 수 없을 만큼 훌륭히 해내는 것, 이것이 중요하다.

이제 '교양' 개념도 노동과 연관되는 한에서 재정립되는데, 이는 고전적 의미의 보편적인 일반교양을 말하기보다는 새로운 현상인 '전문화'를 의미한다. 노동 활동의 집약적 특성, 즉 "전문성"은 괴테의 『편력시대』에서 '교양'에 대한 빌헬름의 이전의 주장과는 반대로 필연적인 것으로 강조된다. 상술된 인간과 테크놀로지가 유기적으로 합일된 상태는 궁극적 의미에서 괴테가 말하는 "가장 아름다운 희망"에 부합한다.

> 이제부터 모든 측면으로의 일치단결된 활동이 전개될 것이다.

정원석

GOETHE
LEXIKON
II

드라마투르기

연극학자 발터 힝크는 그의 저서 『연극인 괴테』에서 괴테의 무대 상연은 드라마투르기Dramaturgie 작업 없이는 상상할 수 없는 일이었다고 말한다. 그가 말하는 드라마투르기란 희곡을 공연 대본으로 옮기면서 실행하는 각색 및 번역, 번안뿐 아니라, 무대화 과정에서 연출가를 이끄는 역할을 의미한다. 즉 괴테가 연극을 상연하기 전에 실러와의 협업으로 원작을 수정했던 일련의 진행 과정도 이에 해당한다. 그런데 괴테와 실러의 연극 작업에서 드라마투르기는 또 다른 업무에도 적용된다. 그것은 '레퍼토리 드라마투르기'로서 극장의 상연목록을 정리하는 것인데, 관객에게 연극이 단지 소비하는 유희가 아닌 미적 교육으로서 기능하게 하는 데 중요한 시스템이다. 관객이 작품 하나에 대해서 이해하는 것이 아니라 공연 레퍼토리 전체의 맥락에서 작품을 보고 파악하도록 하는 것이다.

관객 지향적 드라마투르기

괴테의 연극이 지나친 양식화와 이상화로 무대에 적합하지 않은 상연이었다고 평가받지만 실상 괴테가 지향한 드라마는 관객에게 편히 다가갈 수 있고 쉽게 이해할 수 있는 것이었다. 공연은 "관객이 원하는 보편적이고 인간적인 흥미가 빠지면 안 된다"는 것이 그의 지론이다. "평범하게 그린 인물이 무대에서는 의외로 성공하고, 위대한 시인이 멋지게 그린 인물은 개성이 치밀하게 갖춰져서 무대에 올리면 반드시 실패"한다고까지 말했다. 또한 "독일 사람들은 일종의 엄숙함과 감동 그리고 내면세계의 충실함 같은 것을 요구하는데 독일 작가들에게는 대체로 철학적인 사상이 손상을 끼친다"면서 추상적이고 이해할 수 없는 지루하고 고루한 요소를 배제한 생활인의 문장을 원했다. 그는 실러의 글에 대해서도 "철학적인 논의를 하지 않을 때 광채가 나서 살아 움직이는 것이 된다"고 했다. 따라서 시인(극작가)의 재능은 관객의 기호와 관심이 어디로 쏠리고 있는지를 얼마나 정확하게 파악하고 있는가에 달렸음을 강조했다.

괴테의 이 같은 생각은 『파우스트』의 "막전극Vorspiel am Theater"에서 명확히 드러난다. 막전극은 『파우스트』 1부의 맨 앞에 실린 짤막한 극으로 작품과는 별개의 내용이다. 극단장(감독)과 작가(시인) 그리고 익살꾼(광대)이 연극 상연의 콘셉트를 두고 논쟁을 벌이는데 여기서 괴테는 관객의 실체와 관객을 위한 공연이 어떤 것인지를 극단장의 말을 통해 드러내고 있다. "내가 바라는 건 오직 많은 관객을 즐겁게 해 주는 걸세", "신선하고 새롭고 그러면서 의미까지도 있도록 만들 수 있을까?", "내가 자네에게 요구하는 것은 많지만 그저 많이만 늘어놓게, 그럼 목표 달성을 못할 리 없네.", "누구나가 인생 현장을 살고 있지만/그걸 의식하고 있는 자는 많지 않다구요/그걸 꽉 잡기만 하면 재미있는 작품이 되는 겁니다." "섬세한 감정을 가진 자 누구나/당신의 자양분을 빨게 될 터이요./그리되면 얼마 안 가서 이 기분 저 기분 발동되어/각자 자기 마음속에 지닌 것을 보게 될 터올시다요." 막전극은 괴테의 드라마투르기를 특징짓는 시론으로서 관객 지향적 방향성은 훗날 독일 대중매체의 방송 원칙으로 채택되기도 했다. 또한 괴테는 읽어서 정말 재밌고 생각만 해도 멋진 것들이 막상 무대에 올려 보면 전혀 다른 결과를 가져온다면서, 책으로 나와서 우리를 황홀하게 만든 이야기도 무대에서 상연하면 냉대받기도 하기에 무대용 극작의 전문 기술과 재능이 필요함을 강조했다.

그렇다면 무대 효과를 높일 희곡 작품은 어떻게 써야 할까? 괴테는 "상식적으로 써야 한다"고 말했다. 사건 하나하나가 그 자체로 의미가 있으면서 한층 더 중요한 사건을 향해 치달아야 한다며 그는 몰리에르의 『타르튀프Tartuffe』를 훌륭한 작품으로 추천했다. 막이 올라가는 순간부터 의미심장하고 계속해서 한층 더 중요한 사건이 일어날 것을 예측하게 한다는 것이다. 또한 전통적인 연극에서 중시한 삼일치의 법칙—시간, 장소, 사건 진행—에 대해서도 작품의 이해를 방해하는 경우 지킬 필요가 없다고 했다. 따라서 괴테의 드라마투르기는 관객이 이해하기 쉬우면서 사건에 이끌려 들어가도록 만들어 재미와 의미를 겸비하는 것을 지향했다. 이러한 원칙을 바탕으로 무대용 각색이 이뤄졌다. 원작을 줄이고 제목을 새로 붙이는 것은 기본이었다.

이 작업은 주로 실러와 함께 진행했는데 개작에 대한 에피소드를 몇 가지 소개한다. 『맥베스』를 상연할 때 환상적이거나 형이상학적인 요소를 제거했다. 관객들을 평온하게 하려고 비극의 결말을 해피엔딩으로 바꾸기도 했다. 『에그몬트Egmont』(1796)는 실러가 건강이 좋지 않은 상태에서도 심혈을 기울여 개작했는데, 작품의 길이를 5막에서 3막으로 줄이면서 장면을 삭제하고 재배치했다. 괴테의 원작이 가지고 있는 에그몬트의 영웅성을 덜어 내고 인간적인 면모를 적나라하게 보여 줬다. 다른 사람들과의 관계 속에서 에그몬트를 다시 보게 했다. 이는 실러의 역사 지식을 바탕으로 실제 에그몬트라는 인물을 제대로 발견하려는 시도이기도 했지만, 영웅의 주관성에 대한 다른 입장을 제시함으로써 "세계의 메커니즘에 새롭고 깊은 균열을 표현하는" 실러의 특성을 보여 준 것이기도 했다.

각색으로 낭패를 본 경우도 있다. 1808년 괴테는 바이마르에서 클라이스트의 『깨어진 항아리Der zerbrochne Krug』를 초연했는데 그때도 상당히 손질을 했다. 그런데 관객 반응이 좋지 않아 단 한 번의 상연 후 중단되자 클라이스트는 괴테에게 공개적으로 실패에 대한 책임을 물었다. 연극 『대사기꾼』은 실제의 사건을 처음으로 문학적으로 그려 내 연극에 맞게 구성을 했는데, 당시 교양의 수준이 높은 사람들에겐 찬사를 받았지만 대중은 좋아하지 않았다. 괴테는 그 이유를 "소재로 취급하는 범죄가 좀 떨떠름한 데가 있었다"고 회상했다.

괴테는 연극만이 아니라 음악극도 관여했다. 모차르트 오페라 『마술피리』(1794년 초연)는 관객에게 뜨거운 반응을 얻었다. 그 작품도 대폭 개작했으나 이번엔 성공적이었다. 바이마르 시민들의 열광 속에 80회 이상 공연되었다. 당시 대부분 오페라가 그렇듯 처음엔 독일어로 공연하지 않았는데, 괴테는 궁정 극장 드라마투르크 크리스티안 아우구스트 불피우스에게 독일어로 번역하도록 지시했다. 작품의 이야기도 다듬었다. 무엇보다 악보는 단순하면서 강렬하게 수정했는데, 가수들이 노래를 쉽게 잘할 수 있도록 편곡한 것이다.

레퍼토리 드라마투르기

극장의 레퍼토리는 1년 단위 또는 시즌별로 정하는데, 극장의 미션을 한눈에 읽을 수 있는 중요한 자료이다. 괴테의 극장 업무 중 훗날 가장 탁월한 것으로 평가받은 것이 레퍼토리 선정이다. 괴테는 극장의 상연 계획을 세우는 일은 배우의 연기력 향상과 관객의 연극 관람 훈련을 위해 무척 중요하다고 강조했다. 당시 바이마르 극장은 새로운 작품을 올려 성공하는 데 급급해 극장의 레퍼토리가 뒤죽박죽이었다고 괴테는 불평했다. 오늘은 비극, 내일은 희극을 상연하면 관객이 제대로 판단을 내리지 못한다면서 이웃 나라의 상연 관습을 부러워했다.

> 이탈리아에서는 똑같은 오페라 한 편을 4주 내지 6주간 매일 상연하지.

> 교양 있는 파리 사람들도 조국의 대작가의 작품을 여러 번 관람하지. 그리고 그것을 외워 버리고, 음절 하나하나의 강약까지 구분하네.

괴테가 에커만에게 했던 말이다. 독일은 오랜 시간 연습해 좋은 작품을 상연해도 기껏 2, 3회에 막을 내리고, 새로운 것만 다시 요구하는 상황이었다. 괴테는 그런 식의 상연은 관객의 연극 관람 안목을 기르지 못한다고 생각했다. 이플란트와 코체브의 통속극 장르를 제대로 이해하지 못하고 그저 폄훼하는 것도 관객의 수준이 못 미쳐서라고 했다. 실러 역시 비극 전문 극장을 세우고 싶어 했다.

괴테와 실러는 상연 목록을 짜는 데 있어 몇 가지 원칙을 세웠는데, 기본적으로 봐야 할 연극들 사이에 주기적으로 걸작들—비극, 가극 그리고 희극—을 넣어 상연했다. 그런 가운데 관객들이 보고 싶어 하는 신작도 넣었다. 또, 다른 곳에서 일하는 배우들도 출연시켜서 관객들이 싫증나지 않게 했다. 그래야만 관객이 샛길로 빠지지 않으며 자기만의 목록을 만들 수 있다고 생각했다. 신작을 올리는 일에도 신중했다. 연극이든 오페라든 신작을 선택할 때 그 작품이 수년에 걸쳐 충분히 성공을 거둘 수 있다는 확신이 생기지 않으면 아예 연습을 시키지 않았다. 다른 곳에서 상연되어 호평을 받은 작품이 있으면 극장의 일원을 파견해 실제로 보고, 어떤 점이 좋고 탁월한가, 우리 힘으로 어디까지 만들 수 있는가를 확인했다. 그리고 일단 작품을 올리게 되면 리허설이 끝나고 나서 관객이 많이 몰리는 시즌에 짧은 기간 동안 여러 번 상연을 해 반응을 본 후에 좋으면 계속 공연했다. 신작을 올릴 때는 다른 도시에서 올려 보고 흥행을 했을 때에만 바이마르에 와서 상연하기도 했다. 작품의 상연 방식에서도 특별한 시도가 있었다. 『괴츠 폰 베를리힝겐』처럼 긴 작품은 사건의 전말을 설명하기 위해 1부를 단 한 번만 상연하고 극적 효과가 탁월한 2부만 반복 상연하기도 했다.

괴테는 세계문학이라는 관점에서 극장 레퍼토리를 확대하기 위해 실러 그리고 드라마투르크와 번역가들의 도움을 받아 외국 고전을 번역해 상연목록에 넣었다. 작품을 선택할 때 "무대에서 사투리를 쓰는 것은 적절하지 않다"는 그들의 신념에 상응해 세계문학의 주요 작품을 수집하는 데 기준을 삼기도 했다. 괴테와 실러는 고전적인 표본 레퍼토리를 정리했다. 레퍼토리 정리가 중요한 이유는 관객 교육의 차원에서도 관객이 연극의 개별 작품들을 제대로 관람하는 것만 중요하지 않으며 프로그램의 긴 맥락 안에서 공연을 관람하게 하는 것이 필요하기 때문이다. 이 시기부터 다져진 관극 전통이 오늘날 독일 관객의 관극 수준을 만든 것이다.

이로써 드라마투르크의 역할은 작품을 무대 텍스트로 변화시키는 것만이 아니라 상연 일정을 잡는 것도 중요한 업무라고 할 수 있으며, 괴테는 독일 극장, 아니 서양 극장의 레퍼토리 시스템을 구축하는 초석을 다졌다고 봐도 좋을 것이다.

드라마투르크로서의 괴테와 실러

드라마투르기를 행하는 사람을 '드라마투르크'라고 부른다. 최초의 드라마투르크의 역할은 함부르크 국립극장에서 극작가이자 비평가로 활동한 레싱의 내부 비평 작업으로 알려졌는데, 레싱의 활동은 제한적이었다. 그에 비해 괴테와 실러는 한발 나아가 그 역할을 확장하고 토대를 만들었다. 토르니우스Tornius는 괴테가 극장에서 발휘한 탁월한 능력을 연출가가 아닌 훌륭한 드라마투르크로서 높이 평가했는데, 괴테가 무대 위의 상연을 위한 여타의 여건을 조성하는 데 크게 기여했기 때문이다. 괴테의 공로는 무대 예술 분야의 부가적인 것들—앙상블, 대본 리딩, 연극 연습 지도, 상연 등—에서 비약적인 발전을 이뤄 낸 것이다. 그는 드라마 작품을 고품격 스타일로 효과적으로 연기해 낼 수 있는 바탕을 다져 놓았다. 이것이 곧 바이마르 양식의 성과로 이어지는데, 토르니우스는 『발렌슈타인』, 『타소』 같은 작품의 예술적·정신적 가치를 통해서 감각적이고 무대에 적합하면서 몸짓이나 표정이 풍부한 공연이 나왔으며, 이것을 바탕으로 이플란트, 코체브, 슈뢰더 같은 명배우들에게 적용할 수 있었다면서 "자연주의 드라마가 내면의(내적인) 가치를 드러내는 것을 소홀했으나 괴테에 이르러서 심연을 조정해서 배우로 하여금 작가의 작품에 몰입할 것을 요구했다. 내적 발전을 거쳐 무대 형상화가 이뤄지도록 했다"는 점을 짚었다. 괴테가 새로운 연극 예술 창조에 전력을 다한 결과였다.

괴테가 극장의 제도와 상연 관습을 개혁하는 데 크게 기여했다면 실러의 성과는 각색에 있었다. 실러가 드라마투르크로서 선택해야 했던 것은 극작가로서의 입장을 버리는 것이었다. 드라마투르크의 대본 작업은 창작하는 것이 아니라 이미 완성된 작품을 분석하고 각색해 무대에서 효과적으로 상연할 수 있도록 돕는 역할이다. 실러는 외국 작품을 번역하고 편집하고 드라마투르기적으로 각색했다. 자신의 작품도 무대 상연에 적합하게 수정했다. 그의 목표는 무대에 적합하면서 시대의 감각과 정신에 적합하도록 만드는 것이었다. 작품을 읽을 때 그는 항상 상연을 생각했다. 그 과정에서 실러가 중시한 것은 정신적 자유를 지키는 것이었다. 그는 극장이 단지 환상을 위한 공간이 아니며 진실의 차단을 해제하는 곳이길 원했다. 한 편의 꿈이 아닌 삶에서 깨닫는 "도덕적인 세계정부"를 발견하고자 했다. "진정한 예술은 단지 소멸하는 상연의 유희로서 보고 배우는 것"이 아니며 "단지 정서를 자유롭게 만드는 것이 아니라 현실을 인식하는 것"이라고 생각했다.

괴테와 실러는 각색만 한 것이 아니라 공동 창작도 했다. 괴테는 공동 창작에 대해 매우 긍정적이었다. 어떤 때는 실러가 시의 제1구를 만들면 괴테가 그것을 이었다. 따라서 어느 것이 괴테의 것이고 어느 것이 실러의 것인지 구분할 수 없었다. 이렇게 그들은 협력의 성과를 이뤘다. 1857년 바이마르극장 광장에 드레스덴의 조각가 에른스트 리첼의 우정 동상 기념물 축성이 있었다. 그것은 괴테와 실러의 비교적 짧았지만 함께한 시절의 의미를 상징한다. 이는 도시의 상징이자 그 시대의 상징이 되었다.

서지영

GOETHE
LEXIKON
II

범신론

범신론Pantheismus은 일반적으로 하느님이 이 세계(또는 우주, 자연)의 밖에 초월적으로 존재하는 것이 아니라 이 세계 안에 있다고 여기는 철학적 입장이나 종교관을 가리킨다. 이러한 범신론적 견해에 따르면 이 세계에 존재하는 모든 것이 하느님이라고 여겨지기도 하고, '하느님과 세계는 하나'임이 주장되기도 한다. 고대 희랍 이래로 서양의 인문학적 전통 속에서는 크세노파네스Xenophanes나 신플라톤주의에 의해 이러한 주장이 제기되었고, 16세기에는 지오르다노 브루노Giordano Bruno가, 17세기에 들어와서는 스피노자가 범신론적 입장을 펼쳤다. 특히 18세기에 들어서 주도적인 사상적 흐름으로 자리 잡은 합리주의는 신에 대한 비판적 물음을 던짐과 동시에 자연에 대해 깊은 관심을 표현하게 되는데, 이러한 분위기 속에서 범신론은 다시금 중요한 의미를 획득하게 된다. 괴테가 브루노와 스피노자의 이론에 관심을 갖게 되고, 젊은 시절부터 노년에 이르기까지 '전일성All-Einheit'을 주장하는 범신론적 입장을 취하게 되는 것은 이러한 시대적 상황과 무관하지 않다. 특히 스피노자의 사상은 괴테에게 매우 근본적인 영향을 미쳤는데, 괴테 스스로가 1816년 11월 7일 첼터에게 보낸 편지에서 밝힌 바에 따르면 스피노자는 셰익스피어, 린네와 함께 괴테에게 가장 큰 영향을 미친 세 인물 중 하나였다.

괴테의 범신론적 견해는 이미 그의 첫 번째 소설에서 찾아볼 수 있다. 『젊은 베르터의 슬픔』의 제1권, 5월 10일 자 편지와 8월 18일 자 편지에서 주인공의 자연 경험이 "전능자의 현존die Gegenwart des Allmächtigen"에 대한 체험 혹은 "무한한 하느님das unendliche Gott"의 현존에 대한 체험과 동일시되는 것은 자연과 하느님을 하나로 여기는 '전일성'에 대한 괴테의 범신론적 견해가 표현된 것으로 볼 수 있다. 괴테의 범신론적 견해와 관련해서 특히 주목해야 할 것은 그의 "하느님-자연Gott-Natur"라는 개념이다. 이 개념에 관한 구상은 괴테가 자연과학 연구를 추진하는 중요한 추동력으로 작동하고 있으며, 범신론과 관련해 그가 자연을 어떻게 이해하고 있는지를 잘 보여 준다. 이와 관련해 괴테는 1785년 6월 9일에 야코비Friedrich Heinrich Jacobi에게 보낸 편지에서 다음과 같이 쓰고 있다.

> 그대는 스피노자 사상 전체의 토대가 되는 지고한 실재를 인정한다. 이 실재는 다른 모든 것이 근거하고 있는 것이며, 다른 모든 것이 이 실재로부터 흘러나온다. 스피노자 사상은 하느님의 현존재를 증명하지 않는다. 현존재가 하느님이다. 그리고 만일 그렇기 때문에 다른 사람들이 스피노자 사상을 무신론이라고 꾸짖는다면, 나는 스피노자 사상을 유신론이자 기독교적 사상이라고 부르고 칭송할 것이다.

괴테에 따르면 모든 실재의 근원이 되는 '지고한 실재'가 존재하는데, 이는 곧 하느님을 의미한다. 그런데 스피노자 사상은 지고한 실재로서의 하느님의 현존재를 증명하려는 것이 아니라, 현존재가 곧 하느님임을 말해 준다는 것이다. 이는 잘 알려져 있다시피 '산출하는 자연natura naturans'(하느님)과 '산출되는 자연natura naturata'(자연)의 단일성이라는 스피노자의 개념을 염두에 둔 설명이다. 모든 실재의 근원이 되는 하느님은 바로 그 개별 사물들 속에 깃들어 있고, 개별 사물들은 지고의 실재 속에서 작용하고 있다는 것이다. 이런 이유에서 괴테는 위에 인용된 부분에 바로 이어서, 자신은 "하느님의 본질"을 "단지 개별 사물들에서 그리고 개별 사물들로부터만 인식하며 (중략) 여러 가지 풀과 돌에서 찾는다"고 말한다. 괴테는 '하느님과 자연의 단일성'에 관한 자신의 이러한 구상이 당대의 기독교 신학으로부터 스피노자류의 범신론 혹은 무신론으로 비판될 수 있음을 이미 알고 있다. 실제로 하느님과 자연의 관계에 대한 괴테의 이와 같은 구상은 당시에 범신론으로 간주되었고, 그렇기 때문에 그의 하느님 이해는 기독교의 유일신론과 조화되기 어려운 것으로 받아들여졌다. 하지만 야코비에게 보내는 편지에서 괴테 스스로는 '하느님–자연'이라는 자신의 이 구상이 무신론이 아니라 오히려 유신론적이며 기독교적이라고 강변한다.

괴테가 '하느님–자연'이라는 자신의 구상을 기독교적이라고 변호하는 것은 당시에 진행되었던 이른바 범신론 논쟁과 연관이 있다. 범신론 논쟁은 앞에 인용된 편지의 수신자인 야코비가 1785년에 출판한 책 『모제스 멘델스존 씨에게 보내는 스피노자 학설에 대한 서한Über die Lehre des Spinoza in Briefen an den Herrn Moses Mendelssohn』을 계기로 촉발되었다. 야코비는 이 책에서 스피노자의 사상을 범신론으로 규정하고 강하게 비판하는데, 당대의 기독교 신학은 범신론을 무신론과 동일한 것으로 간주했기 때문이다. 괴테는 이 논쟁에 공개적으로 참여하지는 않았지만, 스피노자의 사상을 따르는 자신도 스피노자와 마찬가지로 무신론자로 비난받는 것으로 여겼고, 이러한 비난에 대해서 앞에서 인용된 편지 등을 통해 '하느님과 자연의 단일성'에 대한 스피노자와 자신의 구상이 오히려 유신론적이며 기독교적임을 변호하려는 것이었다.

괴테가 자신의 '하느님–자연'에 관한 구상이 스피노자의 사상과 마찬가지로 범신론적이자 동시에 기독교적이라고 주장하는 것은 단지 당대의 비난을 피해가기 위한 변명인가, 아니면 괴테는 자신의 구상에 실제로 기독교적 특성이 담겨 있다고 여긴 것인가? 이러한 물음에 답하기 위해서는 범신론 논쟁에서 야코비를 통해 대변되는 당대 기독교의 하느님 이해와 이에 대한 괴테의 견해부터 살펴볼 필요가 있다. 야코비는 하느님을 이 세계의 외부에 존재하는 초월적 존재로 이해했다. 초월자로서의 하느님은 자연에게는 자신을 드러냄 없이 항상 철저하게 숨기고 있으며, 오직 인간 내면의 마음에만 자신을 계시한다는 것이 야코비의 주장이었다. 이처럼 하느님이 이 세계에 대해 지니는 절대적 초월성과 그의 인간 중심적 계시 방식을 주장하는 야코비에게, 괴테는 하느님이 오히려 이 세계에 내재하고 있으며 하느님은 자신의 존재를 (단지 인간의 마음에만 계시하는 것이 아니라) 자연에 내재하는 방식으로 드러낸다고 주장하는 것이다.

이 편지를 쓴 지 20여 년이 지난 후 괴테는 "자연은 하느님을 숨긴다die Natur verberge Gott"라는 야코비의 테제를 비판하면서, 자신이 하느님과 자연의 관계를 인식하는 방식에 대해 말한다. 자신의 "전체 실존의 토대"를 이루는 생각하는 방식이 있는데, 그것은 바로 "순수하며, 심오하고, 타고난 것이며 연습을 통해 습득한 직관 방식Anschauungsweise"이다. 이 직관이 자신에게 "자연 속에서 하느님을 그리고 하느님 안에서 자연을 보도록" 가르쳐 줬다는 것이다. 괴테가 '하느님–자연'의 관계가 지닌 본질적 측면을 인식하는 방식은 바로 '직관'이다. 그가 직관을 통해 인식하는 '하느님–자연'의 구상은, 하느님인가 아니면 자연인가 라는 양자택일적 입장을 취하지 않는다. 당대의 기독교 신학, 특히 괴테와 논쟁을 벌였던 야코비는 하느님을 이 세계의 외부에 존재하는 초월적 존재로만 생각했고, 그렇기에 스피노자의 신 이해를 무신론적인 것으로 간주했다. 하지만 괴테는 이와는 달리 하느님이 자연에 내재함을 강조한다. 그는 1815년에 쓴 시에서 하느님과 자연 사이의 관계를 다음과 같이 표현했다.

> 단지 외부로부터만 밀치며 들어오는 하느님은 도대체 무엇이란 말인가,
> (중략)
> 그에게는 세계를 그 내부에서 움직이는 것이,
> 자연을 자신 속에서, 자신을 자연 속에서 돌보는 것이 알맞다.
> 그래서 그의 안에서 살고 활동하며 존재하는 것은
> 결코 그의 힘이, 결코 그의 정신이 없음을 안타까워하지 않는다.

1832년 3월 11일, 그러니까 세상을 떠나기 10여 일 전에 에커만과 행한 대화에서 괴테는 "하느님은 6일 동안의 창조 후에도 여전히 결코 쉬지 않으며, 오히려 그분은 첫날처럼 여전히 계속 활동하고 계신다"라고 강조한다. 이 세상을 창조한 하느님은 이 세상의 모든 존재와 본질적으로 구분되는 존재일 것이다. 하느님은 이 세상에 대해서 본질적으로 초월적이란 말이다. 하지만 하느님이 이 세상과 관계를 맺는 방식은 6일 동안 창조가 이뤄질 때나 그 창조 끝난 다음이나 동일하다. 왜냐하면 하느님은 여전히 '자연 속에서' 활동하고 있기 때문이

다. 바로 하느님이 이렇게 계속해서 활동하는 방식이 바로 자연 속에 내재함이다. 위에 인용된 시의 표현을 따르자면, 하느님은 자연을 창조한 후에 이 자연을 떠나 존재하지 않는다. 하느님은 자신이 창조한 이 세상에 대해 설사 초월성을 지닌다 할지라도, 오히려 자신이 창조한 세계의 내부에서 활동하기를 원한다. 그는 절대적 초월자로서 이 세계의 외부에 존재하다가 갑자기 밀치고 들어오는 것이 아니라, '자신을 자연 속에서 그리고 자연을 자신 속에서' 돌보는 것을 자연과 관계를 맺는 가장 적절한 방법으로 여기고 있다는 것이다. 따라서 괴테가 자신의 하느님 인식 방법을 '직관'이라고 말한 것은 적절해 보인다. 왜냐하면 (1785년 6월 9일에 야코비에게 보낸 편지에서 밝힌 것처럼) 하느님은 풀이나 돌 같은 구체적인 개별 실재들 속에서 그리고 개별 실재들로부터만 인식될 수 있을 것이기 때문이다.

괴테가 1832년 3월 11일의 대화에서 "사람들이 태양을 숭배하느냐고 나에게 묻는다면 나는 또다시 단연코 그렇다고 말할 것이다"라고 말한다. 태양 숭배에 대한 괴테의 언급이 나온 배경을 살펴보면, 이 말의 본래 의미가 무엇인지 분명히 드러난다. 이 말은 결코 기독교의 유일신 하느님이 아닌 자연을 숭배한다는 뜻이 아니라, 직관을 통해 자연 속에서 하느님을 인식한다는 의미로 사용되고 있음을 알 수 있다. 괴테는 먼저 신약 성서에 나오는 네 개의 복음서에 기록된 내용의 진실성에 대해 자신의 견해를 밝힌다.

> 나는 네 복음서 모두의 내용이 전적으로 진실하다고 생각하네. 왜냐하면 그리스도의 인격에서 나온 고귀함의 반영이 그리고 하느님의 속성이 이 지구상에서 나타나신 것과 같은 하느님의 방식이 지닌 고귀함의 반영이 네 복음서에서

> 작용하고 있기 때문일세. 사람들이 나에게 내가 그리스도께 경외감을 표현하겠느냐고 묻는다면, 나는 단연코 그렇다고 말하겠네. 나는 도덕성의 지고한 원칙에 대한 하느님의 계시인 그분 앞에 굴복할 것이네.

괴테는 하느님의 계시인 그리스도에 대한 자신의 경배를 표현한 다음 태양에 대한 이야기를 한다. 그는 그리스도를 경배하듯이 태양도 숭배한다는 것이다. 그런데 그는 태양을 숭배하는 이유를 이렇게 설명한다.

> 왜냐하면 태양 역시도 지고한 분의 계시인데, 말하자면 우리 인간들이 지각할 수 있도록 허용되어 있는 가장 강력한 계시인 것이지. 나는 태양 속에서 하느님의 빛과 하느님이 창출해 내는 힘을 경배한다네. 바로 하느님의 이 빛과 힘을 통해서만 우리 인간들 그리고 우리뿐만 아니라 모든 식물과 동물이 생명을 유지하고 활동하며 존재하게 되는 것이지.

풀이나 돌과 같은 작은 개체들로부터 하느님을 직관해야 한다고 봤던 괴테는 이제 인간이 하느님의 존재를 직관해 낼 수 있는 자연 속의 지고한 대상을 바로 태양에서 찾고 있는 것이다.

괴테에게 있어서 직관은 단지 자연에 내재하는 하느님을 인식하는 방식인 것만이 아니라, '하느님-자연'이라는 표현에서 알아차릴 수 있듯이 바로 자연을 관찰하고 연구하기 위한 가장 근본적이며 가장 중요한 방식이다. 괴테는 『색채론』에서 "원原현상"이라 부를 수 있는 "보다 더 고귀한 규칙들과 법칙들"은 "자신을 언어와 가설들을 통해 오성에게 드러내는 것이 아니라, 현상들을 통해 직관에게 드러낸다"고 말한다. 또한 그는 1831년에 쓴 한 편지에서 "사물들을 직접적으로 직관하는 것이 나에게 있어서는 곧 모든 것이다"라고 말함으로써 직관이 자연 이해에서 중요함을 분명히 한다. 원현상이나 원형 식물과 같은 "이념, 법칙 또는 본질은 감각적으로 지각하는 것이 가능한 현상의 저편에 존재하는 것이 아니라, 감각적으로 지각하는 것이 가능한 형상 안에 존재한다"는 것이 괴테의 확신이었고, 따라서 직관 개념은 그의 자연과학적 연구 방법론과 밀접히 연관된다. 개별적인 현상들을 넘어서는 보편적인 것을 인식하는 것은 이 개별 현상들에 대한 감각적이고 경험적인 지각을 통해 가능하다는 것이 괴테의 생각이었는데, 직관이 바로 이러한 파악을 가능하게 해 주는 인식 방식인 것이다. 정신적이며 비물질적인 특성을 지닌 보편자가 경험적인 세계에 대해 단지 초월적으로만 존재한다면, 이 보편자는 결코 직관의 대상이 될 수 없을 것이다. 따라서 괴테의 직관 개념을 이해하기 위해서는 경험적 현상을 초월해 있는 보편자와 이 보편자가 내재해 있는 경험적 대상 사이의 관계를 정확히 아는 것이 중요하다. 즉 괴테의 직관 개념 안에서 초월과 내재가 어떤 관계에 놓여 있는지를 밝히는 것이 필요해진다.

「순수 현상Das reine Phänomen」(1798)에서 괴테는 바로 이 문제를 다룬다. 그에 따르면 "순수 현상은 관찰자가 결코 눈으로 볼 수 있는 것이 아니다". 순수 현상은 "개별 인간이 자연 속에서 지각하게 되는 경험적 현상"에 대해서 초월적이라고 할 수 있다. 하지만 순수 현상은 동시에 경험적 현상에 내재하는데, 왜냐하면 "순수 현상은 결국에는 모든 경험과 실험의 결과로서 존재하기" 때문이다. 만일 순수 현상이 경험적 현상에 내재하지 않고 단지 초월적으로만 존재한다면, 이러한 순수 현상은 괴테에게 더이상 직관의 대상이 될 수 없을 것이다.

초월자로서의 순수 현상은 단지 감각적 경험에 내재하는 방식을 통해서만 자신의 본질을 드러내기 때문이다. 따라서 순수 현상이 순수 현상으로서 의미를 지니게 되는 것은, 원래의 순수 현상이 더이상 순수 현상이기를 그만뒀을 때이다. 다시 말하면 초월적 존재로서의 순수 현상이 순수 현상으로 의미를 지니게 되는 것은 그 순수 현상이 경험적 현상에 내재할 때, 즉 더이상 초월적 존재로서의 순수 현상이 아닐 때인 것이다. 이런 점에서 괴테의 직관 개념은 내재성과 역설적 관계에 있는 초월성을 인식하기 위한 방식이라 할 수 있다. 자연 연구에서 드러나는 초월과 내재의 이러한 역설적 관계를 직관을 통해 인지해 내는 예를 (이미 앞에서 암시되었듯이) 괴테의 『색채론』에서 찾을 수 있다.

『색채론』의 연구 대상은 '빛'이다. 빛의 존재에 대해서는 아무도 의심할 수 없다. 빛은 항상 자신의 존재를 분명히 드러내기 때문이다. 하지만 괴테에 따르면 빛의 본질을 그 자체로 온전히 서술하는 것이 불가능하며, 빛은 단지 "자신의 행동Taten des Lichts"인 "색채Farben"를 통해서 서술될 수 있을 뿐이다. 빛에 대해서 직접적으로 명징하게 말할 수 없으며, 빛은 그 자체로는 온전히 인식될 수 없다는 점에서 초월자라 할 수 있다. 하지만 빛은 초월자임에도 불구하고 동시에 경험적으로 지각될 수 있는데, 이는 색채라는 경험적 현실에 내재하는 방식을 통해서 이뤄진다. 빛이 자신의 활동인 색채라는 경험적인 것에 내재해 있고 색채에 관한 자연과학적인 연구를 통해 빛을 인식할 수 있다면, 자연과학적 연구 대상으로서의 빛은 경험적이며 현실적이다. 빛이 구체적 인식의 대상이 될 수 있는 것은 이처럼 초월자인 빛이 경험적 대상인 색채에 내재함으로써 더이상 자신의 초월적 본성을 지니지 않게 될 때이다. 하지만 색채 속에 내재한 빛에 대한 직관은 동시에 빛 자체의 본질에 대한 인식이기에, 빛의 인식은 내재적 초월이라는 역설을 통해서 이뤄진다.

괴테는 『색채론』에서 다뤄진 빛의 인식과 관련해 1813년 1월에 행해진 한 대화에서 다음과 같이 말한다.

> 엄밀히 말해서, 감각적 지각이 지니고 있는 상당히 제한되어 있는 시야가 나로 하여금 이 지구상에서 행할 수 있도록 부여한 것 외에 내가 하느님에 관해 알 수 있는 것은 아무것도 없다. (중략) 하지만 이 말은, 우리의 자연 관찰이 지닌 이러한 제한을 통해서 신앙에도 장벽이 드리워졌을 것임을 의미하는 것은 결코 아니다.

이와는 반대로 괴테가 강조하려는 것은 "지식"은 "불완전한 것"으로 드러나게 되고, 따라서 불완전한 "하나하나의 모든 관찰은 신앙을 통해서 비로소 완전히 보충"될 것이라는 사실이다. 지식의 불완전성과 신앙을 통한 이 불완전성의 보충에 관한 괴테의 생각이 이제 원현상의 인식과 연관된다.

> 나는 이미 『색채론』을 연구하면서 깨달은 바가 있다. 원현상들이 존재하는데, 우리가 쓸데없는 실험들을 통해서 신적인 단순함 속에 있는 이 원현상들을 방해하거나 해쳐서는 안 되며, 이 원현상들을 이성과 신앙에 넘겨줘야만 한다는 점이다.

괴테에 따르면 원현상 혹은 순수 현상의 인식은 초월과 내재의 역설적 관계에 근거한 직관에 의해서 이뤄진다. 하지만 이러한 직관이 제공하는 지식은 불완전하다는 것이다. 원현상에 대한 인식을 완성시키기 위해서 실험이라는 방법을 사용하는 것은 그리 올바른 선택이 되지 못한다. 왜냐하면 실험이라는 방법은 원현상이 지닌 신적인 단순함을 파괴하게 될 것이기 때문이다. 그래서 괴테가 권하는 "기본 원칙"은 바로 "지식과 신앙이 서로를 지양하기 위해 존재하는 것이 아니라 서로 보충하기 위해 존재하도록 하는 것"이다.

괴테의 이러한 견해는 초월과 내재의 역설적 관계가 인간의 인식 능력의 한계와 관계된다는 인상을 준다. 자연 현상은 인간이 합리적으로 설명해 낼 수 있는 요소들만으로 구성된 것이 아니며, 자연의 형성 과정 속에는 인간의 합리적 사유 능력을 능가하는 초월적 요소가 항상 내재해 있음을 인정해야 하기 때문이다. 괴테가 자신의 『색채론』의 연구 대상인 빛을 가리켜 "명백한 비밀ein offenes Geheimnis"라고 명명한 적이 있는데, 이 역시도 초월과 내재의 역설적 관계가 의미하는 인식론적 한계에 대한 그의 견해를 담고 있다. 기독교 신학이 언명하는 바에 따르면, 하느님이 자신에 관해 신앙하는 것이 가능하도록 스스로를 분명히 드러낸다. 이와 마찬가지로 빛의 존재는 그 누구도 부인할 수 없을 정도로 명백하다. 하지만 하느님의 드러냄이 항상 하느님의 본질 전체가 인식될 수는 없는 방식으로 이뤄지듯이, 빛의 본질 자체는 그 자체로는 서술될 수 없다고 괴테는 믿는다. 하느님의 존재가 개별 사물들의 직관을 통해서 인지되듯이, 빛 역시도 색채라는 경험적 현상을 통해서만 직관될 수 있다. 빛의 본질을 지칭하는 '명백한 비밀'이라는 형용모순은 바로 '하느님-자연'이라는 구상에 담겨 있는 초월과 내재 사이의 불가분리하며 역설적인 관계를 잘 표현해 주고 있다고 할 수 있다.

괴테의 이러한 견해와 관련해 물리학자이자 괴테 연구가인 바이츠젝커는 다음과 같이 말한다.

> 빛의 단일성 속에서 자신을 표명하고 있는 것이 바로 하느님의 단일성이다. 그의 창조적 현존은 여러 가지 색채들의 다양성 속에 (중략) 존재한다. 그렇기 때문에 괴테는 범신론자이다. 보다 정확히 말하면, 모든 것이 하느님 안에 존재하고, 하느님은 모든 것 안에 존재한다. 이러한 사실에 대해서 오늘날의 물리학이 반대할 필요가 없다.

괴테가 이렇게 이해된 '하느님-자연'을 온전히 이해하기 위해서는 지식과 신앙의 상호 보충이 필요하다고 강조한 점은 그의 자연 이해가 지닌 신학적 함의에 주목해야 할 이유를 보다 분명히 해 준다. 괴테에게 있어서 '하느님-자연'은 다른 모든 개별 실재를 위해 (앞에서 언급한 1832년 3월 11일의 대화에서 표현된 것처럼) 하느님이 태초에 그리고 그 이후에도 지속적으로 활동하면서 자신을 알리는 방식을 의미한다. 동시에 '하느님-자연'은 이 모든 개별 실재들이 그 자체로서 존재하는 방식이기도 하다.

괴테의 '하느님-자연'이라는 개념은 '하느님과 자연의 단일성'에 관한 스피노자의 범신론적 사유 방식을 전유한 것이다. 이 개념을 통해 표현되는 괴테의 범신론은 그의 자연 이해와 자연과학 연구를 위해 매우 본질적 중요성을 지니는 것임을 알 수 있다. 뿐만 아니라 괴테의 범신론적 구상은 그가 스스로 강조해 밝혔듯이 당대의 비판과는 달리 기독교적 특성을 지닌 것이었음을 알 수 있다. 특히 최근 전개된 바 있는 기독교의 자연신학을 고려하면 '하느님-자연'이라는 괴테의 범신론적 구상은 비기독교적인 것이라기보다는 오히려 기독교의 자연신학적 견해를 선구적으로 구현하는 것으로 여겨질 정도이다. 특히 자연과학과 신앙 간 공명 관계의 중요성을 강조하는 괴테의 견해는 더욱 그의 자연이해가 지닌 기독교 자연신학적 의미를 부각시킨다. 괴테의 '하느님-자연' 개념은 오히려 당시 기독교의 인간 중심적 하느님 이해의 한계를 간파하고 있음을 보여 주며, 자연 속에서 자신을 계시하고 활동하는 하느님의 본질적 속성을 담고 있다고 할 수 있다. 나아가 괴테의 범신론적 구상은 오늘날 인간 중심적으로 설정되어 있는 자연과의 관계를 비판적으로 바라볼 수 있는 시각을 제시하고 있다고 여겨진다.

주일선

GOETHE LEXIKON II

연극/극장

1775년, 카를 아우구스트 대공의 부탁으로 바이마르에 정착한 괴테는 추밀원의 고문관직을 수행하는 동시에 연극인으로서 삶을 시작하게 되었다. 괴테는 1776년부터 바이마르 궁정 극단의 아마추어 단원이자 극단장 역할을 했으며, 1791년부터 1817년까지는 바이마르 궁정 극장의 감독으로 재임했다. 이때 괴테는 극장의 행정 업무뿐 아니라 공연 제작도 도맡았다. 서양연극사에서 최초의 연출가로 언급되기도 하는 괴테의 성과를 행정 업무와 무대 작업으로 나눠 살펴보기로 한다.

바이마르 궁정 극장과 괴테

a. 바이마르공국의 극장 설립

바이마르에 극장 건물이 처음 건립된 것은 1780년이지만 그 이전에도 연극은 자주 올라갔다. 번창하는 수도 바이마르의 명성은 수많은 예술가와 학자뿐 아니라 유랑극단도 불러들였다. 대다수 극단은 가설무대나 장터에서 공연했고, 일부만 궁정의 무대에 초대받는 특혜를 얻었다. 당시 궁정의 공연은 오페라 중심이었다. 연극은 가끔 임시로 마련된 무대에 올랐는데, 객석은 일반 시민에게 개방하지 않았다.

이렇듯 귀족 중심의 폐쇄적인 공연 문화에 변화를 일으킨 사람은 에른스트 아우구스트 2세 콘스탄틴의 부인 안나 아말리아다. 그녀가 예술 분야의 풍부한 재능과 식견으로 바이마르 문화 발전에 크게 기여했음은 널리 알려진 사실이다. 특히 친정인 브라운슈바이크 공국의 오페라와 연극 전통을 바이마르에 옮겨 오고자 노력하는 가운데, 독일 공연의 오랜 관습을 깨는 획기적인 변화들을 시도했다. 그녀는 궁정의 공연을 일주일에 세 번까지 공개해서 시민 관객을 자유롭게 입장시키는가 하면, 프랑스 궁정 언어만을 사용해야 했던 오페라를 독일어로 공연하게 했다. 또한 오페라 전용 무대에 동시대 희곡들을 연극으로 올리기 시작했다. 이는 바이마르 공연 문화의 일대 혁명이랄 수 있었다. 그러나 그녀의 개혁이 빛을 발하던 1774년 바이마르 궁정이 화재로 전소되었다. 그 사건을 계기로 아말리아는 극장 전용 건물을 건립할 계획을 구상하며 궁정의 구성원들을 모아 아마추어 극단을 조직했다. 아말리아 자신과 그녀의 아들 카를 아우구스트, 궁녀, 가수, 공무원, 장관들이 모여 연극을 상연했다. 이때 26세의 괴테가 이 단체에 합류하여 20개 이상의 역할로 출연해 배우로서의 소질을 보였다. 괴테의 초기작 『연인의 변덕』, 『공범자들』, 산문 『타우리의 이피게니에』 그리고 레싱, 몰리에르, 골도니의 작품들이 아마추어 극단의 공연으로 선택되었다.

1779년에 건축 사업가 안톤 하우프트만이 안나 아말리아의 경제적 지원을 받아 거대한 무도회장과 코미디 하우스를 설립했다. 1780년 1월 7일 개관한 이 극장은 소박한 골조 건물로서 당시 성곽 외부 비툼 궁전 건너편에 세웠는데, 오늘날의 바이마르 국립극장—독일 국립극장과 바이마르 오케스트라—자리가 이때 잡힌 것이다. 하지만 오래지 않아 하우프트만은 대출금을 갚을 수 없어서 바이마르 궁전에 그 건물을 팔았다. 요셉 벨로모의 극단이 그 극장을 저렴하게 임대해 사용하며 궁정의 의상, 소품, 무대장치를 이용하고, 예배당도 제약 없이 활용하는 특권을 누렸다. 그러나 벨로모 역시 예산이 부족해 재능 있는 배우와 가수들을 영입하지 못하게 되었다. 궁정에서는 2주에 한 번씩 새로운 작품을 초연하라고 강요하는 등 여러 가지 난항에 부딪혀 벨로모는 파산하고 말았다.

b. 괴테의 취임과 극장 조직

1791년 벨로모 극단이 떠난 후, 카를 아우구스트 공작은 괴테를 극장 감독으로 영입해 극장 살림을 재정비했다. 괴테는 스물한 개의 극단을 통합하고, 입장료를 받기로 했다. 공작도 재정을 지원해 줬다. 단원들은 연극, 징슈필, 오페라 등 모든 장르를 공연했다. 1791년 5월 7일, 코미디하우스의 명칭을 궁정 극장으로 개명하고 이플란트의 『사냥꾼』을 개관작으로 올렸다.

당시 독일어권 궁정 극장들은 1763년 7년 전쟁 이후부터 줄곧 재정난을 겪었다. 궁정의 안팎에서 후원이 있었지만 역부족이었다. 지역의 값싼 배우들과 가수들을 활용할 정도로 상황이 악화되자 군주들은 궁정 극장을 상업적인 발판에서 재조직하기 시작했다. 바이마르 궁정 극장 역시 건립 당시 자체적인 경영 전략이 필요했다. 지원금이나 후원금의 관리 외에도 수익을 창출하는 재정적 구조가 필요했는데 당시 독일 극장의 행정이나 경영 조직 체제는 미비했다.

바이마르 궁정 극장은 극장의 조직 설계를 먼저 시행했다. 극장법을 만들고 배우 규칙을 제정해 문서화했을 뿐 아니라 위반에 대한 처벌과 각종 계약서, 각서 등을 구체화하고 그 운영 과정을 공론화했다. "배우들은 여기 적힌 규칙을 지켜야 할 의무가 있고, 스스로 바로 서야 할 의무가 있다. 나는 이것을 혼자서만 확인하지 않고 모든 사람에게 알릴 것이다. 집행과 유지 또한 내 맘대로 하지 않을 것이다" 하고 극장 감독 괴테는 선포했다. 극장 업무의 분업화도 실행되었다. 재정 담당, 음악 부분의 악장, 연출 부분의 전문가들이 극장 감독을 보좌했고, 하인리히 포는 극장의 업무를 '예술 영역'과 '경영 업무'로 나눠 부서별로 역할을 분담했다. 대본을 확보해 정리하는 일, 배우 연습을 지도하고 단역 배우들을 훈련하는 일, 무대장치와 분장을 결정하는 일, 작품 상연, 광고와 홍보, 공연 후 연출가가 막 앞에 등장해서 공연 계획을 안내하는 일까지 꼼꼼히 세분화했다. 배우 빌름스는 극장의 회계 업무를 도맡았으며, 정기이용권이나 단체표를 관리하고, 연극 홍보물을 인쇄하고, 도서관 기록들을 취합하는 일을 맡아 진행했다. 당시만 해도 행정(관리) 전문가가 없었으니 대부분 배우 출신의 단원들이 업무를 맡았다. 이들의 전문성은 분업에서 출발했다.

업무는 분담되었으나 집권적인 조직 구조였다. 대부분의 의사 결정은 감독인 괴테의 권한이었다. 위반에 대한 처벌뿐 아니라 배우의 캐스팅과 배역 정하기, 임금 지급과 퇴직 문제도 감독의 최종 승인을 받아야 했고, 감독의 결정에 대해서는 아무도 반박하지 못했다. 일부 갈등 상황에 직면해서는 다수의 의견을 존중하기도 했는데, 배역에 대해 논란이 생기면 남자 배우들이 다수결로 정했다. 여성은 참여하지 못했다.

감독의 권한이 강했지만, 보고 체계와 관리의 통제 범위는 넓은 편이었다.

괴테는 극장 살림에 대해서는 일일이 간섭을 하지 않았으며 배우인 하인리히 포가 상당 부분의 권한을 위임받아 진행했다. 이런 식으로 극장의 체제가 정비되어 갔다. 그러나 배우들의 연기 수준이 문제였다. 배우들은 복잡한 대사는 소화하지 못했다. 실러의 『돈 카를로스』를 짧게 줄여서 공연해야만 했고, 괴테의 작품 『위대한 코프타Groß-Cophta』를 올렸으나 실패했다. 1793년, 괴테는 단원의 4분에 3을 내보냈다. 그리고 그 자리를 새롭고 젊은 배우들로 채웠지만, 질적 수준이 높아지진 않았다. 독일 곳곳에 배우를 위한 교육 기관이 없던 때였으니 새 배우들의 역량도 크게 다르지 않았다. 괴테는 훈련받지 못한 배우들 그리고 부실한 배우 조합과 전쟁을 치러야 했다.

괴테는 배우의 연기는 품행에서 비롯된다고 믿었다. 이에 부응해 콘라드 에크호프는 배우의 위상과 품위를 확실히 하려는 일종의 관습법전을 고안했다. 바이마르 극장 규칙 첫 번째 항목을 보면 "부도덕한 짓, 불륜, 비천한 행동, 술주정 등의 죄를 지은 사람 그리고 그와 유사한 사유로 극단의 명예를 훼손한 자를 처벌할 것"이며 그것을 수석 감독이 관리하는 것으로 되어 있다. 이 항목에는 감독에게 순종하고, 연습할 때 단정한 태도를 보여야 함이 전제되었다. 교양과 순종이 강요되는 극장의 규범은 배우 교육을 통해 궁정 극장에 걸맞은 우아한 배우를 양성하기 위한 것이었다. 또한 배우 개인의 독자적 행동을 제한해 집단에 의존하고 그 흐름을 따를 수밖에 없도록 만들었다. 생계와 연관해 단원들을 관리하는 다소 혹독한 체제를 가동했다. 대표적인 예로서 극장법에 벌금형이 있었는데 배우의 주급에서 떼어 갔다. 배우가 가불을 받았을 경우를 대비해 보증금 제도도 활용했다. 배우들은 상당한 비용의 보증금을 내야 했고, 이는 퇴직할 때 반환되었다. 극장에서 벌금 부과는 드문 일이 아니었는데 가불을 쉽게 해 주고 벌금도 자주 부과하니 배우들의 보증금은 그들의 발목을 잡는 수단이 되었다. 결과적으로 극장의 강한 규범을 바탕으로 배우들에게 연대 의식을 갖게 하고 지도자를 존경하게 하며 자신들의 집단에 대해 자부심을 느끼게 만들었다. 위반을 형벌로써 처벌해 집단의 건재함과 유효성을 보여 주는 억압적 제재로서 집합 의식을 통해 통제하는 집단이었다.

c. 괴테 재임 시기 상연 현황

괴테는 바이마르 극단에 대사 연습을 도입했고, 배우와 가수들의 교육과 재교육을 시도해 그들의 예술 수준을 점차 높일 수 있도록 했다. 그는 또한 새로운 연기 스타일도 만들어 갔다. 19세기의 문턱을 넘으며 괴테는 배우 교실을 만들고 거기서 강의한 것을 훗날 그 유명한 '배우의 규칙'으로 정리해 냈다. 이러한 노력으로 바이마르 극단은 카롤리네 야게만과 몇몇 신인을 배출했다. 입장료를 높여서 극장의 수익도 올렸다. 배우의 역량 면에서도 어느 정도 괴테가 안심할 만한 상태가 되었다. 그리고 400석밖에 되지 않았던 극장의 규모도 확장했다. 1798년 궁정 극장은 마침내 괴테의 지휘로 갤러리와 기둥들 그리고 발코니를 갖춘 품위 있는 극장으로 변모했다. 객석도 1,000석으로 늘렸는데, 이는 그 시절 바이마르의 거주자가 6,000명이었던 점을 참작할 때 극장의 역할이 얼마나 컸는지를 짐작할 수 있다.

1817년까지 괴테 재임 26년간 총 4,809편의 공연이 올라갔다. 1년에 300편, 총 600편의 작품이 무대화된 것이다. 상연의 95%는 프랑스, 이탈리아의 징슈필, 오페라 그리고 시민극 등이다. 프랑스 혁명에 부정적이었던 괴테는 레퍼토리에서 자코뱅(좌파)적인 작품은 제외했다.

관객의 취향과 공작의 요구가 대치되는 가운데서 상연할 수 있는 작품들을 정해야 하는 어려움이 있었다. 상연목록은 회의를 거쳐 정했지만, 괴테는 확고한 기준이 있었다. 그가 훗날 에커만에게 한 다음과 같은 말이 바로 그 기준이라고 할 수 있다.

> 훌륭한 작품이 아니면 채택하지 않았지. 위대하고 훌륭하고 쾌활하고 우아하고 건전하고 무엇보다도 일정한 알맹이를 가진 것이 아니면 안 되었지. 병적인 것, 허약한 것, 눈물을 짜게 만드는 것, 감상적인 것, 전율적인 것, 잔인한 것, 아름다운 풍속을 해치는 것은 단연코 제외했어. 배우와 관객을 타락시킬 염려가 있기 때문이지.

당시에 주로 공연한 작품은 코체브와 이플란트 같은 대중 작가의 것이었다. 레퍼토리의 5%만이 괴테, 실러, 레싱의 작품이었다. 그 외에 몇 편의 셰익스피어 작품을 개작해서 올렸다. 1798년 10월 12일, 실러의 『발렌슈타인의 캠프』—그 시점에 완성되지 않은 실러의 드라마 『발렌슈타인』의 서막—가 초연되었고, 코체브의 『코르센』도 재공연했다. 발렌슈타인 3부작 중 두 파트를 1799년에 초연했는데, 이 공연은 바이마르 연극사에 전환점을 만들었으며 극작가로서 실러가 명성을 쌓는 토대가 되었다. 『오를레앙의 처녀』에 이르기까지 그 후 실러의 모든 드라마는 그가 직접 연출해 바이마르에서 초연했다. 그리고 바이마르부터 빠르게 그 연극이 전 나라의 무대를 석권했다. 괴테 재임 동안 궁정극장 공연에 오페라가 아닌 언어극의 비중이 부쩍 늘었다.

d. 괴테의 사임

1805년 괴테의 연극 작업에 동반자였던 실러가 세상을 떠났다. 괴테는 극장에서 음모와 권력투쟁 속에서 시달렸다. 특히 공작의 애첩인 배우이자 가수인 카롤리나 야게만은 많은 나이에도 모두 젊은 역할을 요구하는 등 물의를 빚더니 1808년에는 오페라의 감독까지 맡았다. 괴테는 자신의 퇴직을 종용하는 느낌을 받았다. 그런 상황에서 카를 아우구스트 대공작이 1817년 지나치게 대중적인 프랑스 연극을 초대했는데, 주요 역할로 개를 분장해서 출연시키는 일이 벌어졌다. 인간 중심의 무대에 개를 출연시키는 것은 천박한 자연주의 연극의 실체를 그대로 보여 준 것이라는 맹렬한 비난이 있었다. 이 사건으로 괴테는 사임했고, 후에 카를 아우구스트와 화해를 했지만 바이마르 궁정 극장에 발을 들여놓지는 않았다.

1825년 3월 21일, 궁정 극장이 화재로 소각되었다. 괴테는 실의에 빠졌다. 그러나 극장은 불과 6개월 후에 (바우라 카를 프리드리히 슈타이너의 설계로) 같은 자리에 재건되어 격식을 차려 개관했다. 1829년 8월 29일, 『파우스트, 첫 번째 비극』이 괴테 탄생 80주년 기념 공연으로 바이마르 무대에서 초연되었다. 대폭 축약된 버전이었다. 괴테는 관람하지 않았다.

그가 바이마르 궁정 극장에서 근무한 시기는 1791년부터 1817년으로 정치적 격동기였다. 극장은 그에게 일자리와 자유로운 삶 모두를 충족시켜 줬다. 그의 독재적이고 강압적인 일 처리는 자주 비난을 받았지만 그의 역할이 외교적으로 중요했고, 작센-바이마르-아이제나흐 공국의 정신문화(괴테의 극장 작업)가 정치적으로도 중요하게 기여했던 점은 의미 있는 성과로 알려진다. 무엇보다도 이 시기에 독일 근대 연극은 새로운 국면을 맞게 되었는데, 괴테의 극장 업무는 연극 시스템의 변환점으로서도 가치가 크다.

연극인 괴테

a. 괴테의 무대 작업

궁정 극장 감독의 업무는 원래 행정 분야로 제한되었으나 괴테는 이례적으로 무대 실무를 병행했다. 괴테가 연극에서 가장 관심을 가진 분야는 연기였는데, 당시에 높은 직급의 공직자는 프로 무대에 설 수 없었다. 대신 그의 재능은 배우를 위한 교육에 큰 힘이 되었다. 그는 배우들과 쉴 틈 없이 접촉하며 대본 읽기를 지도했고 배역을 설명했다. 리허설에 참석해 어떻게 하면 연기를 잘할 수 있을지를 함께 의논했다. 상연할 때는 빼놓지 않고 관람했고, 다음 날 리뷰를 해 줬다. 그러는 가운데 탄생한 것이 바이마르의 연극 양식이다.

괴테가 추구한 연극 양식은 그의 예술관을 무대에서 구현한 것이라고도 할 수 있다. 조형 예술에 대한 관심을 이론으로만 정리한 그는 연극을 통해 무대 위에서 생동감 있게 실행할 기회를 만난 것이다. 청년 시절에 그는 자연의 모방을 희곡작가의 첫 번째 의무로 삼았다. 그러나 점차 전형적이고 상징적이며 조화롭고 조형적인 것 안에서 예술의 이상을, 엄밀히 말하면 그의 희곡 문학의 이상을 보게 되었다. 과도한 사실주의를 제거하고 정제된 이상주의로 향했다. 그의 변화된 예술관은 배우들에 대한 요구에서 잘 드러난다.

> 자연을 모방하는 것이 아니라, 자연을 이상적으로 묘사해야 한다. 연기할 때는 아름다움에 진실을 통합해 (중략) 자세는 가슴을 곧게 세우고 어깨에서 팔꿈치까지는 몸통 쪽으로 붙이고 머리는 상대편 쪽으로 약간 돌려야 한다. 하지만

> 약간만 돌려야 하며 얼굴의 사 분의 삼은 언제나 관객을 향하고 있어야 한다.

배우들은 지금까지처럼 비루한 현실을 그대로 드러내서는 안 되며 고결한 현실로 바꿔 표현해야 한다. 무대 위의 자세 또한 품위를 지키는, 고결한 형상화를 요구했다.

> 배우는 원래 조각가나 화가한테 배워야 할 것이 많지. 그리스의 영웅을 연기하려면 전해 내려오는 고대 조각 작품들을 잘 연구해 그 앉아 있는 모습, 서 있는 모습 그리고 걸어가는 모양을 확실하게 마음에 새겨 두지 않으면 안 되네.

괴테는 아름다운 것을 그대로 그려 내려 하기보다는 내면화시켜서 표현하기를 바랐다.

> 배우는 고금에 걸친 가장 훌륭한 작가들을 열심히 연구해, 자기의 정신 수업에 크게 힘쓰지 않으면 안 되네. 이것은 연기의 이해에 도움이 될 뿐만 아니라 그의 모든 행동거지를 한층 더 드높여 줄 것이기 때문이지.

이렇게 구현된 배우의 개별적인 캐릭터는 결국 무대 위의 조화로움을 위한 것이었다. 괴테의 무대 작업의 핵심은 개별적인 요소들이 전체 그림의 조화에 기여하는 것이다. 그는 완벽한 앙상블을 추구했다. 따라서 배우도 자신의 개성을 드러내거나 원하는 배역 유형을 주장할 수 없도록 했다. 배우 이플란트에 대해 '개성을 부정하고 역할에 맞는 변신'을 한다는 점을 칭찬했다. 괴테가 스타 시스템을 거부하고 배역을 선정할 때도 배우에게 기회를 고르게 줬기 때문에 마치 개인의 특성을 살려 주는 것처럼 보이지만, 실상 그가 유도한 것은 배우가 자신의 개성을 버리고 역할의 개성을 창출해 무대에서 앙상블을 조화롭게 이루는 것이었다.

무대 위의 조화는 배우의 배치에도 적용되었다. 그는 배우들을 장기판의 말처럼 배치했다. 무대에 죽은 공간이나 빈 곳이 있어서는 안 되며 특히 배우들이 겹쳐 서 있거나 몰려다니지 않도록 했다. 각자 자기 위치를 정확히 기억하도록 했다. 군중 장면에서는 주인공의 위치와 움직임에 특별히 신경을 썼다. 다양한 동선을 만들기 위해 배우들을 서로 다른 쪽에서 등장하도록 했고, 위치도 자주 바꾸도록 했다. 종종 인물들을 반원형으로 세우기도 했는데 이런 경우에 배우들은 손을 사용할 때 불편을 감수해야 했다.

미술에도 재능을 보였던 괴테는 무대 배경 그림을 직접 그리곤 했다. 당시에 유행하던 원근법을 활용해 넓은 평지나 산 등을 그려 넣었다. 무대의 미적 조화를 위해 주연 배우의 옷 색깔을 배경과 대비시켜 항상 눈에 잘 띄는 색을 선택하도록 했고, 의상과 무대가 조화롭지 못할 때는 무대의 배경색을 변경하기도 했다.

배우의 화법과 화술—발음, 발성, 리듬—에도 기준이 분명했다. 낭송에서 가장 중요한 것은 말의 속도다. 괴테는 가능한 한 천천히 말하도록 했다. 그것은 대사를 느려 빼는 것이 아니라 명확하게 전달하라는 것이다. 말의 의미와 리듬을 잘 살리기 위한 노력으로 예를 들면 감탄사 "O!" 다음에 '사이Pause'를 넣어 잠시 중단을 요구했다. '사이'는 당시에 낭독에 있어서 가장 중요한 기술적 수단이었다. 드라마에서 대답을 기대하는 일반적인 질문 다음에 오거나 고민의 순간, 갑작스러운 자극(충격)의 상황이나 흥분된 상태에서 다른 상황으로 넘어가는 과정에 필수적이었고, 괴테는 말의 속도와 리듬을 살리는 데도 이를 잘 활용했다. 그 밖에도 많은 화법을 정해 지키도록 했는데 그의 지도서(입문서) 『배우를 위한 규칙』에 정리되어 있다.

운문으로 된 대사를 리듬에 맞춰 낭송하고, 몸짓 연기는 음악에 맞춰 무용하듯이 양식화시켰다. 이러한 연기는 당시에 관심을 받기는 했으나 지나친 이상화를 추구해 동시대의 연극 장르와는 다소 동떨어진 독자적 영역으로 남겨졌을 뿐만 아니라 오늘날까지도 실현하기 어려운 이상적인 양식으로 평가받고 있다. '바이마르 연극 양식'은 괴테의 조각 예술의 이상과 희곡 문학의 양식이 결합해 탄생했다고 볼 수 있다. 이러한 양식을 추구한 것은 단순한 모방을 벗어나 '전형적'이고 '이상적'인 것에 도달하고자 함이었다.

19세기의 연극학자 토르니우스는 괴테의 작품에 대한 동시대의 평가가 극명하게 갈리는 부분을 지적했다. 하나는 괴테의 적대자들이 퍼부은 객관성이 결여된 혐오와 조롱이며, 다른 하나는 괴테에게 호의를 가진 배우들과 친분이 있는 사람들의 과도한 칭찬과 맹목적인 감탄이다. 따라서 토르니우스는 객관적인 평가로서 극작가이면서 생동적으로 무대연출을 했던 루트비히 티크의 견해를 존중했다. 낭만주의 연극인으로 알려진 티크는 괴테의 엄선된 언어, 시적 표현에 대해 괴테의 드라마는 "영혼(정신)의 회화"라면서 "훌륭한 대사, 모범적인 언어, 위대한 사상과 사건(현상), 인물의 전개와 상징, 뛰어난 묘사와 거장다운 시구는 무대 작품(연극)으로는 실행할 수 없는 것"이라고 했다. 괴테도 자신의 연극적 감각이 부족함을 깨달았다. "나는 연극에 반하는 작품을 썼다"고 인정하기도 했다. 그러면서도 한편으론 "소재는 부족하지 않았으나 혼과 생명을 불어넣어 가며 연기할 배우가 없었고, 그런 것에 감동하고 수용할 관객이 없었다"고 한탄하기도 했다. 그리고 훗날 연극 작업을 회고하며 자신이 인정받지 못해서 많은 작품을 쓰지 않았고, 연극에 기울인 노력이 헛되었음을 푸념하기도 했다.

작가이며 이론가였던 그가 자신의 예술적 이상을 무대에 그려 내는 것은 쉽지 않은 일이었다. 따라서 괴테는 실러와 함께 무대용 대본을 만드는 데 심혈을 기울였다. (이에 대해서는 이 책의 '드라마투르기' 항목에서 자세히 다뤘다.)

b. 괴테의 연극 사랑

괴테의 첫 번째 연극 실습은 어린 시절 집 안에서 즐겼던 인형극 놀이일 것이다. 어느 크리스마스 날 외할머니 집에서 인형극을 보고 매료된 어린 괴테는 직접 각본을 쓰고 연출까지 해 보게 된다. 추후 외할머니의 유품으로 남게 된 나무로 만든 작은 인형극 무대 모형은 괴테의 연극 실습 도구가 되었다. 그는 친구들을 모아 놓고 대본뿐 아니라 소도구도 직접 만들어 연극 만드는 놀이를 즐겼다. 『시와 진실』에 기술된 괴테의 소년 시절 연극과 관련된 경험담이 어디까지 진실인지는 알 수 없으나 연극에 대한 관심은 아주 구체적으로 드러내고 있다.

> 프랑크푸르트가 프랑스군에게 점령되었던 시기에 괴테는 프랑스 연극을 접하게 된다. 대사를 알아들을 수 없는 외국 공연을 보면서 그는 배우의 몸짓과 말투에 집중하는 등 새로운 재미를 발견한다. 그리고 아버지의 서재에 있는 라신

의 희곡을 무대에서 하듯이 혼자 낭독하곤 했는데, 그는 특히 발성에 신경을 쓰면서 생동적으로 낭송했다. 그러던 어느 날 프랑스 극단 소속의 소년 배우와 친구가 되어 무대 뒤를 구경하고 연극 놀이를 하는 등 연극의 관객으로서만이 아닌 공연을 올리는 일에도 관심을 가졌다. 괴테는 그 친구에게 각본을 써서 주며 극단에서 공연하도록 추천해 달라고 부탁하기도 했다. 그 소년이 괴테가 쓴 대본을 대폭 수정하면서 연극 이론을 언급하며 거들먹거리자 괴테는 당장 연극 이론 논문들을 읽기 시작했다. 그는 프랑스의 연극 이론뿐 아니라 라신, 몰리에르, 코르네이유의 작품들을 모조리 읽어 냈다.

그 후 괴테는 청년이 되어 라이프치히 대학에서 공부하면서 유수의 희곡 작품을 읽게 되는데, 당시의 문학 수업은 훗날 연극 작업에 밑거름이 되었다.

괴테의 연극 사랑은 바이마르에서 꽃을 피웠다. 그의 열정은 에커만의 기록 『괴테와의 대화』에 고스란히 담겨졌다. 특히 1825년 3월 22일, 바이마르 궁정 극장이 화재로 전소된 날, 괴테가 침대에 누워 에커만에게 했던 다음 말은 아직까지도 자주 인용되고 있다.

나쁜 습관에 길들여지지 않은 젊은 사람에게 극장만큼 쾌적한 장소도 좀처럼 없지. 극장은 자네에게 무엇을 요구하는 것도 아니고 마음이 내키지 않으면 입을 열지 않아도 되네. 왕처럼 기분 좋게 앉아 눈앞에서 전개되는 대로 보면 되네. 자신의 편의대로 정신과 감각을 즐겁게 할 수도 있지. 거기에는 시가 있고 그림이 있고 음악이 있어. 그리고 연기가 있으니 없는 게 없지. 이런 모든 예술과 청춘과 아름다움의 매력이 하룻저녁 한 덩어리가 되어 당당하게 펼쳐질 때

다른 어느 것과도 비교할 수 없는 향연이 될 것이야.

그러나 정작 극장에서 괴테는 자유롭게 공연을 즐기지 못했을 것이다. 그가 극장 감독을 하지 않았다면, 더 좋은 작품을 많이 쓰고 연극을 충분히 즐길 수 있었을까? 괴테는 이렇게 답한다.

그 시간에 좋은 작품을 많이 쓸 수도 있었을 거야. 그러나 후회하지는 않아. 나는 일체의 활동을 오직 상징적으로 여기기 때문에, 그것으로 단지를 만들었는지 아니면 접시를 만들었는지 하는 것에는 거의 신경을 쓰지 않았지.

서지영

GOETHE LEXIKON II

영원히 여성적인 것

고대의 그리스 조각의 신상神像들을 보면 여성의 연한 살로 된 부분은 무시되면서 자연스럽지 못하고 아름답지도 않은 남성적 근육의 신상들이 힘과 긴장과 대사大事로 인체의 이상이 되고 있다. 이런 방식으로 남성 우위의 굴레가 여성을 지배하고 여성의 권한은 축소되어 『파우스트』에서 불평하고 있다.

그건 아무것도 아닌 셈이야.
여자는 천 걸음 걸으면 그 정도 갈 수 있지.
하지만 여자가 제아무리 서둘러도
남자는 한 걸음에 앞지르는걸.

3,982~3,985행

『젊은 베르테르의 슬픔』에서도 남성 우위의 가부장제가 비난받는다.

> 나는 페넬로페의 오만스런 청혼자들이 황소와 돼지를 도살해 그 고기를 잘라 불에 굽던 모습을 생생하게 느끼게 된다네. 이렇게도 고요하고 진정한 감정으로 나를 가득 채워 주고 있는 것은 다름 아닌 가부장(家父長) 제도의 특성이라네.

여기에서 순결한 여성(페넬로페)에 그녀를 유혹하는 가부장 제도의 오만스런 남성들이 "황소나 돼지를 도살하는" 야만인으로 비교되고 있다.

이러한 남성 우위의 제도에 대한 반감에서 여성이 미로 남성을 유혹해 파멸시키는 요염한 살로메, 어둠 속에서 동침한 적장의 목을 자르는 유디트, 가슴에 독사를 얹고 있는 클레오파트라, 동양의 양귀비와 장희빈 등이 유행하기도 했다. 독일 라인강에서 노래로 남성 뱃사공의 혼을 빼 파멸로 이끄는 "로렐라이" 언덕에 관한 전설도 하이네 시의 유명한 소재다. 대자대비한 성모와 반대로 성적인 매력으로 남성을 파멸시키는 요부인 "팜므 파탈femme fatale"인 것이다.

이렇게 남성에 반발해 보복하는 등의 거센 여성과 달리 괴테는 남성을 숭고하게 정화 및 순화시키는 여성상으로 그레트헨과 헬레나를 위시해 롯데와 이피게니에 등을 전개시켜 희곡 『타우리스의 이피게니에』의 마지막에 "사내들에게 최고의 명성을 가져다주는 폭력과 간계도 이(이피게니에)처럼 고결한 영혼의 진실 앞에서는 부끄러워할 것이고, 전하같이 고귀한 분께 바친 순수하고 순진한 믿음은 반드시 보답을 받는다"(2,142~2,145행)는 찬사를 받는다. 따라서 『초고 파우스트(Urfaust)』에서 "당신의 눈초리, 말 한마디는 이 세상의 어떤 지혜보다 더 즐겁다오"(931~932행)라는 찬사를 받는 그레트헨이 청순하고 지혜롭게 파우스트를 정화하고 순화시키며 이에 대해 간절히 기도한다.

이 사나이의 가슴을 진지하게
또 부드럽게 요동시키며,
거룩한 사랑의 기쁨을 지니고
당신께 바치도록 허락해 주소서.

12,001~12,004행

하지만 그레트헨의 순결한 혼에 대한 파우스트의 진실한 사랑은 그의 성욕적인 격정에 의해서 방해된다. 처음에는 그녀의 방에 침입해서 그 안에서 풍기는 그녀의 순결성을 몸으로 느끼고서는 자기의 계획된 죄과가 너무나 크다는 것을 깨닫고 메피스토펠레스에게 돌아가자고 재촉하지만 비극적인 줄거리의 전환점이 될 수도 있을 이 장면에서 애욕 앞에 그는 굴복하고 만다. 진정된 그의 애정이 메피스토펠레스의 유혹에 의해서 다시 불붙어져서 그와 함께 그레트헨에게 갈 때 파우스트는 자기 자신을 "신의 증오를 받은 인간"이라고 저주하면서도 "그녀의 운명이 내 머리 위에 떨어져서 나와 함께 멸망해도 좋다"(3,364~3,365행)고 외친다. 이렇게 최고의 인식과 향락을 추구하는 파우스트는 그레트헨의 청순한 여성미뿐 아니라 관능적인 미까지 갈구한다.

내 가슴속에는, 아아! 두 개의 영혼이 깃들어 있으니,
그 하나는 다른 하나와 떨어지기를 원하고 있다.
하나는 음탕한 사랑의 쾌락 속에서,
달라붙는 관능으로 현세에 매달리려 하고,
다른 하나는 용감하게 이 속세의 먼지를 떠나,

숭고한 선조들의 영의 세계로 오르려 한다.

1,112~1,117행

따라서 그레트헨은 파우스트를 청순한 미로 정화시키는 한편 그리스신화에서 트로이전쟁의 원인이 되는 인류 역사상 최고의 미녀 헬레나는 관능적인 미로 그를 상승시킨다.

가장 큰 복은 님 한 분에게 주어졌어요.
미인이란 명성은 무엇보다 뛰어납니다.
영웅들은 이름을 자자하게 앞세우며
뽐내고 길을 걷지만,
모든 것을 무찌르는 미인 앞에서는
고집 센 사나이도 뜻을 굽힌답니다.

8,518~8,523행

이렇게 그레트헨과 헬레나가 파우스트를 정화 및 상승시키듯이 『젊은 베르테르의 슬픔』에서 롯데도 영적으로 베르테르에게 여성의 신비를 불어넣고, 희곡 『프로메테우스』에서는 외면뿐 아니라 정서에서도 아름답고 고귀한 판도라가 이성으로 다루기 힘든 남성 프로메테우스의 거친 사상을 제어한다. 소설 『친화력』에서 자제심과 결단력이 빈약해 충동에 좌우되는 에두아르트는 전쟁터에서 무공 훈장을 탈 정도로 용감했지만 자신을 운명의 소용돌이로 끌어들이는 마력에는 속수무책이다. 이러한 마력을 극복하는 데 필요한 꿋꿋한 정신력이 부족해 죄로 가득 찬 의욕을 품게 되는 그를 정화시키는 인물은 다름 아닌 여성 오틸리에다. 희곡 『타우리스의 이피게니에』에서 이피게니에는 살인, 폭행, 근친상간, 자살 등 끔찍스러운 범죄로 가득 찬 야만국 타우리스섬에 그리스의 인도주의를 전파해 인신 제물 등 악습을 청산시킨다.

이렇게 그레트헨, 헬레나, 롯데, 판도라, 오틸리에, 이피게니에 등 남성들을 깨우치게 하는 여성들은 『파우스트』의 마지막 구절 "영원히 여성적인 것das Ewig-Weibliche"(12,110행)의 구현이다. 중성명사 "영원히 여성적인 것"은 성모 마리아 같이 여성 최상의 경지로 속세를 초월해 정화되어 남성을 구원하는 몰아沒我적이며 영원히 변치 않는 사랑이다. 이러한 사랑은 남성보다 더 끈기 있는 여성만 가능하다고 『타우리스의 이피게니에』에서 역설된다.

> 여자인 것이 우리에게 큰 행운이지요.
> 남자는 제아무리 착해도 잔인한 행동에
> 익숙해져 처음에는 경멸하던 일을
> 결국에는 법칙으로 삼아 습관에 따라
> 가혹해지고 본성을 거의 알아볼 수 없게 되지요.
> 하지만 여자는 일편단심, 한번 마음먹은 마음을 언제나
> 그대로 유지하지요. 좋은 일이건 나쁜 일이건
> 여자를 믿는 게 더 확실해요.
>
> 786~793행

따라서 그레트헨의 청순하고 지혜로운 미는 전쟁에서 "군대가 온순해지고,

칼들을 모두 무디고 무기력하게”(9,350~9,351행) 할 정도의 헬레나의 관능적인 미와 함께 “그레트헨 – 헬레나 – 영광의 성모Mater Glorisa – 영원히 여성적인 것”으로 파우스트를 상승시키는데 이러한 여성상의 본질로 “어머니상”이 전개된다. 생명을 갖는 모든 것의 원형, 창조와 유지의 원칙, 형상을 얻는 어머니의 형상인 어머니상은 “영원히 여성적인 것”의 본질이어서 하느님의 여성형인 성모Mater로 전개된다.

> 가장 아름다운 의미에서 순결하신 동정녀,
> 온갖 존경을 받아야 할 “어머니”,
> 우리를 위해 선택되신 여왕,
> 모든 신과 동등한 분이시여.
>
> 12,009~12,012행

이렇게 “영원히 여성적인 것”이 어머니상의 본질이 되어서 『젊은 베르테르의 슬픔』에서 베르테르에게 가장 매혹적으로 각인되는 롯데의 모습은 동생들에게 빵을 나눠 주는 어머니 같은 모습이다.

> 그녀는 검은 빵을 손에 들고 삥 둘러서 있는 아이들에게 각각 나이와 식욕에 따라 한 조각씩 잘라서 정말 정겨운 모습으로 한 사람씩 나눠 주곤 했지. 그러면 어떤 아이건 정말 조금도 꾸밈새 없이 ‘고맙습니다!’ 하고 소리를 치는 것이었어. 모두 아직 빵을 자르기도 전에 조그마한 두 손을 치켜들고 기다리고 있다가 이윽고 저녁 식사인 그 빵을 받아들고는 흐뭇해서 어떤 아이는 뛰어나가고, 어떤

> 아이는 침착한 성격인 듯 조용히 그 자리에서 떠 누님인 롯데가 타고 갈 마차와 손님들을 보려고 문 쪽으로 걸어가기도 했네.

이러한 롯데의 어머니 모습처럼 『파우스트』에서 그레트헨의 여성미도 어머니상으로 전개된다. 그녀는 어머니를 대신해서 갓 난 누이동생—그레트헨의 죽은 여동생—의 양육을 떠맡아 어떤 노고도 마다하지 않는 것이다.

> 제가 길렀기 때문에 그 아이는 무척 저를 따랐어요.
> 아버님이 돌아가신 다음에 태어난 애였어요.
> 그 당시 어머니는 전혀 가망이 없을 정도로
> 쇠약해서 병석에 누워 계셨는데,
> 그 후 아주 서서히, 차츰차츰 회복하시게 되었어요.
> 그러니 그 가엾은 어린것에게 어머니께서
> 젖을 먹인다는 것은 생각할 수도 없는 일이었지요.
> 그래서 제가 혼자 우유나 물로 애기를 길렀고,
> 그래서 그 애는 제 아이가 되어 버린 거예요.
> 제 팔에 안기고 제 품에 안겨서
> 애기는 좋아하고 바동거리며 무럭무럭 자랐어요.
> (중략)
> 하지만 정말로 괴로운 시간도 많았어요.
> 밤이 되면 어린 아기의 요람을
> 제 침대 옆에 갖다 놓았고, 그것이 조금만 움직여도,

저는 잠을 깨곤 했어요.
우유를 먹이기도 하고, 제 곁에 눕히기도 하고,
그래도 울음을 그치지 않을 때면 자리에서 일어나
애기를 얼러 주며 방 안을 서성거리곤 했어요.
그래도 날이 새면 일찍부터 빨래를 해야 하고,
다음에는 시장에 갔다가 부엌일도 했는데,
오늘 내일 줄곧 이렇게 지냈어요.

3,125~3,146행

이러한 그레트헨은 파우스트와 사랑에 눈이 멀어 윤리를 파괴하는 등 『친화력』에서 오틸리에처럼 비극의 인물이 되어 간다. 그레트헨은 파우스트의 사랑 때문에 사랑의 결정체인 아기를 살해하는 등 인간으로서 힘겨운 시련을 겪게 되는 것이다. 이렇게 지극히 모성적인 그레트헨과 오틸리에가 사랑하는 아기를 익사시키는 슬픈 사실에 괴테의 역설적인 여성미가 담겨 있다. 그레트헨이나 오틸리에의 존재가 유아 살해 등 마녀같이 전개되어 역설적으로 더 아름답게 작용하는 것이다. 가령 그들에게 이러한 격정적인 요소가 없었다면 사랑이 비극적인 결말로는 끝나지 않았겠지만, 인간을 구원하는 "영원한 여성상"(12,110행)의 전개에 부족했을 것이다. 따라서 그들을 부정적으로 나타낸 것은 "선은 더 선함의 적이다"라는 괴테의 사상으로 『파우스트』에서 "우리가 이 세상의 선에 도달하고 나면, 보다 더 선한 것은 허위와 환상이라고 말하도다"(636~637행)라고 언급되며, 역시 『파우스트』에서 하느님은 "악마처럼 창조되지 않으면 안 된다"(343행)고 설파한다. 이렇게 그레트헨과 오틸리에가 죄와 시련으로 "영원히 여성적인 것"을 더욱 구현시키는 총체적인 정서는 어머니상이다. 이러한 어머니상 중에서 아기에게 젖을 빨리는 장면은 최고의 신성으로 중세 서양화에서 성모 마리아는 자신의 젖을 빨려고 하는 아기 예수와 함께 그려진다. 그리스신화에서도 제우스와 알크메네 사이에 태어난 헤라클레스는 헤라 여신의 젖을 먹어 인간이면서 불사의 존재가 된다. 젖을 빠는 어머니상은 괴테의 시 「호수에서Auf dem See」에서도 묘사되고 있다.

그리고 신선한 영양분, 새로운 피를
자유로운 세계로부터 나는 흡수하네.
나를 가슴에 품어 주는 자연은
얼마나 인자하고 선한가!

이 시에서 자연이 영양분을 제공해 태아를 양육시키는 모습이 비유되고 있다. 이렇게 자연의 가슴에서 생명을 빨아들이는 태아의 형상은 원초적인 어머니상의 비유이다. 파우스트와 깊은 사랑에 빠져 자신의 아이를 살해하는 정신착란으로 이성을 잃은 상태에서도 그레트헨은 제발 어린애 젖이나 좀 먹이게 해 달라고 간청해 어머니상이 절정에 이른다.

제발 어린애 젖이나 좀 먹이게 해 주세요!
밤새도록 이 애를 꼭 끼고 있었는데,
날 괴롭히려고 이 애를 빼앗아 갔어요.
그리고 내가 그 애를 죽였다는 거예요.

4,443~4,448행

이러한 최상의 성스런 어머니상에 의해서 죄와 시련 속의 그레트헨은 용서받아 구원된다. 고통의 영역을 돌보는 성녀인 "수난의 성모Mater Dolorosa"(3,588행)에 고통의 상황에서 행한 그레트헨의 기도가 작품 제1부의 마지막에 "구원을 받았느니라"(4,610행)로 응답되는 것이다. 이는 "인간은 노력하는 한 방황한다"(325행)는 전제에서 "착한 사람은 어두운 충동에도 바른 길을 찾아간다"(336행)는 하느님의 섭리이다.

이러한 성스런 어머니상은 사후에도 작용해 『젊은 베르테르의 슬픔』에서 롯데에 매혹된 베르테르는 죽기 전 마지막 서신에서 그녀의 죽은 어머니를 언급한다.

> 무덤이 가까워 올수록 더욱더 분명해집니다. 우리는 존재하게 됩니다. 당신의 어머니를 만나게 될 겁니다. 나는 그녀를 만나게 되고, 그녀를 발견하게 될 겁니다. 아아, 그리고 그녀 앞에서 나의 온 마음을 털어놓을 거요. 당신의 어머니, 당신의 자화상.

그레트헨도 처형당하기 전에 파우스트에게 "어머니"를 제일 좋은 곳에 묻어주고 자기 아기는 자신의 오른쪽에 묻어 달라고 애원해 사후의 어머니상이 염원된다.

> 어머니를 제일 좋은 자리에 모시고,

오빠를 바로 그 옆에,
나는 좀 떨어진 곳에 묻어 주세요.
하지만 너무 멀리 떨어지면 안 돼요!
그리고 애기는 내 오른쪽 가슴에 묻어 주시고요.

4,524~4,528행

이러한 그레트헨은 사후의 어머니상인 "속죄의 여인Büsserin"(12,083행)이 되어 거칠고 자만스러운 생전의 껍질을 벗고 저승에 올라온 파우스트를 "자, 이리로 오라! 보다 높은 하늘로 오르라!"(12,094행)고 어머니같이 맞아들인다. 결국 파우스트는 어머니상에 의해 지옥에 떨어지지 않고 "끊임없이 애써 노력하는 자"(11,936행)로 구원되어 작품은 "영원히 여성적인 것이 우리를 끌어들인다"(12,111행)란 신비한 합창으로 끝난다.

안진태

GOETHE LEXIKON II

테크놀로지

괴테는 독일 시인 하이네가 명명한 '예술 시기'의 대변자로서 일견 '현대'의 시대 체험을 거의 하지 않았고 따라서 현대의 제 현상들과 아무런 관련이 없다고 말할 수 있을지도 모르겠다. 그러나 이는 편견에 지나지 않는다. 괴테 생전의 '괴테 시대'와 '현대' 간 연관성에 있어 단절보다는 연속의 지점들이 분명 여러 영역에서 노정되기 때문이다. 괴테는 이미 증기 기관과 증기 기관차의 발명, 그리고 수에즈 운하의 개통을 목도했다. 괴테가 대부분 방적의 수작업에 관해서 말하고 있기 때문에 테크놀로지Technik와 관련지을 때 이를 오늘날처럼 밀도 높게 인식할 수는 없었다 하더라도, 괴테의 기술관은 분명 여러 지점에서 나타난다. 테크놀로지와 깊이 연관되는 새로운 시대에 관한 문학적 형상화는 괴테 노년작인 『파우스트 2부』에서는 시적으로, 소설 『빌헬름 마이스터의 편력시대』(이하 『편력시대』)에서는 보다 구체적으로 형상화된다. '현대'에 근접한 새로운 현상의 목도는 괴테에게 새로운 시대의 현상으로, 즉 통일적인 형상으로 지각되어 근원적 의미를 지니는 유형적 특성을 획득하기에 이른다.

괴테는 테크놀로지와 예술의 관계에 대해서도 논구하고 있는데, 테크놀로지를 한편으론 예술의 적으로 간주하는가 하면, 다른 한편으론 이 둘의 관계를 서로 보완적으로 파악한다. 테크놀로지에 대한 사고의 편린은 특히 노년의 작품들에서 두드러진다. 이를테면 『편력시대』에서 전작인 『빌헬름 마이스터의 수업시대』에서와는 달리 예술의 구체적 서술과 역할이 상대적으로 퇴조한 양상을 보인다. 다만 사회적 실천이란 구체적 관련 속에서 테크놀로지가 논의될 때 함께 언급되고 있을 뿐이다. 『편력시대』에서 괴테는 테크놀로지와 예술에 대한 자신의 생각을 다음과 같이 표명하고 있다.

> 예술과 테크놀로지는 말하자면 언제나 저울처럼 평형을 유지해야 하며, 또 서로 가까이 있어서 항상 쌍방으로 기울어지는 경향이 있다. 예술은 칭찬할 만한 수작업으로 이행해야 쇠퇴해질 수 없으며, 손기술은 예술적으로 충족되어야 향상될 수 있다는 사실을 알게 된다면 좋을 것이다.

괴테는 이미 진입한 산업 시대에 직면하여 새로운 시대의 언어라 할 수 있는 테크놀로지로부터 독립된 고유한 예술 영역을 고수하기보다는 테크놀로지와 함께하는 예술을 예견하고 있다. 이로써 테크놀로지로 인해 달라진 생활 세계를 담아내는 예술 영역의 폭이 넓어지는 효과를 낳게 된다. 이처럼 『편력시대』에는 이미 기술 시대로 진입한 초기 산업시대에 대한 괴테의 성찰이 엿보이며 동시대의 예술만 해도 테크놀로지와 동떨어진 순수 예술영역만을 지향하기보다는 테크놀로지로 인해 변화하는 사회상을 담아내야 한다는 것이다.

괴테가 노년에 이르러 테크놀로지를 통한 세계의 변화를 인식했다 할지라도 그것이 본질상 그의 주된 관심과 바람은 아니었다. 그렇다고 나날이 변화하는 테크놀로지의 발전 양상을 비판적으로 바라보면서 시대의 흐름을 거스르지도 않았다. 『편력시대』의 레나르도 일기에도 이러한 시대 진단이 나타나 있다.

> 점점 확산되고 있는 기계 설비 때문에 저는 괴롭고 겁도 납니다. 그것은 마치 뇌우처럼 서서히 서서히 몰려오고 있지요. 하지만 일단 방향을 잡았으니 우리에게 다가와서 덮칠 겁니다.

중요한 것은 괴테에게 테크놀로지는 자연에서처럼 전체적이고 통일적인 삶과의 밀접한 연관 속에서 나타난다는 점이다. 테크놀로지의 이용은 괴테에게 명백히 삶의 큰 틀 속에서 요청된다. 이런 전제하에서 테크놀로지는 인간의 부단한 '형성적 삶'에 귀속될 수 있게 된다.

일찍이 슈프랑거Spranger는 괴테의 수작업과 예술과의 연관성에 비춰 살아 있는 유기물과 구성적인 형식의 교차에 관해 설명한 바 있다.

> 예술가는 형식을 내면으로부터 유기적으로, 말하자면 살아 있는 것으로 형상화한다. 이에 반해 테크놀로지가 부여하는 형식은 외부의 목적으로부터 규정된다. (중략) 테크놀로지가 독자적 의미에서 유기적으로 될 수도 있을 그 꿈은 유의미한 특성이다.

괴테의 테크놀로지 표상에는 "그 어떤 것도 단지 기계화되어 있지도 또 단지 질료적이지만도 않으며, 분리된 과정 속에서 소진된 채 나타나지도 않는다".

이런 의미에서 테크놀로지는 괴테에게 있어 개념적으로 인간과 분리된 채로 독립적으로 존재하지 않는다. 그렇기 때문에 전반적으로 인간의 손이 닿지 않는 기계물에 의한 승리의 구가를 괴테는 걱정스럽게 바라보았다. 그러면서도 괴테는 위 인용의 '꿈'이 암시하는 바처럼 기계와 인간의 공존 가능성에 대해 공감하고 있다.

그런데 테크놀로지와 인간의 공존이 가능한지 아닌지는 최종적으로 인간 자신에 달려 있다는 것이 괴테의 견해이다. 그렇기 때문에 이러한 공존의 희망을 통해 오늘날 로봇 같은 '기계 인간'을 염두에 두지는 않았다. 괴테는 '기계 인간'의 이념에는 부정적인데, 즉 "가장 위대하고 가장 정확한 물리적 장치물로서의 인간"을 염려하면서, "인간과 분리한 채 실험 속의 인공적 장치들이 제시하는 것에서 자연을 인식하려는 근대 물리학의 가장 큰 불행"을 통찰하고 있다. 괴테에게 정작 중요한 것은 정신력을 통해 이 기술적 수단을 지배하는 것으로 노정된다. 인간에 의한 테크놀로지의 '지배'는 "관찰하면서 자연의 표본을 염두하며 '형성적 삶을 무형상적인 것에 대치시키는'"괴테의 기본 태도에 상응하기 때문이다.

괴테와 테크놀로지의 연관성을 논할 때 『파우스트 2부』의 마지막 5막에도 주목할 필요가 있다. 왜냐하면 이 5막이 바로 기술적 진보에 관한 문제 인식을 내포하기 때문이다. 파우스트가 4막에서 전쟁을 수행하고 마지막 장에서 대단위 토지를 매입하는데, 이런 행위는 '테크놀로지'라는 새로운 문화 권력에 기인한다고 볼 수 있다. 괴테는 5막에서 파우스트로 하여금 항시 노력하는 영웅으로서 윤리·도덕적 순화를 암시하는데, 이는 필레몬과 바우치스 노부부와의 갈등 양상에서 비롯되어 자유로운 미래비전의 예견과 이에 뒤따르는 파우스트의 죽음을 거쳐 종국에는 파우스트의 구제로 나타난다. 이 문제의 장면에서 괴테가 인류의 진보적 믿음에 대한 '근심'을 염두에 뒀기에 이에 거리를 두면서 냉철한 정신으로의 향상을 꾀한다고 볼 수 있다. 그렇기에 순수 문명예찬론자로 비치는 파우스트로 하여금 악과 손잡게 만든 '근심'이 문학적으로 설정됐을 것이다. 궁극적으로 고도의 인식과 이에 따른 명확한 판단이 중요한데, 이 지점에서 '최상의 정신'에 부합하는 조화롭게 균형 잡힌 의식이 대두된다. 이로써 그 어떤 염세적 정조와는 달리 "활력적-디오니소스적인 삶과 기술적 합리성의 발전 사이의 상호 일치"가 기대되며, 낙관적 미래 전망 역시 가능하게 된다. 괴테는 필레몬과 바우치스 노부부를 죽음으로 내몬 테크놀로지의 파괴적 속성을 부각하면서 파우스트가 끝내 죽음에 이르게 되는 비극적 결말에서 역으로 또 다른 의미의 프로메테우스적 형상을 꾀했던 것이다. 즉 인류의 테크놀로지와 문화의 출발로 통용되는 프로메테우스는 괴테에게 냉철하며 균형 잡힌 온전한 인간 정신의 담지자로 나타난다. 괴테가 기계와 테크놀로지의 표상을 오늘날의 의미에서처럼 발전시킬 수는 없었지만 도래할 시대적 형상으로 예감했던 것은 분명하다.

정원석

GOETHE LEXIKON II

표절

괴테의 『파우스트』에서 오이포리온Euphorion은 포세이돈의 삼지창, 아레스의 칼, 아폴로의 활과 화살, 헤파이스토스의 집게를 훔치고 에로스를 물리치고 아프로디테로부터 허리띠를 탈취하는 등 절도의 신 헤르메스Hermes(9,116행)가 되고 있다.

> 민첩하기 그지없는 그 아이는
> 도둑들이나 악한들에게나,
> 그 밖의 모든 욕심쟁이에게까지도
> 영원히 은혜로운 악령이라는 것을
> 교묘하기 한이 없는 재주를
> 곧 실증해 보여 줬지요.
> 바다를 지배하는 신으로부터는
> 재빠르게 삼지창을 훔쳐 내고, 아레스로부터는

교활하게 칼집에서 검을 뽑아냈다오.

피부스로부터는 활과 화살을,

헤파이스토스로부터는 불집게를 훔쳤지요.

만일 불에 놀라지만 않았다면,

아버지 제우스신의 번갯불도 빼냈을 거요.

에로스와는 맞붙어 싸우면서

다리를 걸어 이겨 냈으며,

키프리아 여신이 그를 애무해 줄 때

그녀의 가슴에서 허리띠를 훔쳐 갔지요.

9,663~9,678행

이러한 절도가 문학적으로 전개되면 표절이 된다. 작품의 줄거리, 소재, 구절, 장면 등의 원전을 밝히지 않고 사용하거나 모방하면 표절이 되는데 이에 대해 길렌Claudio Guillén은 (표절이) "눈에 띄는 흔적을 남기지 않을 수 있다"고 하고, 엘리엇Thomas S. Eliot은 "가시可視적인 흔적을 보이는 경우"도 있다고 했다. 작품이 완성된 후에 영향이 인지된 것에 대해 바이스슈타인Ulrich Weisstein은 "영향이란 무의식적인 모방(표절)"이라고 했다. 이러한 모방(표절Plagiat)의 개념이 『파우스트』에 묘사되고 있다.

오늘날에

일어나고 있는 모든 일은

화려했던 조상들 시절의

슬픈 여운이지요.
당신이 하신 이야기는
마야의 아들을 노래한
진실보다도 더 믿을 수 있는
저 귀여운 거짓말과는 비교도 안 돼요.

9,637~9,644행

그림 형제의 동화 「노간주나무」의 배경을 보면 한 사악한 계모가 의붓아이를 죽이고 요리를 해 이 아이의 아버지인 남편의 식사에 올렸다. 그러고 나서 의붓 자매가 먹고 남은 뼈들을 노간주나무 밑에 묻어 주자, 그 뼈에서 한 마리의 아름다운 새가 날아오르면서 다음과 같이 노래한다.

우리 엄마는 나를 죽였고,
우리 아빠는 나를 먹었네,
누이동생 마를레니헨이 내 뼈를 빠짐없이 추슬러서
곱디고운 비단으로 정성껏 싸서
노간주나무 밑에 뒀네.
짹짹 짹짹! 나같이 예쁜 새가 또 어디 있을까.

이 「노간주나무」와 같은 내용이 괴테의 『파우스트』에서도 그레트헨에 연관되어 전개된다.

우리 엄마 창녀라서
나를 죽여 버렸단다!
우리 아빠 악당이라,
나를 먹어 버렸단다!
우리 작은 여동생이
나의 뼈를 찾아다가,
시원한 데 묻었단다.
그때 나는 귀여운 숲새 되어,
저 멀리 날아가네, 날아가네!

4,412~4,420행

이렇게 자녀를 죽여 인육으로 내놓는 이야기는 신화에도 있다. 신의 사랑을 받아 자주 제우스신에게 초대되어 올림포스에 올라가 신들과 식사를 같이하기도 한 탄탈루스는 어느 날 음식을 한 상 차려 놓고 올림포스의 여러 신을 초대해 대접했다. 그런데 음식이 모자라자 그는 자신의 아들 펠로프스를 죽여 요리를 해 상에 차려 놓았다. 신들은 그것이 인육이란 것을 알고 손도 대지 않았으나 이를 모르는 대지의 여신 데메테르가 왼쪽 어깨살을 깨끗이 먹어 치웠다. 이렇게 유아를 죽여 그의 아버지가 먹게 하는 내용이 탄탈루스의 자손인 이피게니에를 다룬 괴테의 『타우리스의 이피게니에』에서도 전개된다.

그 아이들을 붙잡아 살해하고는 첫 만찬 때 아버지 앞에 그 끔찍하고 소름 끼치는 요리를 내놓았습니다. 티에스트는 그 고기를 배불리 먹고 왠지 비애에 사로잡혀 아이들을 불렀는데, 홀의 문 앞에서 아들들의 발소리와 목소리를 들었다고 느끼는 순간, 아트로이스가 이를 드러내고 웃으며 아이들의 잘린 머리와 발을 내던졌습니다.

380~388행

이렇게 유아가 끔찍하게 살해되는 내용이 바그너Heinrich L. Wagner가 1776년에 발간한 드라마 『유아 살해모Die Kindermörderin』에도 들어 있다.

내 사랑 아가야? 자는 거니? 얼마나 부드러운지! 지금 네가 정말 부럽구나. 이렇게 천사들은 잠들 뿐이란다! (중략) 내 아이의 피야! – 그걸 내가 마시고 있는가? – (아이를 침대로 던진다) 거기서 자거라. 그뢰닝젝! 자거라! 영원히 잠자거라! 나도 곧 잠들 거야. 너처럼 그렇게 부드럽게 잠들기는 어려울 거야. 하지만 그것이 한번 벌어지면 그게 그거지.

그런데 바그너의 이 내용이 『파우스트』와 『타우리스의 이피게니에』 속 유아 살해의 내용을 표절했다고 괴테는 자서전 『시와 진실』14권에서 비난했다.

그의 이름은 바그너였다. 처음에 그는 스트라스부르, 나중에 프랑크푸르트 사교계의 일원이었다. (여기서) 그는 정신, 기량, 지식을 갖춘 사람으로 노력을 보였기에 환영을 받았다. 또한 그는 성실하게 나를 따랐는데 이는 내가 구상한 모든 것을 결코 숨기는 일이 없었기 때문이다. 그에게 『파우스트』, 특히 그레트헨의 파멸은 물론 다른 계획도 이야기했는데 이를 그는 비극 『유아 살해모』에 이용했다.

하지만 「노간주나무」와 『파우스트』에서 한을 품고 죽은 오빠의 뼈를 자매가 모아서 묻어 주는 내용은 소포클레스Sophocles의 『안티고네Antigone』에서 안티고네가 법을 어기고 죽은 오빠를 묻어 주는 내용과 유사하고, 한을 품고 죽은 인육을 먹거나 새로 변신하는 이야기는 오비디우스의 『변신Metamorphosen』 속 테레우스 왕의 신화에도 있다. 『변신』의 내용은 다음과 같다. 다울리스의 테레우스 왕은 자기 부인 포르크네의 자매인 필로멜라를 능욕하고서, 그녀가 이 사실을 발설하지 못하도록 그녀의 혀를 잘라 버렸다. 그러나 필로멜라는 자신이 짠 직물의 그림으로 프로크네에게 이 사실을 알려서 둘은 공동으로 복수를 하게 된다. 프로크네는 자신의 아들 이티스를 죽이고 요리를 해 그의 아버지 테레우스의 식사에 올리면서, 그 혼자만이 이것을 먹어야 한다고 다짐을 한다. 테레우스는 인육을 먹으면서 계속해서 자기 아들에 관해 묻다가 나중에 이 모든 내막을 알게 되자 그는 칼을 빼들고 잔인한 두 자매를 뒤쫓는다. 그때 테레우스는 한 마리의 화난 오디새로 변하고, 포르크네는 항상 슬피 우는 밤꾀꼬리가 되며, 필로멜라는 혀가 없어 더듬더듬 지저귀는 제비가 되었다.

이렇게 작품이 다양하게 모방되는데도 표절로 여겨지지 않는데 이는 원작에 새로운 가치가 부여되었기 때문이다. 작가들이 새로운 심리로 원작의 의식을 변화시킨 것이다. 따라서 작가 파운드Ezra Pound는 "미숙한 시인은 모방하고, 원숙한 시인은 표절한다. 졸렬한 시인은 표절을 훼손하나 우아한 시인은 이것을 다르게 만들거나 더 우아하게 만든다"고 언급했다. 결국 모방의 도가 지나치면 표절이 되지만, 원작의 변형에 따라 창작이 될 수 있다는 말이다. 이런 맥락에서 엘리엇T. S. Eliot은 "나는 근년에 파운드를 얼마나 원망했는지 모른다. 내 시가 내 것이라고 할 수 없을 정도가 되었기 때문이다. 가장 만족을 느끼고 있을 때

나의 작품에서 파운드 시의 반향 같은 것을 발견했다"고 자기 시에 나타난 파운드의 기법에 대해서 말했다.

괴테에게 시는 개인 소유물이 아니라 온 인류의 소유물이어서 세계 어느 곳이나 어느 시대 그리고 어느 인간에게나 계시되어 에커만에게 "세계는 언제나 똑같이 존재해 늘상 반복한다네. 한 민족이 다른 민족과 똑같이 생활하고 사랑하고 느끼는데 한 민족의 시인이 다른 민족의 시인처럼 시작詩作할 수 없단 말인가? 생활의 상황이 똑같은데 시의 상황이 똑같지 않을 수 있단 말인가?"라고 반문하면서 자신이 실러와 합작할 때 누가 어느 부분을 썼느냐 하는 문제에 신경을 쓰지 않았다. "내 것과 네 것이 무엇이 중요한가?"라고 내세우면서 괴테는 셰익스피어와 모차르트의 리듬으로 시를 쓰면서 자신이 표절한다고 생각하지 않았고, 다른 사람들도 자기 시의 사용을 기꺼이 여겼다. 이는 세계문학의 개념으로 『파우스트』에서 표명되고 있다.

거룩한 시로군요.
하늘까지 올라가 보세요!
가장 아름다운 별이군요.
멀리 아득한 데까지 빛나세요!
그래도 여전히 들려옵니다.
누구나 기꺼이
언제나 그 노래를 듣습니다.

9,863~9,869행

이러한 세계문학 개념은 『빌헬름 마이스터의 편력시대』에서도 역설된다.

> 언제까지나 땅에 매달려 있지 말라. 새로이 결심해 힘차게 발을 내디뎌라! 머리와 팔뚝에 신바람의 힘만 배면 어디를 가나 그대의 집이다. 햇빛을 즐기는 곳엔 근심 걱정이 없는 법. 우리, 이 세상에 흩어져 살라고 세상은 넓도다.

이러한 세계문학 개념에 따라 자신의 유아 살해의 내용을 바그너가 표절했다고 비난했던 괴테는 표절에 관대해졌다. 이러한 배경에서 괴테의 『젊은 베르테르의 슬픔』은 전원적 분위기, 로맨틱한 사랑의 유희, 연민을 일으키는 편지들과 특히 극적인 자살 등으로 많은 작가에 의해 다양하게 모방되었다.

플렌츠도르프Ulrich Plenzdorf의 소설 『젊은 베르테르의 새로운 슬픔Die neuen Leiden des jungen Werther』은 괴테의 『젊은 베르테르의 슬픔』의 제목과 유사하듯이 두 작품의 줄거리가 서로 연관된다. 기존 사회에 적응하지 못해 사회를 이탈한 젊은이가 혼자만의 세계에서 자기를 실현시키려다 좌절해 결국 죽음에 이르게 되는 이 작품에는 『젊은 베르테르의 슬픔』의 인용문들이 거의 그대로 수록되어 있다.

장 파울Jean Paul의 소설 『아벨라르트와 헬로이제Abelard und Heloise』에서 아벨라르트는 베르테르의 말투와 행동을 그리고 헬로이제는 롯데의 역할을 거의 그대로 재현한다. 방학 기간에 신출내기 대학생인 아벨라르트가 방문한 친구 카를의 집에서 젊은 소녀 헬로이제를 알게 되고, 둘은 곧바로 사랑에 빠져 영원한 미래를 약속하게 된다. 그러나 딸의 배필로 다른 청년을 정해 놓은 헬로이제의 부친은 아벨라르트와 헬로이제의 사랑을 강하게 반대한다. 그런데 이 배필 남성이 어느 날 사악한 본질을 드러내며 헬로이제를 능욕하자 그녀는 수치감에 자살하고, 그녀의 죽음에 절망한 아벨라르트도 권총으로 자살하고 만다.

이뤄질 수 없는 사랑 때문에 처참한 종말을 맞는 베르테르의 부도덕성과 신성 모독에 계몽주의자들의 비판이 쏟아지자 주인공의 자살을 실패로 만들고 약혼자 알베르트의 양보로 로테가 베르테르와 결혼하게 되는 니콜라이Friedrich Nicolai의 『젊은 베르테르의 기쁨Die Freuden des jungen Werther』(1775)도 생겨났다.

안진태

GOETHE
LEXIKON
II

헬레니즘

역사학자 헤로도토스Herodotus는 북쪽의 스키타이인과 남쪽의 이집트인은 극단적인 기후로 인해서 면모가 완전히 상이하고, 그 중앙부에 있는 그리스인들은 건강하고 활기 있어 세계를 지배하는 게 당연하다고 했다. 오비드Ovid의 『변신 이야기』에서 메데이아는 "내 나라는 야만국"이라면서 "그리스 젊은이를 구한 영예"를 내세우며 그리스를 명성이 있는 도시로 부각시켜 문화 및 예술이 탁월한 나라로 묘사한다.

그리스 아테네 여신을 위한 대제전

하이네가 괴테를 그리스의 제우스로 비유할 정도로 그리스를 높이 평가하듯이 괴테도 『파우스트』에서 그리스를 문화 및 예술이 탁월한 나라로 묘사한다.

> 당신을 그것을 기적이라 하시나요?
>
> 크레타 출신의 여성.

노래에 담긴 교훈적인 말에
한 번도 귀를 기울인 적이 없는 모양이죠?
먼 조상 때부터 전해 오는
신들과 영웅들에 대한 그 많은
이오니아 전설도 아직 듣지 못하고,
헬라스 이야기도 한 번 듣지 못했나요?

9,630~9,636행

따라서 괴테는 중국, 인도, 이집트의 고대 문화는 희귀성만 있을 뿐 미학이나 도덕에서는 문외한이고, 반면에 지상과 하늘을 인간의 운명과 지혜에 연결시킨 그리스는 고상해서 "우리가 진정한 전형을 원한다면 고대 그리스로 돌아가야 한다. 그들의 작품 속에는 인류의 아름다움이 표현되어 있고 다른 나라의 것은 모두 역사적인 관점으로만 봐야 한다"고 정의했다.

기원전 6~5세기 이오니아에서 발생한, 지리학에서 발전한 고대 문화인류학에서 이오니아 학자들은 인류를 그리스인과 야만인으로 구분했는데 북구는 피의 향연 등으로 야만스러운 데 반해, 남부 그리스는 문명인으로 묘사했다. 그리스신화의 아르고호의 모험에서 이아손은 그리스에서 왔기 때문에 영웅이며, 흑해 너머 코카서스 산맥 출신인 메데이아는 야만인인 셈이다. 이아손에게 속아 결혼하여 이방인이라는 처지를 뼈아프게 느끼는 메데이아에게 이아손은 야만국에서 떠나와 문명국 그리스에 사는 은총에서 위로를 찾으라고 한다. 메데이아가 복수심에서 연적과 아이들을 죽이자 이아손은 "그리스인이라면 그런 짓을 하지 않았을 것"이라고 메데이아 비극의 원인을 야만국의 태생으로 돌린다.

그리스에 경도된 괴테도 그리스인과 야만인을 구분했다. 『젊은 베르테르의 슬픔』에서 "아침에 동이 트면 발하임으로 나가 그곳 주인의 채마밭에서 내 스스로 완두콩을 꺾어 그 자리에 앉아 콩을 까면서 간간이 호메로스를 읽을 때면, (중략) 나는 페넬로페의 오만스런 청혼자들이 황소와 돼지를 도살해 그 고기를 불에 굽던 모습을 생생하게 느끼게 된다네"라고 베르테르는 말한다. 그리스의 작가 호메로스를 읽을 때 그리스의 영웅 오디세우스의 현명한 부인 페넬로페를 유혹하는 국적 불명의 남성들을 황소나 돼지를 도살해 살생을 하는 야만인으로 연상하고 있다.

괴테는 프랑스 혁명 후의 극단적인 행위자들도 그리스에 비교해 야만인으로 폄하한다. 에커만에게 "프랑스인들은 현재의 문학혁명에서 처음에는 자유로운 형식만을 원했지. 그런데 그들은 거기에서 멈추지 않고 형식과 더불어 전통적인 내용까지 배격했네. 그들은 고상한 정서와 행위의 묘사를 지루하게 여겨 가증스러운 것들을 취급해 그리스신화의 아름다운 주제 대신에 악마와 마녀와 흡혈귀를 다뤘다"고 토로했다. 이렇게 혁명의 과격성을 부정한 괴테는 희곡 『프로메테우스』에서 상부에 경멸하거나 자유를 열망하는 프로메테우스가 작품의 중반부에서 불손함으로 처벌을 받도록 전개시킨다.

이렇게 괴테는 그리스에 상반되는 사람이나 나라를 야만적으로 규정할 뿐 아니라 음침한 안개에 연관시켜 나타내기도 했다. 그리스의 청명함과 상반되는 북구의 특징으로 인간과 세계를 차단시키고 근심과 걱정, 분별이 없는 혼탁한 상태 등을 야기시키는 안개에 대해 파우스트는 제자 바그너에게 다음과 같이 설명한다.

자네들 연설이 그토록 찬란하게 빛난다 해도,
그 속에는 인생의 휴지 조각을 꾸겨 넣은 것과 같으니,
가을날 메마른 나뭇잎 사이로 살랑거리는
습기 찬 안개 바람처럼 불쾌한 것이라네!

554~557행

따라서 안개에 가려진 북구의 희미한 세계가 아닌 청명하고 조화 있는 그리스에 대한 염원에서 괴테는 『로마의 비가Römische Elegien』(15장)에서는 "남쪽의 벼룩"보다 "슬픈 북쪽의 안개"가 더 싫다고 언급하고, 『파우스트』에서는 "안개가 너울대다 걷히더니, 여신께서 나타나셨다"(9,236~9,237행)—그리스의 미녀 헬레나는 (북구의) 안개가 없어지면서 나타난다—고 말한다. 이는 북구의 신화와 자연을 주로 다루는 클로프슈토크의 문학에서 벗어나 그리스의 청명하고 조화로운 미를 추구하는 문학적인 염원도 된다. 이렇게 문학까지도 북구와 남방으로 구분한 괴테는 『헤르만과 도로테아』는 라틴어 번역 쪽을 선호했고, 『파우스트 1부』는 프랑스어 쪽을 더 좋아했다. 이렇게 괴테는 남방의 그리스 문화에 탐닉하면서 이를 음침한 북구에 전파하고자 했다. 괴테는 "그리스 비극"에 관심을 기울여 『파우스트』에서 조수 바그너가 자신을 처음 대할 때 이를 내세운다.

선생님께서 낭독하시는 소리를 들었습니다.
틀림없이 그리스 비극을 읽고 계셨겠지요?
이런 예술에서 저도 무언가를 좀 배우고 싶습니다.
요즘 세상에는 그것이 위대한 작용을 하니까요.

그리스 3대 비극시인 아이스킬로스Aischylos, 에우리피데스Euripides, 소포클레스Sophokles가 태동시킨 "그리스 비극"이란 선조가 범한 중죄로 후손이 희생되는 제물 봉헌에서 발단하고 이를 피하려 하면 더 참혹한 징벌을 겪게 되는데, 이러한 그리스 비극의 인물로 괴테는 그리스신화의 인물 이피게니에를 전개시켰다. 신의 사랑을 받아 자주 제우스신에게 초대되어 올림포스에 올라가 신들과 식사를 같이하기도 한 탄탈루스는 어느 날 음식을 한 상 차려 놓고 올림포스의 여러 신을 초대해 대접했다. 그런데 음식이 모자라자 그는 자신의 아들 펠로프스를 죽여 요리를 해 상에 차려 놓았다. 신들은 그것이 인육이란 것을 알고 손도 대지 않았으나 이를 모르는 대지의 여신 데메테르가 왼쪽 어깨살을 깨끗이 먹어 치웠다. 탄탈루스의 후손이기 때문에 저주를 받게 되는 이피게니에의 내용은 에우리피데스의 『타우리스인에서 이피게니에Iphiginie bei den Tauriern』에서 소재를 취한 괴테의 『타우리스의 이피게니에Iphigenie auf Tauris』에서 전개된다.

탄탈루스의 후손이란 죄과로 야만국 타우리스섬에 가게 된 이피게니에는 그곳에 그리스의 인도주의를 전파해 조상 탄탈루스에서 유래하는 인신 제물 등 악습을 청산시킨다.

이방인은 누구든지 디아나의 재단에
피 흘리며 목숨 바쳐야 하는 끔찍한 관습을
몇 년에 걸친 부드러운 설득으로
폐지시킨 것은 누구였으며

틀림없이 죽게 될 포로들을 그토록 자주
그들의 조국으로 돌려보낸 것은 누구였지요?
피 흐르는 제물이 부족하다고 다이아나가
노여워하는 대신 당신의 부드러운 기도에
너그러이 귀를 기울이지 않았습니까?

122~130행

자신의 운명을 맡긴 그리스의 디아나 여신의 지시에 따라 인도주의 정신으로 야만인들의 악습을 폐지시킨 박애주의 여성 이피게니에는 "거친 사내들에게 최고의 명성을 가져다주는 폭력과 간계도 이(이피게니에)처럼 고결한 영혼의 진실 앞에서는 부끄러워할 것이고, 전하같이 고귀한 분께 바친 순수하고 순진한 믿음은 반드시 보답을 받는다"(2,142~2,145행)는 찬사를 받는다.

이렇게 거친 야만인들을 정화하고 순화시킨 이피게니에가 야만의 나라 타우리스에서 바다 건너 바라보며 그리워하는 고향 그리스(11~12행)는 괴테가 동경하는 그리스다. 아울러 "오, 당신(토아스 왕)이 나를 배에 실어 보내 주신다면, 내게 그리고 모든 이에게 새 생명을 주게 되는 거지요"(461~462행)라는 이피게니에의 외침은 탄탈루스 가문에 내려진 저주와 타우리스인의 야만성을 그리스 문화로 정화하려는 염원이다. 이러한 이피게니에는 저주받은 조상 탄탈루스까지 정화해 청명한 그리스의 신으로 변화시키고자 한다.

그(탄탈루스)는 비천하지 않았고 배반자가 아니었습니다.
다만 종으로 있기에는 너무 위대했고,

위대한 천둥의 신(제우스)의 동반자이기에는 한 인간에 불과했지요.
그의 범행 역시 인간적이었지요. 그들(神)의 심판은
가혹했고, 시인들은 이에 대해 노래를 부릅니다. 오만과
반항으로 인해서 그는 제우스의 식탁에서
저승의 치욕으로 추락되었다고요.
아, 그의 종족은 시인들의 미움을 받았습니다.

319~326행

이렇게 신의 저주를 받은 탄탈루스에 대한 이피게니에의 변호는 탄탈루스의 저주가 정화된 청명한 그리스신화에 대한 염원이다.

이피게니에처럼 야만적인 북구에 청명한 그리스를 전파하는 인물로 『파우스트』 속 헬레나도 들 수 있다. 이 작품에서 헬레나로 대표되는 남방의 미가 파우스트로 대표되는 북방의 정신에 도입되어 그리스와 게르만, 고전적인 것과 낭만적인 것 등의 조화가 이뤄진다. 이는 헬레나로 시작해서 이피게니에로 계승되는 인문주의, 즉 아름답고 완전한 고전적 원형으로 유럽의 분열을 치유하는 것이다.

이러한 헬레나와 파우스트 사이에 태어난 오이포리온은 태어나자마자 "자, 저를 뛰어오르게 해 주세요. 이제 뛰어오르게 내버려 두세요!"(9,711~9,712행)라고 조숙하게 개성을 내보인다. 파우스트와 헬레나가 타이르지만 듣지 않는 오이포리온은 점점 높이 비약해 그리스 전국을 바라보고 자유에 대한 충동에서 전쟁을 느끼게 된다.

너희는 평화로운 날을 꿈꾸는가?

꿈을 꾸고 싶은 자는 꿔라!

전쟁! 이것이 구호다.

승리! 이것이 이어지는 소리다.

(중략)

이 나라가 위험한 시대에

위험 속에다 낳아 놓고

자유로운 정신과 무한한 용기를 지녀

제 피를 흘리기를 두려워 않는 사람들,

억제할 수 없는

거룩한 뜻을 위해

싸우는 모든 사람에게

소득이 있으라!

(중략)

보루(堡壘)도 소용없고 성벽도 소용없고,

각자가 제 힘만을 믿을 뿐이다.

끝까지 버티는 굳센 성채는

오직 사나이의 강철 간은 가슴이다.

정복당하지 않고 살고 싶으면

가볍게 무장하고 재빨리 싸움터로 나가라!

여자들은 아마조네가 되고

모든 어린아이는 용사가 되어라!

9,835~9,862행

이렇게 전쟁을 외치는 오이포리온은 "근심과 고난을 함께 나누고자"(9,894행) 터키로부터 압박받는 그리스의 독립전쟁에 뛰어든 19세기 영국의 낭만파 시인 바이런George G. Byron(1788-1824)의 화신이다. 그리스를 사랑한 나머지 1823년, 그리스 독립전쟁에 참여해 그리스군에게 사기를 북돋아 준 바이런의 비유로 오이포리온 역시 그리스에 대한 뜨거운 사랑을 보여 주는 것이다.

안진태

ChapterⅦ
문학 / 예술 / 자연에 관한 글들

GOETHE
LEXIKON
II

*** 목사가 *** 신임 목사에게 보내는 편지

개요

『*** 목사가 *** 신임 목사에게 보내는 편지. 불어 원본에서 번역Brief des Pastors zu *** an den neuen Pastor zu ***. Aus dem Französischen』이라는 텍스트의 제목만 보면 어떤 교구의 목사가 새로 부임해 오는 젊은 목사에게 쓴 편지로 실제 인적 사항을 가리기 위해 '***'로 표기한 것처럼 보이지만, 이 편지들은 실제로 존재한 편지가 아니라 청년 괴테의 창작물이다. 부제에 따르면 원래 불어로 쓰인 것을 독일어로 번역한 것처럼 보인다. 하지만 이 또한 허구이다. 이 텍스트는 1773년 별쇄본 형태로 인쇄된 이래로 여러 전집에 삽입되어 있어, 오늘날 독자들은 함부르크판 괴테 작품집(HA) 제12권, 바이마르판 괴테 전집(WA) 제37, 38권 등에서 볼 수 있다. 청년기 괴테의 종교관을 잘 보여 주는 이 글의 의미에 대해 괴테는 자서전인 『시와 진실』 12권에서 해설하고 있다. 이에 따르면 이 시기 괴테의 주된 관심사는 성경 연구였던 바, 성경을 여러 번 통독했으며 서로 상충되어 보이는 성경 구절들 중에서도 어떤 구절들이 가장 본질적인 의미를 보여 주는가 등에 집중하면서 얻게 된 생각을 표현하고 있다. 성경 안에서도 서로 모순적으로 보이는 구절들이 존재하는 이유는 이 책이 여러 시대에 걸쳐 여러 저자에 의해서 생겨난 책이고 그렇게 수정된 형태로 전승되어 왔기 때문이라고 믿었던 괴테는 성경의 모든 구절이 그 자체로 절대적인 의미를 지닌다는 정통 교리를 받아들이지 않았다. 중요한 것은 성경의 여러 내용이 본질적으로 의미하는 근본 사상이 무엇인가를 이해하고 이에 따라 성경 구절도 열린 자세로 받아들여야 한다는 것이다. 이러한 태도는 타 종교에 대해서도 마찬가지로 적용된다. 괴테 자신도 설명하듯이 이 글의 핵심 주제는 18세기의 슬로건이었던 '관용Toleranz'이다.

주요 내용

텍스트의 허구적 저자는 기독교 목사를 자처하고 있으나 텍스트의 주된 내용은 기독교 목사들의 도그마적 행태들을 비판하는 것이다. 특히 기독교의 우월성을 내세우면서, 유대교도나 이슬람교도들을 개종시키려는 시도에 대해서 비판적이다. 오히려 믿음이라는 것은 개별적이고 주관적인 요소가 강하기 때문에 제대로 보자면 누구나 그 자신의 종교를 가지고 있을 뿐이라는 것이 이 글의 기본 사상이다. 따라서 타 종교를 믿거나 신앙이 없는 사람들을 상대로 선교를 해야 한다는 생각에 대해서도 동의하지 않는다.

> 성경의 신성함을 느끼지 못하는 사람에게 성경의 신성함을 입증한다는 것이 가능한지 의문입니다. 적어도 나는 그럴 필요가 없다고 생각해요.

그렇다면 기독교도가 아닌 사람들에 대해서 어떻게 해야 한단 말인가? 창조주의 '영원한 사랑'에 맡겨 둬야 한다는 것이 이 텍스트에서 주장하는 것이다. 타 종교를 믿는 사람들을 악마화해서도 안 되고, 원죄설을 절대적 도그마처럼 내세워서도 안 된다. 타 종교를 믿거나 믿음이 아예 없는 사람들을 향한 목사들의 태도는 '사랑'이 아니라 '증오'로 나타나는 경우가 많은데, '사랑'을 설교해야 할 교회에서 '증오'의 감정으로 설교단에 올라간다는 사실부터가 어불성설이라는 것이다. 기독교를 제일 우위에 두고 타 종교를 폄하하는 종교의 서열화도 비판의 대상이 된다. 타 종교의 입장에서 보면 기독교인도 저급한 존재일 수 있기 때문이다. 터키인이 보기엔 기독교도가 '개' 같은 존재이고, 유대인이 보기에는 기독교도가 '돼지' 같은 존재에 불과할 수도 있음을 상기시키면서 기독교도의 우월 의식을 패러디하기도 한다. 결국 어느 종교가 제일 우위에 있는가를 따질 것이 아니라, 서로 주관적 경험과 느낌을 인정하면서 함께 살아가는 자세가 필요하다는 것이다. 이 글에서는 타 종교에 대한 기독교의 편견뿐 아니라 구교에 대한 개신교의 편견에 대해서도 비판적이다. 결국 기본적인 생각은 타 종교에 대해서건, 타 종파에 대해서건 자신의 생각만을 절대적인 진리처럼 강요해서는 안 된다는 것이다.

해설

이 글은 청년기 괴테의 종교관을 보여 주는 글이며, 괴테의 종교관 전체를 대변하는 글은 아니다. 괴테의 종교관은 괴테의 생애만큼이나 길고도 다양한 변화를 보여 주기 때문이다. 이 과정을 간단하게 요약하면 변화라고 할 수 있다. 먼저 소년 괴테는 독실한 기독교 신자였다. 이러한 태도는 청년기 이후로 확연히 달라진다. 1782년에 괴테가 한 말에 따르면 괴테 자신은 '반기독교도Widerchrist'도 아니고 '몰기독교도Unchrist'도 아니지만, 단호한 '비기독교도Nichtchrist'이기는 하다. 말하자면 괴테는 기독교를 뒤엎어야 한다는 입장도 아니고 기독교를 모르는 사람도 아니지만, 기독교의 정통 교리에 순응하며 살아가는 사람은 아니라는 의미다. 예수 그리스도는 믿지만 기독교 문화에 대해서는 비판적인 시각을 가졌던 인물이 괴테라고 요약할 수 있을 것이다.

기독교에 대한 괴테의 비판적 시각은 여러 작품에 걸쳐 뚜렷이 표현된다. 『파우스트』가 대표적이다. 기독교에 대한 괴테의 관심도 여러 작품에 나타나는데 대표적으로 『빌헬름 마이스터의 수업시대』에 나오는 '아름다운 영혼의 고백'이나 『빌헬름 마이스터의 편력시대』에 나오는 교육주에서 세 가지 경배 방식을 가르치는 장면들을 들 수 있다. 괴테가 지속적으로 긍정적인 평가를 내린 것으로는 초기 기독교의 공동체적 삶의 태도나 스피노자의 영향을 받은 범신론적 세계관이다. '영원한 사랑' 또는 '영원히 만물을 회복하는 사랑'은 괴테가 이러한 세계관을 통일적으로 표현할 때 이용되는 표현이기도 하다.

『*** 목사가 *** 신임 목사에게 보내는 편지』에 나오는 구절을 빌리면 "하느님과 사랑은 동의어"이다. 성경에 나오는 것처럼 인간들은 서로 사랑해야 하지만 사랑이 힘들다면 서로를 인정하기라도 하자, 이것이 괴테가 가지는 관용사상이다. 이 텍스트는 이러한 괴테적 관용의 의미를 20대 청년의 시각에서 보여 주고 있다는 점에서 중요하다. 기독교, 유대교, 이슬람교가 서로 가치를 인정하면서 평화롭게 공존해야 한다는 사고를 보여 준다는 점에서는 레싱의 『현자 나탄』의 기본 사상을 선취하고 있는 것이기도 하다.

오순희

GOETHE
LEXIKON
II

서사문학과 극문학에 관하여

괴테가 1797년 12월에 탈고한 「서사문학과 극문학에 관하여Über epische und dramatische Dichtung」는 실러와의 긴밀한 공동 작업을 통해 나온 결과물이다. 1797년 4월, 괴테와 실러는 서사시와 드라마의 장르적 특성에 관하여 서신 교환을 통해 집중적인 토론을 했고, 괴테는 그 논의 결과를 정리해 「서사문학과 극문학에 관하여」를 집필했다. 알다시피 서사시와 드라마는 고대 그리스 문학의 대표적 장르이다. 따라서 서사시와 드라마에 관한 두 사람의 논의는 고대 그리스 당시의 서사시와 드라마, 특히 비극을 18세기 말의 근대적 상황에서 어떻게 창조적으로 계승할 것인가 하는 문제와 직결된다. (이하 번역은 『문학론』, 안삼환 역, 민음사, 2010, 53~57쪽 참조)

서사문학과 극문학은 문학의 보편적 법칙, 특히 통일의 법칙과 전개(Entfaltung)의 법칙을 따라야 한다.

아리스토텔레스가 드라마에서 '3통일의 법칙', 즉 '시간'과 '장소'와 '사건 진행 Handlung(플롯)'의 통일성을 강조한 것은 익히 알려져 있으므로 극문학이 통일의 법칙을 따라야 한다는 것은 딱히 새로운 요구가 아니다. 여기에다 '전개'의 법칙을 부연한 것은 극적 사건이 일정한 시공간 안에서 작품의 결말을 향해 짜임새 있게 펼쳐져야 한다는 뜻이므로 이미 '통일'의 법칙에 함축된 내용이다.

그런데 서사문학도 드라마에서와 마찬가지로 통일의 법칙을 따라야 한다는 주장은 서사시에 관한 당대의 논쟁과 관련되어 있다. 낭만주의 이론가 아우구스트 슐레겔은 『호메로스의 서사시에 대하여』(1796)라는 글에서 서사시는 드라마와 달리 통일성을 필요로 하지 않는다고 주장했다. 그러자 괴테는 1797년 4월 28일 실러에게 보낸 편지에서, 서사시가 드라마의 '절대적 통일성'을 따르지는 않는다고 해서 아예 통일성을 따를 필요도 없다는 슐레겔의 주장은 서사시가 '시'의 기본 요건을 충족시킬 필요도 없다는 주장과 다름없는 어불성설이라고 비판했다. 요컨대 서사시에도 일정하게 통일성이 요구된다는 것이다.

이에 대해 실러는 서사시의 각 부분들은 '상대적 자립성'을 가지며, 그 반면 드라마의 사건 진행에서 각 부분들은 선후의 '인과 관계'로 더욱 긴밀하게 연결되어 있다는 견해를 제시했다. 드라마의 각 부분이 '인과 관계'로 연결된다는 것은 단적으로 말해서 주인공이 저지르는 '과오'가 '비극적 결말'을 초래하는 화근이 된다는 뜻으로 이해될 수 있다. 그에 비해 서사시의 각 부분이 '상대적 자립성'을 갖는다는 말은 가령 호메로스의 『오디세이』에서 주인공이 머나먼 귀향의 도정에서 겪는 다양한 모험적 사건이 제각기 독립된 모험담의 성격을 띤다는 의미로 이해할 수 있다. 예컨대 『오디세이』 제11권 '저승' 편에서 주인공은 저승의 신 하데스의 세계로 내려가서 트로이전쟁에서 전사한 아킬레우스, 그리고 무사히 귀향했으나 독부毒婦에 의해 살해된 그리스군 사령관 아가멤논 등 참전 영웅들의 혼령과 대화를 나눈다. 이들에 관한 이야기는 트로이전쟁에서 전사한 영웅들의 운명을 청중들에게 요약해서 들려주는 한 편의 완결된 이야기로 삽입된 것이다. 다시 말해 이들과의 만남이 향후 오디세이의 운명에 어떤 결정적 요인으로 작용하지는 않는다.

그렇다고 이러한 '저승' 행차가 오디세이의 운명과는 무관한 이야기인가? 그렇지 않다. 괴테가 명시적으로 언급하지는 않지만 '저승' 이야기는 오디세이의 향후 여정과 긴밀하게 연관된 중요한 모티프로 연결되어 있다. 예컨대 아가멤논은 여자들을 믿지 말고 고향 땅에 당도할 때는 신원을 숨기고 거지 차림으로 몰래 잠입하라고 충고한다. 오디세이 자신은 아직 모르는 상황이지만 고향에 있는 그의 부인 페넬로페는 용맹스러운 청년들의 구혼 압박에 시달리는 고립무원의 처지에 있고, 구혼자들은 혹시라도 오디세이가 귀향하면 그를 제거하겠다고 벼르고 있다. 따라서 아가멤논의 충고는 오디세이의 무사 귀환을 위해 요긴한 지침이 되며, 실제로 오디세이는 그의 충고에 따라 신원을 숨기고 잠입함으로써 구혼자들을 일거에 제압한다. 또한 간부姦夫와 결탁해 남편을 살해하는 아가멤논의 아내와 달리 구혼자들의 온갖 압박에도 불구하고 오디세이의 아내 페넬로페는 끝까지 정절을 지킨다. 아가멤논과 오디세이의 운명을 갈라놓는 그런 대비 효과의 측면에서도 '저승' 편 이야기는 작품 전체의 통일성을 담보하는 유기적 요소이다. 이렇게 보면 서사시 역시 통일성을 따라야 한다는 괴테의 주장이 작품의 실상에 부합되며, 실러가 말한 각 부분들의 상대적 자립성은 드라마의 '절대적 통일성'과 서사시의 '상대적 통일성'을 구분해 주는 특성으로 이해할 필요가 있겠다.

서사시와 드라마는 비슷한 대상을 다루며 또한 모든 종류의 모티프들을 사용할 수 있다.

다시 말해 서사시와 드라마의 소재와 모티프 자체는 동일할 수 있다는 뜻이다. 괴테는 『오디세이』도 비극적 소재가 넘쳐난다고 말하는데, 비극적 소재도 어떤 형식으로 담아내는가에 따라 얼마든지 서사시로 탄생할 수 있다는 것이다. 실제로 『오디세이』는 결말부까지도 비극적 갈등의 요소를 내포하고 있다. 제22권에서 오디세이는 구혼자들을 모조리 죽이고, 이어서 제23권에서 페넬로페가 '시험'을 거쳐서 오디세이를 알아보고 두 사람은 행복한 해후를 한다. 『오디세이』는 여기서 끝날 수도 있을 것이다. 그런데 다시 이어지는 마지막 제24권 '저승 속편'에서는 오디세이에 의해 죽임을 당한 구혼자들의 혼백이 등장해 자신들이 '돼지 떼'처럼 무참히 도륙당한 억울함을 하소연하고 이어서 그들의 아버지들이 등장해 죽은 아들들의 원수를 갚겠다고 나서는데, 오디세이 역시 사기충천해 일전을 불사한다. 이 일촉즉발의 위기 상황에서 아테네 여신이 나타나서 이제 전쟁을 끝내고 화평하라고 고지함으로써 마침내 양측이 화평의 맹약을 맺고 비극적 갈등은 화해의 서사시로 마무리된다.

여기서 아테네 여신의 개입은 고대 그리스 서사시와 드라마에서 이러한 대반전을 가져오는 신들의 역할을 신들이 사라진 시대인 괴테 당대의 서사시와 드라마에서 과연 어떻게 대체할 것인가 하는 어려운 숙제를 남긴다. 그리고 위에서 언급한 '모든 종류의 모티프들'에 관해서는 뒤에서 다시 설명된다.

서사시와 드라마의 본질적 차이는 서사 시인이 사건을 '완전히 과거의 것'으로 낭송하는 반면, 극 시인은 '완전히 현재의 것'으로 표현한다는 점이다.

서사시는 주인공이 겪은 이야기를 음송자吟誦者, Rhapsode가 청중들에게 들려주는 형식으로 전달되며, 따라서 이미 지나간 과거의 사건이 재현되는 서술형식을 취한다. 따라서 서사시에서는 음송자, 즉 화자를 통해 청중이 작중 사건에 대해 '서사적 거리'를 확보해서 차분히 경청할 수 있다. 그리고 음송자나 작중 인물의 암시적 발언 또는 신들의 개입에 의해 청중은 사건의 결말을 어느 정도 예측할 수 있다. 가령 앞에서 언급한 아가멤논의 충고는 오디세이의 무사 귀환을 암시하는 역할을 한다. 그러나 괴테 시대에는 음송자나 직업 가인歌人은 소멸했고, 서사시 음송을 듣기 위해 운집한 집단적 청중도 사라졌다. 서사시의 수용 조건의 이러한 차이는 19세기를 거치면서 서사시 장르의 쇠퇴와 소멸을 촉진하는 요인이 된다.

그 반면에 드라마는 연기자가 현재진행형으로 전개되는 사건 속에 인물로 등장해 자신에게 주어진 역할을 수행한다. 주인공은 장차 자신에게 어떤 운명이 닥칠지 모르는 채 극적 갈등에 빠져들고, 관객 역시 주인공이 아는 것 이상을 알지 못하는 상태에서 조마조마한 마음으로 극중 사건에 몰입하게 된다.

서술 방식의 이러한 차이에 따라 각 장르가 '주로' 선택하는 소재와 모티프가 달라지게 마련이다. 괴테는 '주로'라는 단서를 달아서 서술 방식의 차이가 소재와 모티프 선택의 배타적 요인은 아니라는 점을 강조한다.

> 서사시와 비극의 '대상'은 순수하게 인간적인 것, 의미심장한 것, 비장한 것이어야 한다. 따라서 작중 인물들은 주체의 활동이 오로지 자기 자신에 의존하고, 인간의 활동 역시 도덕적, 정치적, 기계적으로 영위되는 것이 아니라 아직 개인

> 적 활동에 크게 의존하는 그런 문화의 단계에 처해 있는 것이 가장 이상적이다. 그런 의미에서 고대 그리스 영웅시대의 전설들은 서사시와 비극의 시인들에게 유리한 대상이다.

서사시와 비극의 공통된 제재로 '순수하게 인간적인 것'을 강조하는 것은 종교적·신화적 도그마나 정치적 당파성 따위에 휘둘리지 말아야 한다는 것이며, 순수한 보편·인간적 가치를 추구해야 한다는 인본주의적 이념과도 직결된다. 그러기 위해서는 작중 인물들의 행위가 자신의 의지와 판단에 의거하는 '자율성'을 확보해야 한다. 그렇지만 근대 시민사회와 국가는 '도덕적, 정치적, 기계적' 체계에 의해 그 구성원들을 제약하기 때문에 그런 근대적 삶의 조건에서는 서사시와 비극 주인공들의 자율성이 저해된다. 그 반면 '자유로운 개인들'의 영웅적 활약상이 펼쳐지는 고대 그리스 영웅시대의 전설들은 서사시와 비극에 유리한 제재를 제공했다는 것이다. 여기서도 근대적 삶의 조건에서 서사시와 비극이 어떻게 변형되어야 하는가 하는 문제가 제기됨을 알 수 있다.

> 서사시는 주로 개인적으로 제한된 활동을 표현하고, 비극은 개인적으로 제한된 고뇌를 표현한다. 서사시는 '외부를 향해 활동하는' 인간, 즉 전투, 여행 또는 일정한 감각적인 폭을 요하는 모든 종류의 기획을 묘사한다. 반면에 비극은 '내면을 향해 인도되고 있는' 인간을 묘사한다. 따라서 진정한 비극의 사건 진행은 좁은 공간만을 필요로 한다.

서사시가 '외부를 향해 활동하는' 인간상을 그린다는 것은 오디세이의 모험담에서 익히 확인할 수 있다. 그 반면에 비극이 '내면을 향해 인도되는' 인간상을 묘사한다는 것은 외부 세계로부터 가해지는 운명의 압박을 이겨 내고 내면적 성숙과 깨달음에 도달해야 한다는 요청으로 이해할 수 있다. 그렇지만 고대 그리스의 비극은 운명의 불가항력적 압박에 굴복하는 파멸로 귀결되는 경우도 허다하다. 이미 살펴본 대로 괴테는 아리스토텔레스 비극론의 핵심을 비극적 파국이 아니라 '화해적 완결'로 파악한다. 그와 같은 맥락에서 괴테는 자신이 생각하는 비극의 이상으로 '내면적 성숙'의 과정을 강조하는 것이라 할 수 있다.

> 서사시와 비극에서는 다섯 종류의 모티프가 사용된다.
>
> ① 전진의 모티프: 사건 진행을 촉진하는 모티프로, 주로 드라마에서 사용된다.
>
> ② 후퇴의 모티프: 사건 진행을 최종목표로부터 멀리 떼어 놓는 모티프로, 거의 전적으로 서사시에서만 사용된다.
>
> ③ 지연의 모티프: 사건 진행을 늦추거나 도정을 연장하는 모티프로, 서사시와 희곡에서 매우 효과적으로 활용될 수 있다.
>
> ④ 회고의 모티프: 작품의 시간 이전에 일어난 사건을 끌어들인다.
>
> ⑤ 예견의 모티프: 작품의 시간 이후에 일어날 일을 예견한다. 회고와 예상의 모티프는 서사시와 드라마에서 작품을 완전하게 만들기 위해 필요하다.

여기서 괴테는 '모티프' 개념을 사건 진행Handlung의 앞뒤를 연결해 주는 유기적 요소들의 상호 연관성 및 그 서술 방식이라는 복합적 의미로 사용하고 있다.

① 이미 언급한 대로 드라마는 '현재진행 중인' 사건을 제시하면서 그런 사건들의 '인과적' 연결을 통해 결말을 향해 나아가므로 '전진의 모티프'는 주로 드라마에서 사용된다. 그렇지만 서사시 역시 어떤 사건의 전개를 보여 줘야 하기 때문에 전진의 모티프를 활용할 수 있다.

② 서사시의 각 부분들은 상대적 자립성을 가지므로 최종 결말에 도달하기 전에 다양한 우회로를 경유할 수 있고, 그래야만 청중에게 다채로운 흥미를 유발할 수 있다. 예컨대 오디세이가 칼립소의 동굴에 갇히거나 사이렌의 유혹을 받거나 '저승'에까지 내려가는 모험담들은 그의 최종 목표인 귀향을 방해하는 사건들이다. 그렇지만 오디세이의 지난한 귀향 과정의 우여곡절을 보여 주기 위해 효과적인 이야기들이다. 드라마에서 이런 '후퇴의 모티프'를 사용할 경우 극적 갈등과 긴장의 고리가 느슨해지거나 끊어지기 때문에 '거의 전적으로' 서사시에서만 사용하는 것이다.

③ '지연의 모티프'는 현재 상황에서 기대되는 바로 다음 상황으로 곧장 나아가지 않고 같은 상황을 더 연장시키거나 현재 상황으로 보여 주지 못한 다른 상황을 병치시키는 방식이다. 드라마의 경우에는 주인공과 그에 맞서는 인물 사이의 갈등과 긴장을 고조시키기 위해 팽팽한 대치 상황을 지연시킬 수 있을 것이다. 가령 괴테의 『타우리스의 이피게니에』에서 토아스 왕과 오레스트가 결투 직전의 상황으로 대치해 있고, 여기에 이피게니에가 나서서 화해를 유도하는 장면이 그런 경우에 속한다. 그리고 서사시의 경우 괴테가 말한 대로 『오디세이』에는 디테일에 이르기까지 지연의 모티프를 즐겨 사용한다. 가령 오디세이가 구혼자들을 모두 죽인 이후 청중은 드디어 페넬로페가 오디세이를 알아보고 감격의 해후를 기대할 것이다. 그런데 그런 기대와 달리 오디세이의 바로

다음 행보는 마치 자기 집에서 결혼식을 올리는 것처럼 풍악을 울리라고 하인들에게 명하는 것이다. 다시 말해 마치 페넬로페가 구혼자들 중 한 사람과 결혼하는 것처럼 꾸며서 구혼자들의 떼죽음이 바깥으로 알려지지 않게 얼마간 시간을 버는 작전을 쓰는 것이다. 이로써 지연의 모티프는 '용의주도한 지략가' 오디세이의 면모를 여실히 보여 주는 효과적인 수단으로 활용된다.

④ 서사시에서 '회고의 모티프'가 탁월하게 사용된 사례 역시 『오디세이』에서 찾아볼 수 있다. 페넬로페가 오디세이를 알아보는 장면 그리고 오디세이의 아버지가 아들을 알아보는 장면이 그런 경우에 속한다. 오랜 세월 동안 구혼자들의 압박에 너무나 시달린 나머지 페넬로페는 어떤 남자도 믿지 않으며, 심지어 20년 만에 돌아온 오디세이를 알아보지 못한다. 그래서 오디세이를 시험하기 위해 페넬로페는 두 사람이 신혼 부부 시절에 오디세이가 지은 신방의 침대를 바깥으로 옮겨서 '손님' 오디세이에게 제공하라고 하인에게 명한다. 그러자 오디세이는 일찍이 '살아 있는 올리브 나무' 거목을 기둥으로 삼아서 신방을 지어 올렸고, 그 나무에 침대를 짜 맞춰 연결했기 때문에 아무리 천하장사라도 그 나무를 뽑지 않고서는 침대를 옮길 수 없노라고 답해서 페넬로페의 '시험'에 '합격'한다. 대지에 뿌리박은 살아 있는 나무를 기둥 삼아 신방을 지었다는 이 회고담은 두 사람의 결합이 세상의 그 어떤 시련도 갈라놓을 수 없는 것임을 생생한 감각적 형상으로 보여 준다. 또한 '위장 결혼식'으로 시간을 벌어 놓은 오디세이는 시골에서 농사를 지으며 은거하는 아버지 라에르테스를 찾아가는데, 아버지 역시 아들을 알아보지 못한다. 그러자 오디세이는 어릴 적에 아버지를 졸라 갖가지 포도 묘목을 구해서 장차 자기 몫으로 심어 달라고 한 적이 있다며 포도나무의 종류와 몇 그루인지 그 숫자까지 정확히 기억해 낸다. 오디세이의

귀향의 절정에 해당되는 이 두 개의 회상 장면은 '영웅'서사시 『오디세이』가 '목가적' 서사시로 탈바꿈할 수 있는 중요한 암시를 던져 준다. 트로이전쟁을 치르고 온갖 죽을 고비를 넘겨서 20년 만에 귀향한 오디세이는 더 이상 전쟁 영웅이 아니라, 아내와 아들 그리고 아버지와 함께 대지에 뿌리내리고 전원을 가꾸며 소박하고 행복한 삶을 영위하기를 소망하는 것이다. 그런 점에서 『오디세이』는 영웅서사시의 정점이자 그 종언을 고하는 작품이다.

⑤ '예견의 모티프'는 대개 서사시와 드라마의 종결부에 위치한다. 『오디세이』 결말부에서 아테네 여신이 나타나서 화해의 맹약을 이끌어 내는 것은 트로이를 폐허로 만들고 수많은 그리스 장정을 죽음으로 내몰았던 전쟁을 되풀이하지 말고 그리스의 여러 종족이 평화롭게 지내라는 후세를 향한 메시지이다. 그리고 괴테의 『이피게니에』 결말부에서 토아스 왕이 오레스트와 이피게니에를 살려 그리스로 보내 주면서 '잘 가시오Lebe wohl'라고 작별 인사를 건네는 것 또한 이피게니에 가문에 누대의 저주로 이어져 온 친족 살해의 비극이 종식되고 화평한 가정을 이루라는 염원을 담고 있다. 괴테가 이러한 '예상'과 '회고'의 모티프를 '작품을 완전하게 만들기 위해' 필요하다고 한 것은 일차적으로 작품의 수미일관된 통일성과 완결성을 가리키는 것이라 할 수 있다. '회고'와 '예상'을 통해 작품의 '시작'과 '결말'이 서로 긴밀히 조응해야 완결성이 확보되기 때문이다. 그리고 작품의 완전성을 위해 필요하다고 하는 또 다른 맥락은 그렇게 완결된 작품 세계가 후세에도 시간을 초월한 예술적 아름다움과 '순수한 인간성'의 구현으로 계속 읽혀져야 한다는 요청을 함축하는 것이다. 『오디세이』의 결말부에서 아테네 여신은 전쟁을 중단하고 화평하라고 고지했고 작중 인물들은 여신의 말에 따랐지만, 실제 역사에서 전쟁은 끝없이 재발했다. 그럼에

도 불구하고 예술 작품의 '완전성'은 그러한 역사 현실의 역경을 극복하고 '순수한 인간성'을 부단히 탐색해야 한다는 것이다. 괴테의 서사시 『헤르만과 도로테아』(1797)와 희곡 『타우리스의 이피게니에』(1786)는 바로 그런 탐색을 보여 주는 작품이다.

임홍배

GOETHE
LEXIKON
II

셰익스피어 축일을 기념하여

『셰익스피어 축일을 기념하여Zum Shakespeares-Tag』는 괴테가 1771년 가을에 셰익스피어 명명축일, 즉 프로테스탄트 전례에 따른 윌리엄 성인 축일(1771년 10월 14일)을 기념해 작성한 연설문이다. 원래는 스트라스부르의 잘츠만을 중심으로, 지인들 사이에서 거행될 셰익스피어를 기념하는 모임을 위한 것이었다. 이 모임에서 괴테의 친구인 레르제Lerse가 축하 연설을 했는데, 그때 괴테의 연설을 누군가가 대신 읽었는지는 기록이 남아 있지 않은 이상 불확실하다. 그날 괴테는 프랑크푸르트 집에서 자비로 축하 모임을 마련해 지인들 앞에서 연설을 했다. 괴테가 필사해 둔 이 연설의 원고는 야코비F. H. Jacobi의 유품에서 발견되어 1854년 4월에 비로소 처음으로《학문과 문학을 위한 일반 월간지Allgemeune Monatsschrift für Wissenschaft und Literatur》에 출판되었다.

실제 연설을 염두에 두고 쓰였다는 것은 "여러분"이라고 여러 차례 청중에게 직접 말을 걸 뿐만 아니라 계속해서 청중을 염두에 두고 있다는 데서 나타난다. 괴테는 셰익스피어를 프로메테우스에 비교하면서 신격화하고 있는데 그런 점에서 연설의 시작 부분에서는 세속적인 설교의 성격을 보인다. 다른 한편으로 이 연설에서 괴테는 일종의 자서전처럼 자신의 셰익스피어 독서 경험에 대해 말하고 있다. 이 연설은 일종의 문학비평이자 셰익스피어에 대한 괴테 자신의 평가를 따르도록 청중에게 촉구하는 호소문 그리고 프랑스 고전주의 작가와 그들을 모방하는 작가들에 대한 반박문의 성격도 갖는다. 감정이 충만한 열정적인 이 연설은 셰익스피어의 문학 작품에 대한 평가라기보다는 셰익스피어의 천재성, 위대함, 프로메테우스에 비견되는 창조력에 대한 경의, '폭풍과 돌진Sturm und Drang' 작가의 자연에 대한 신앙고백이자 문학의 원천으로서 선과 악을 포괄하는 삶 전체에 대한 신앙고백이며 프랑스 비극의 인위적이고 관습적인 규칙에 대한 거부의 표현이다.

셰익스피어 축일 기념 연설에 나타난 이념은 드라마 『괴츠 폰 베를리힝엔』에서 구현된다. 장편소설 『빌헬름 마이스터의 수업시대』3, 4, 5권에서는 셰익스피어에 대한 존경이 드러나고, 괴테의 셰익스피어 수용은 『초고 파우스트』, 『파우스트 단편』을 거쳐 『파우스트 1부』에 이르기까지 파우스트 생산 과정에서도 구현된다. 바이마르 궁정 극장 총감독으로서의 경험을 거치고 나서 쓴 산문 『셰익스피어는 끝이 없다Shakespeare und kein Ende』(1813-1816)에서 괴테는 젊은 시절의 열광에서 벗어나 거리를 갖고 셰익스피어를 평가한다. 여기에서 괴테는 자신의 무대화 경험에 입각해 그리고 실러의 철학적 이념에 영향을 받아 셰익스피어 원작 그대로의 공연 가능성에 대해 회의적 입장을 취한다. 그러나 우리 시대는 셰익스피어의 공연 가능성뿐만 아니라 괴테의 『파우스트 2부』의 공연 가능성도 본다. 『셰익스피어는 끝이 없다』에 나타나는 괴테의 회의적인 시선은 낭만주의자들이 셰익스피어의 작품을 노예처럼 정확히 글자 그대로 공연하는 데 대한 반론으로 볼 수 있다.

김영옥

GOETHE LEXIKON II

자연과학 일반론

작품 생성과 배경

1816년 괴테는 자신의 자연과학 관련 글들을 잡지로 출간할 것을 결심하고 그 제목을 "자연과학 일반, 특히 형태론에 대하여Zur Naturwissenschaft überhaupt, besonders zur Morphologie"로 생각한다. 이것은 이후 1817년부터 1824년 사이에 『형태론에 대하여Zur Morphologie』, 『자연과학 일반론Zur Naturwissenschaft überhaupt』으로 나뉘어서 출간된다. 전자가 식물학, 동물학, 해부학의 영역에서 형태론과 관련된 글과 논문 그리고 자서전적 글 및 잠언들을 담고 있다면, 《자연과학 일반론》은 당시에 괴테가 중점적으로 연구하던 광학(색채론), 구름 연구, 기상학, 지질학 등을 담고 있다. 따라서 이 두 작품은 『색채론Zur Farbenlehre』(1800)과 더불어 괴테의 가장 중요한 자연과학 저술에 속한다.

괴테는 이미 1795년, 1798년 그리고 1806년, 출판인 코타에게 형태론과 관련해서 출간되지 않았던 자신의 논문들을 출간할 의향을 밝혔다. 아내 크리스티아네의 죽음 직후인 1816년에 다시 코타와 연락한 괴테는, 이후 예나의 출판인 프롬만Frommann과의 대화를 통해 형태론 외에도 자연과학 전체에 걸치는 내용의 출판을 계획하게 된다. 여기에는 이전에 작성한 논문 외에 1817년에서 1824년까지 행한 자연과학의 새로운 작업과 그 관련 논문과 글들이 실리게 된다.

『자연과학 일반론』의 출판물에 담긴 내용은 괴테의 자연과학 연구에 대한 자료일 뿐만 아니라 그의 삶의 자서전적 요소도 서술된다. 이것은 괴테가 견지한 자연과학 저술의 서술 원칙이기도 하다. 즉 개인적 요소를 역사적 내용과 결합시키고 이것을 자연과학 연구 작업에서 고려해 서술하는 방식이었다. 또한 『파우스트』, 『빌헬름 마이스터』, 『친화력』 등과 같은 많은 문학 작품에서 자연과학적 요소들을 형상화시키는 것과는 반대 방식으로 『자연과학 일반론』에서는 자연과학적 연구 대상이 문학적 서술을 통해 설명되기도 한다. 루크 하워드Luke Howard의 구름 연구를 인정한 시, 뉴턴과 그 추종자들을 비판하는 시구 등은 그 전형적 예들에 속한다.

작품 수용과 평가

여러 해에 걸쳐 잡지의 형태로 출판된 이 작품은 1823년 9월 발행되는 5호Heft, 즉 2권부터는 발행 부수를 1,025권에서 500권으로 줄인다. 괴테의 자연과학 저술에 관심을 보이는 독자들이 적었기 때문이다. 이처럼 『자연과학 일반론』은 처음부터 반향이 약했다. 코타 출판사가 몇몇 신문을 통해 여러 차례 광고를 냈지만 성과는 없었다. 이 작품에 대한 서평도 거의 나오지 않았는데, 괴테가 창간에 관여한 《예나 일반문학신문Jenaische Allgemeine Literatur-Zeitung》만이 1823년(101~108호)에 자세한 서평을 싣고 있다. 이듬해 괴테 식물변형론의 열렬한 지지자인 자연과학자 네스 폰 에젠벡Nees von Esenbeck의 중개로 코블렌츠 신문 《아일-보텐Eil-Boten》은 괴테 잡지의 2권 2호의 목차를 소개하고 《예나 일반 문학신문》의 서평을 읽을 것을 권한다.

괴테 자신은 카를 아우구스트 바이마르 공작은 물론, 주변 친구와 자연과학계에 몸담고 있는 지인들, 자신과 협력한 자연과학자들을 포함한 젊은 세대의 자연과학자 그룹 등에 이 작품을 보내고 소개한다. 이것은 자신의 자연과학 연구가 당대 일반 대중의 인정을 받는 것이 어렵다는 것을 알고 대신 자신을 아는 사람들이나 주변 전문가들의 인정을 받고자 함이며, 아울러 후속 세대의 인정에 관심을 돌린 것으로 볼 수 있다.

이 작품은 현재의 입장에서 보면, 괴테가 부분적으로는 그의 협력자들과 더불어 연구한 자연과학의 세 영역인 색채론, 지질학과 광물학, 기상학 등의 연구 과정과 그 특징을 알 수 있는 중요한 기록으로 평가할 수 있다. 이것은 또한 그의 자연과학 연구가 뉴턴 이후 현대의 자연과학 연구 방식과는 다른 길을 간, 그리고 그 길이 어떤 것인지 보여 주는 주요 증거 자료가 된다.

조우호

ChapterⅧ
편지 교환

GOETHE
LEXIKON
II

괴테와 실러의 편지 왕래

작품 생성과 배경

『괴테와 실러의 편지 왕래Der Briefwechsel zwischen Goethe und Schiller』는 독일 문학에서 가장 뛰어난 두 시인의 개인적이고 문학적인 교류를 보여 주는 대표적 기록이자 작품이다. 이 기록을 통해 괴테와 실러는 독일의 문학과 문화의 역사에서 진정한 우정을 나눈 인간적 친구로, 생산적인 문학적 상상력을 나눈 두 유형의 천재 시인으로 각인된다. 괴테와 실러의 개인적 서신 왕래는 실러가 시작한다. 1794년 6월 13일 실러가 자신이 기획한 《호렌》문학잡지에 괴테가 참여해 줄 것을 부탁하는 편지를 보낸다. 이에 괴테는 6월 24일 자 편지에 '즐거움과 진심으로' 참여할 것이라 답한다. 두 사람의 서신 왕래는 1805년 4월 말경에 끝나는데, (4월 26일에서 29일 사이로 추정되는) 실러의 마지막 편지에서 실러는 (괴테가 디드로의 원전을 독일어로 번역한) 『라모의 조카Rameaus Neffe』(1805)에 단 괴테의 주석에 비판적인 언급을 한다. 그 직후 5월에는 실러가 병석에 있다 (5월 9일에) 죽기 때문에 더 이상의 서신 왕래는 불가능하게 된다. 결국 두 사람이 거의 11년 동안

1,000통 이상의 길고 짧은 편지를 주고받았음을 확인할 수 있다. 그중 542통이 괴테가, 473통은 실러가 보낸 것이다. 그 외에도 50여 통의 편지가 더 왕래된 것으로 짐작할 수 있으나 현재 남아 있지 않다.

두 사람의 서신 왕래가 출간된 것은 괴테의 작업에 따른 것이다. 괴테는 1823년 6월 11일 코타에게 보낸 편지에서, 그즈음에 자신의 귀중한 소장 자료인 실러의 편지를 모두 모아 정리했다고 언급한다. 이듬해 7월 3일에는 지인 슐츠Christoph Schultz에게 보내는 편지에서, 실러의 가족이 가지고 있던 (실러에게 보낸) 자신의 편지를 모두 넘겨받아, 자신이 가지고 있는 (실러에게 받은) 편지와 맞춰 정리했고, 이를 일반인들이 읽을 수 있게 출간할 것이라 전한다. 이후 코타 출판사에서 1828년 1~2권, 1829년 3~6권의 형식으로 총 971통이 출간된다. 2차 출간은 총 2권, 999편의 편지로 증보되어 1856년 헤르만 하우프에 의해 출간된다. 그 이후 1881년부터 최근까지 학술 고증을 거친 판본들(대표적으로 실러 전집, 괴테 작품집 뮌헨판, 괴테 작품집 프랑크푸르트판)에서 출간되었다.

내용과 주제

괴테와 실러 사이의 서신에서 가장 먼저 알 수 있는 내용 내지 주제는 두 사람이 작가 성향의 본질에 대해 설명한다는 점이다. 이것은 실러가 주도한다. 그는 괴테와 자신의 성향이 비슷하지만 본질적으로 다른 점이 있음을 지적한다. 그리스적 사고력과 상상력의 시인이 괴테라면, 자신은 개념과 관조, 법칙과 느낌 사이를 오가는 존재라고 규정한다(1794년 8월 23일, 1794년 8월 31일).

이런 지적은 괴테의 마음을 움직였고, 곧 실러를 자기 집으로 2주간(1794년 9월 14일~27일) 초대한다. 이후 두 사람의 친분과 신뢰는 급속히 증가한다. 특히 괴테는 실러를 바이마르 자기 집에 장기간 체류로 초대하고(그중 가장 긴 기간은 1796년 3월 23일~4월 20일, 1799년 1월 4일~2월 7일), 예나에 갔을 때는 일상적으로 실러의 집을 자주 찾는다. 실러가 예나에 거주했던 1799년까지는 이런 식의 만남이 지속되었다. 이를 통해 두 사람은 자신들의 삶과 문학을 위해 서로가 서로에게 필요한 존재라는 것을 인식한다(이를테면 1797년 7월 21일 자 실러 편지, 1799년 5월 29일 자 괴테 편지, 또한 1795년 3월 18일과 1796년 7월 5일 및 1797년 4월 26일 자 괴테 편지, 1796년 7월 2일과 1797년 1월 11일 자 실러 편지). 두 사람이 만났을 때 대화의 내용은 편지를 통해 짐작할 수 있고, 그들의 편지는 이후 대화를 통해 이어졌음을 알 수 있다. 괴테와 실러 사이의 서신은 이것을 보여 주는 기록이라 할 수 있다.

서한집의 또 다른 내용 내지 주제는 문학잡지의 출간과 문학 작품의 집필을 위한 협력과 의견 교환이다. 이것은 『괴테와 실러의 편지 왕래』를 두 사람의 생산적인 문학 교류를 보여 주는 기록으로, 또한 괴테와 실러의 주요 문학 작품의 생성의 기록과 그 해석을 담은 작품으로 평가할 수 있게 만든다. 여기에는 두 사람의 서신이 시작된 계기라 할 수 있는 《호렌》 문예지에 대한 협력과 참여에 관한 내용, 실러가 계획한 《문예 연감Musen-Almanach》의 간행, 괴테의 『독일 피난민들의 대화Unterhaltungen deutscher Ausgewanderten』와 『빌헬름 마이스터의 수업시대』의 원고에 대한 생산적 검토와 의견 교환, 실러와 공동 작업을 한 작품 『크세니언Xenien』 작업, 실러의 철학적 문학론 『이성과 감성 문학에 대해Ueber naive und sentimentalische Dichtung』, 괴테의 서사 작품 『헤르만과 도로테아Herrmann und Dorothea』, 실러의 3부작 비극 작품 『발렌슈타인Wallenstein』 등의 집필과 이에 대한 의견 교환을 들 수 있다. 또한 실러에게 중요한 칸트 철학 연구와 이에 대한 괴테의 입장도 이들의 편지를 통해 짐작할 수 있다.

1799년부터 두 사람의 서신이 그전에 비해 뜸한 것을 알 수 있다. 그것은 적어도 실러가 볼 때 괴테에게 이유가 있었다. 그는 괴테의 문학 작업이 이전처럼 활발하지 않다고 봤고, 괴테에게 다시 창작에 전념할 것을 촉구한다. 이것을 보면 두 사람 모두 그들의 서신 교환을 무엇보다 각자의 문학 작업을 돕고 자극하는 수단으로 여겼음을 짐작할 수 있다. 실러는 이 시기에 『발렌슈타인』을 완성하고 비극 『마리아 슈투아르트Maria Stuart』를 집필했다. 또한 《문예 연감》의 마지막호 발행과 그곳에 실린 서정시 「종의 노래Das Lied von der Glocke」를 완성한 것도 이 시기다.

1799년 12월 3일 실러는 예나에서 바이마르로 거주를 옮긴다. 두 사람은 바이마르에서 지척의 거리에 거주한다. 이것은 오히려 두 사람의 서신 왕래를 급격히 줄어들게 만든다. 즉 이후 1805년 실러가 죽을 때까지 교환된 서신의 양은 전체 서신에서 겨우 20%를 웃도는 정도를 차지한다. 아마 편지보다는 직접 만나 나눈 대화가 더 많았을 것으로 짐작할 수 있다. 이 시기 편지에 드러난 문학 작업으로 실러는 『마리아 슈투아르트』와 더불어 『데메트리우스Demetrius』, 『오를레앙의 처녀Jungfrau von Orleans』, 『빌헬름 텔Wilhelm Tell』 등의 희곡 집필, 괴테는 『파우스트』와 『서출의 딸Die natürliche Tochter』, 『라모의 조카』, 『이피게니에 Iphigenie』 등의 다양한 장르에 대한 작업을 했음을 알 수 있다.

수용과 평가

이 작품이 출간되자 많은 관심이 쏟아졌다. 평가는 비난과 비판에서부터 긍정과 존경까지 다양했다. 현재 이 작품은 독일 문학의 귀중한 작품이자 자료로 평가받는다. 이런 시각에서 이 작품의 수용에 중요한 역할을 한 자료를 들자면, 《학술비평연감Jahrbücher für wissenschaftliche Kritik》(1829)에 실린 바른하겐 폰 엔제Carl August Varnhagen von Ense의 평, 라이프치히 잡지 《헤르메스Hermes》(1830)에 실린 익명의 평, 하인리히 된처Heirnrich Düntzer의 평전 『실러와 괴테. 실러와 괴테의 서신 왕래에 대한 조망과 해설Schiller und Goethe. Uebersicht und Erläuterungen zum Briefwechsel zwischen Schiller und Goethe』(1859) 등을 들 수 있다. 이후 게오르크 루카치Georg Lukács(1938), 일제 그라함Ilse Graham(1978), 미하엘 뵐러Michael Böhler(1980) 등의 논문들도 흥미 있다.

이 작품은 18세기 후반부터 19세기 초반까지 계속된 독일 문학의 발전과 황금기의 한 성격을 보여 주는 중요한 기록이자 작품이다. 또한 두 사람의 편지는 독일 문학에 나타난 계몽주의와 고전주의의 성격을 가늠할 수 있게 하는 자료로도 귀중하다.

조우호

GOETHE
LEXIKON
II

샤를로테 폰 슈타인과 서신 왕래

괴테가 샤를로테 폰 슈타인Charlotte von Stein(1742–1827)과 주고받은 편지인 『샤를로테 폰 슈타인과 서신 왕래Briefwechsel mit Charlotte von Stein』는 바이마르 공국에서 괴테의 정치적, 문화적, 외교적 삶과 더불어 두 사람이 얼마나 밀접한 관계를 맺었던가를 입증하는 자료이다. 바이마르 공국의 교통부처 수장 격이었던 슈타인 남작의 부인이었을 뿐만 아니라 이미 16세의 나이로 여관女官, Hofdame직에 임명되어 궁정으로 들어와서 안나 아말리아 공작부인을 보필했고, 사교계와 문화계의 핵심 인물이 되었던 슈타인 남작부인은 문학과 그림 등 예술에 조예가 깊어 바이마르 궁정 생활 초기의 괴테에게 큰 영향을 미쳤다. 칼 아우구스트 공작의 초청을 받아서 1775년 11월에 26세의 문학청년으로 바이마르에 도착한 괴테는 곧 12월 초에 일곱 살 연상인 슈타인 남작부인을 만나게 되고, 1776년부터 그의 이탈리아 여행 마지막 시기인 1788년 5월까지 1,650통의 편지와 쪽지Zettelgen를 그녀에게 보냈다. 이 서한들은 괴테의 정치적 역할과 창작 활동을 보여주는 한편, 그가 슈타인 부인에게 내면 깊이 이끌렸으며 바이마르

생활 첫 십 년 동안 그의 모든 활동들이 그녀와 밀접한 연관을 맺고 있다는 것을 증빙한다. 괴테는 편지를 통해 공무를 수행하기 위한 출장 여행이나 업무들에 대해서 슈타인 부인에게 알렸고 자신의 창작 계획의 개요나 자연과학적 연구들에 대해서 보고했으며, 그녀와 같이 식사를 하거나 음악회에 가고 소풍을 가는 약속을 전하는 등 공적으로나 사적인 자신의 모든 활동들에 대해서 썼다. 괴테가 슈타인 부인에게 보낸 편지를 모두 합치면 1,770통 이상이 된다. 편지의 수량에서 뿐만 아니라 깊은 신뢰와 친밀성을 담은 내용으로도 세계문학에서 유례를 찾기 힘든 사랑의 편지들이다. 그런데 괴테의 편지들, 특히 초기 십 년 간의 편지들에 대한 슈타인 부인의 회신은 남아 있지 않다. 괴테가 이탈리아 여행 중이던 1787년에 슈타인 부인은 자신이 괴테에게 보냈던 이전의 편지들을 돌려달라고 요청했고, 이때 반환된 편지들을 그녀가 소각했기 때문이었다. 슈타인 부인이 나중에 보낸 1794년부터 1826년까지의 편지만 남아 있다. 그러나 괴테가 보낸 편지는 슈타인 부인이 보관하고 있었다. 그 중 괴테가 이탈리아 여행 중에 보냈던 편지들은 1816년에 괴테가 『이탈리아 기행』을 쓰기 위한 자료로 반환을 요청해서 저자에게로 돌아갔고, 나머지는 그녀의 사후 아들 프리츠가 보관했다가 1848년에 처음으로 출판해서 세상에 공개되었으며 이후 최근까지 여러 차례 간행되었다.

괴테가 슈타인 부인에게 보낸 편지 중에서 가장 최초의 것인 1776년 1월 7일자 편지를 보면 편지의 어조와 편지지의 크기가 특이하다는 것을 알 수 있다. 불과 몇 주일 전에 직접 만났던 여성에게 보낸 편지로서는 정도 이상으로 친밀한 어조를 사용하고 편지지는 당시의 관습에 비해서 작다는 점이 눈에 띈다. 이러한 특징의 편지를 괴테는 같은 달에도 12회 더 보냈고, 스스로 칭한 대로 "편지 병Billets Kranckheit"에 걸린 사람처럼 매일, 또 하루에도 여러 번 편지를 보내곤 했다. 편지와 함께 선물도 함께 보내졌다. 1777년 3월 13일 자 편지에서는 이 선물들에 대한 설명이 곁들여져 있는데 슈타인 부인에게 보내는 편지를 "헌물 없이는 신들에게로 다가갈 수 없었던 옛 교회"의 전통에 비유했다. 바이마르에 온 이후 첫 4년 동안 보낸 편지 중 거의 삼 분의 일에서 선물을 같이 보냈다는 것을 확인할 수 있다. 괴테가 보낸 선물은 꽃은 물론이고 자신의 정원에서 재배한 과일이나 채소도 있었으며, 직접 그린 그림이나 자신 글도 있었다. 1777년 5월 25일 자 편지에는 『스텔라Stella』, 『에르빈과 엘미레Erwin und Elmire』를 비롯해서 그의 창작 초기 글들이 함께 보내졌다. 괴테는 자신의 머리카락을 그녀에게 보낼지에 대해서도 여러 차례 고려하기도 했다. 그가 보낸 다양한 선물들은 항상 그 자신을 직접적으로 나타내는 일종의 그의 분신 같은 물건들이었고 슈타인 부인으로부터도 그러한 선물들을 받고자 했다. 물론 슈타인 부인도 풍성한 선물을 보내곤 했다. 소세지 등의 식료품이나 의복, 원고, 그림 등이 화답으로 괴테에게 보내졌다. 특히 그림을 세계 인식의 중요한 매체로 생각했던 괴테는 1776년 4월 13일 자 편지에서 슈타인 부인에게도 스케치 연습을 많이 하도록 권유했고, 6월 24일 자 편지에는 그가 이전에 그린 도화圖畵들을 보냈는데 그중에는 "슈튀처바흐 지대Stützerbacher Grund"와 "헤르만슈타인의 동굴Höhle am Hermannstein"과 같은 연필화도 들어 있었다. 그해 8월 6일에는 괴테와 슈타인 부인이 헤르만슈타인 동굴을 같이 방문하기도 했다. 괴테는 튀링겐 숲이나 바르트부르크성, 또는 하르츠산맥이나 스위스(1779년 말)든 어디로 가든지 간에 항상 그림을 그려서 자신이 본 것을 슈타인 부인도 볼 수 있도록 원했다는 것을 편지글에서 읽게 된다. 슈타인 부인도 이에 대한 보답으로 그녀의 피르몬트

Pyrmont 여행이나 코흐베르크Kochberg에 있는 자신의 저택 그림들을 보내왔다.

괴테의 편지들은 슈타인 부인에 대한 지치지 않는 열정과 사랑의 표현이었지만 편지들에서 다루는 주제는 집안일이나 가족사를 포함해서 그들이 같이 읽은 책 이야기, 식물이나 광물에 대한 관심사, 연극, 자신의 문학 작품 집필, 일름 강변 지대의 공원 개조에 이르기까지 매우 다양하다. 바이마르 공국의 여러 지역을 여행할 때에 보낸 편지들에서는 공무에 관한 언급도 많다. 샤를로테에게 보낸 괴테의 편지는 실로 모든 생활 영역과 창작 영역에 관한 것이었으며, 그가 편지의 수신자인 그녀와 얼마나 복합적인 관계 속에 들어있는가를 알게 해준다. 괴테가 바이마르에 도착한 이듬해인 1776년부터 슈타인 부인은 괴테에게 매우 특별한 의미를 지닌 가장 중요한 인물이었고, 이전의 어느 누구보다도 더 오랜 기간 동안 그의 멘토로서 예술 창작에 영감과 원동력을 부여했다. 슈타인 부인 역시 시인이자 화가이며 바이마르의 고위 공직자이고 모든 학문에 조예가 깊었던 괴테와의 교류를 통해서 예술과 학문 영역에서 큰 정신적 영향을 받았다.

그러나 1786년 9월에 괴테가 사전 예고도 없이 이탈리아로 여행을 떠나 거의 2년 가까이 머물다 돌아옴으로써 두 사람의 친밀했던 관계는 완전히 냉각되었다. 이탈리아에 체류하는 동안에도 괴테는 슈타인 부인에게 편지들을 보냈지만 돌연 바이마르를 벗어났던 그의 태도는 슈타인 부인으로서는 이해되지 않는 상처였고, 그가 바이마르로 귀환한 후에도 그녀는 그에 대한 실망감과 불쾌감을 노골적으로 드러냈다. 여행에서 돌아와서 1788년 9월에 괴테가 코흐베르크의 저택으로 슈타인 부인을 찾아간 것이 그곳으로의 마지막 방문이 되었을 정도로 두 사람의 관계는 단절되었다. 그런 후 오랜 시간이 지나서야 비로소 그들의 관계는 재개되었다. 특히 1801년 괴테가 중병에 걸렸을 때 슈타인 부인이 그의 건강에 대한 염려어린 관심을 보였고, 1805년 실러가 사망했을 때 친구를 상실한 아픔을 두 사람이 함께 나누었다. 이러한 계기들을 통해서 옛 우정이 어느 정도 회복되었지만 그것은 괴테가 바이마르에서 보냈던 첫 십 년 간, 그녀에게 보낸 수많은 편지들에서 고백했던 그런 뜨거운 열정이 아니라 상대방에 대한 존경을 기반으로 한 노년의 우정이었다.

신혜양

Chapter Ⅸ

괴테와
세계/문화

GOETHE
LEXIKON
II

괴테와 경제

괴테의 생애와 경제

괴테는 평생 경제 문제에 관심을 가진 사람으로 볼 수 있다. 상업의 도시 프랑크푸르트(마인)에서 유복한 가정의 아들로 태어난 그는 어릴 적부터 경제와 돈이 무엇인지 익숙하게 경험했을 것이다. 이후 젊은 나이에 바이마르로 이주해서 바이마르 공화국의 행정과 정치의 핵심 인사로 일을 했다. 그의 일에 경제 문제는 아주 중요했다. 공국의 재정과 세금 제도의 개혁은 그가 특히 관심을 가진 문제였고, 자원 개발과 도로와 같은 공공 인프라의 구축 역시 그의 업무이자 관심사였다. 이런 행정 및 정치 활동은 사실상 노년에 이르기까지 직간접적으로 계속되었다. 따라서 국가의 경제 문제에 대한 그의 관심은 자연스럽게 당대의 주요 경제 사상과 이론에 대한 관심과 연구로 이어졌다고 판단할 수 있다.

괴테와 중농주의 경제 사상

괴테의 경제적 지식과 관련해서 독문학자 샤가브Pierre-Paul Sagave는 괴테가 당대의 중농주의 사상에 영향을 받아 중농주의자 시각을 가지고 있었다고 평가한다. 당대 프랑스의 중농주의 사상에 가장 관심을 가진 지역이 독일어권 국가라는 것을 생각하면 설득력 있는 주장이다. 하지만 괴테가 프랑스 중농주의자 누구와 그리고 그들의 어떤 저술을 접했는지는 구체적으로 알려져 있지 않다.

중농주의 이론은 프랑스의 케네François Quesnay(1694-1774)에서 확립되었다고 할 수 있다. 그의 저서 『경제표Tableau économique』(1758)는 그 대표적 저술이라 할 수 있다. 케네의 중농주의 사상은 중농주의Physiokratie(자연의 지배Herrschaft der Natur)라는 표현에서 알 수 있듯이, 자연에 나타난 (유기적 질서가 아닌) 기계적 질서를 국가와 경제에 그대로 실천해야 국가의 정치와 경제가 발전한다는 철학—'자연적 질서ordre naturel'의 지배—에 기초한다. 그와 그의 후원자인 미라보 후작Marquis de Mirabeau(1715-1789)의 중농주의는 이런 질서를 정당한 분배와 세금—미라보의 『세금이론Théorie de l'impôt』의 단일 세금론Impôt unique—문제에도 적용하고 이것을 실행하는 것이 국가 정치의 정의라고 생각했다. 그가 주장하는 경제의 생산과 분배의 자연적 질서는 농산물의 생산과 분배의 기계적 질서라 할 수 있다. 여기서 생산이란 자연의 생산, 즉 농지에서 생산되는 생산물에 한정된다. 상업은 생산된 것을 다른 곳으로 옮기고 판매하는 일을 하는 것으로 자연적, 즉 원래 의미의 생산과는 무관하다고 생각했다. 이런 기계적 질서는 사회를 세 계급으로 분류하게 만든다. 농산물의 생산에 종사하는 자영 소작농 집단을 생산 계급la classe productive, 이들의 생산을 분배하는 지주 및 귀족 집단을 분배계급la classe distributive/la classe des propriétaires, 농업 생산물이나 농업 생산물을 (원료로 해서) 다른 형태의 상품으로 만들어 사람들에게 판매하는 상인 집단인 비생산계급la classe stérile으로 분류하는 것이다. 이 세 집단이 어떻게 농산물에서 얻어지는 수확을 분배하고, 경제 활동에서 소비하며, 다시 생산에 투입하는지, 즉 국가 경제의 생산과 소비, 투자의 순환을 엄밀하고 단순한 기계적 구조를 통해 보여 주는 것이 케네의 『경제표』라 할 수 있다. 아울러 경제의 이런 자연적 질서를 위해 중농주의는 농산물의 자유로운 수출입과 영업(무역)의 자유, (자연적 질서인) 경제 활동에 대한 국가의 간섭을 최소화할 것도 주장한다(자유방임/레세페레Laissez-faire 경제학).

괴테가 케네의 이론과 저술을 직접적으로 접했다는 증거는 없다. 다만 괴테는 독일의 충실한 케네주의자인 슐레트바인Schlettwein(1731-1802)의 (중농주의 사상의 핵심을 알려 주는) 긴 제목의 저술(『Johann August Schlettwein: Die wichtige Angelegenheit für das ganze Publicum: oder die natürliche Ordnung in der Politik überhaupt, besonders aber die allgemeine Freyheit im Handel und Wandel; Die ungestöhrte Ein- und Ausfuhr des Getraides; Die Ordnung der Vollkommenheit in der Cultur der Ländereyen, und in dem Verbrauche der Waaren; Die zur Wohlfahrt der Staaten einzuführende einzige Auflage auf den reinen Ertrag der Grundstücke, und die damit zu verbindende Einrichtung des Frohn-wesens. Carlsruhe 1772』)을 잘 알고 있었다. 케네의 중농주의 사상을 충실히 전파하는 슐레트바인의 저서(제2증보판)를 괴테가 소장한 개인 도서에서 찾을 수 있기 때문이다(Schlettwein: Die wichtigste Angelegenheit für das ganze Publicum oder die natürliche Ordnung in der Politik entwickelt. 2. verb. u. verm. Aufl. mit einigen Zugaben. Theil 1. Carlsruhe 1776). 괴테가 케네의 이론을 전체적으로 연구했다는 증거는 없지만, 슐레트바인의 교조적 케네주의는 오히려 괴테에게 거부감을 일으켰음을 짐작할 수 있다. 괴테의 정치와 행정 문서Amtliche Schriften를 살펴보면, 국가 경제가 토지의 생산성에만 달려 있다는 생각이나 중농주의가 주장한 단일 세금에도 부

정적이었음을 알 수 있다.

세금 문제에서는 괴테에게 영향을 준 사람으로 괴테의 매제였던, 독일의 현실적 중농주의자 슐로서Johann Georg Schlosser(1739-1799)를 언급할 수 있다. 슐로서는 프랑스 중농주의에 관심이 많았던 바덴의 카를 프리드리히Carl Friedrich 변경백Markgraf(프랑스의 후작에 해당)의 궁정에서 일했다. 그는 바덴 궁정에서 (슐로서보다 먼저 일했던) 슐레트바인의 교조적 중농중의 정책을 수정했다. 괴테에게 미친 그의 영향을 문헌으로 정확히 분석할 수는 없지만, 적어도 괴테에게 중농주의를 당시 독일 실정에 맞게 적용해야 한다고 알려 준 경제학자로 평가할 수 있다. 행정가로서 괴테의 관심사는 중농주의 이론을 정책에 실행하는 것이었다. 이에 대한 대표적 예는 예나 인근 부르가우의 공국 직영지를 소규모의 농지와 임업 용지들로 분할하고 전환하는 사업을 들 수 있다. 추밀고문관 괴테는 이를 계획하고 성공적으로 수행했다.

케네의 사상을 이은 또 다른 대표적 중농주의자로 튀르고Anne Robert Jacques Turgot(1727-1781)가 있다. 그는 중농주의 이론가이자 프랑스의 재무총감(재무장관)으로 그것을 실천한 행정가라 할 수 있다. 괴테는 프랑스 왕의 중농주의적 경제 개혁에 대해 『시와 진실Dichtung und Wahrheit』에서 '전 세계에 대한 희망'이라고 극찬하지만, 당시 그 개혁을 실질적으로 추진한 튀르고의 이름을 언급하지는 않는다. 괴테가 튀르고의 경제 개혁에 대한 지식을 어떻게 얻게 되었는지를 알 수 있는 자료는 없다. 카를 프리드리히 바덴 변경백의 궁정에서 케네와 튀르고의 후계자라 할 수 있는 뒤퐁Dupont de Nemours(1739-1817)을 개인적으로 알게 되어 그를 통해서 튀르고의 사상을 알게 되었을 거라는 추측도 있다. 당시 뒤퐁은 튀르고의 실각 후 1776년 바덴으로 피신해 있었다. 또한 카를 프리드리히 궁정의 장관 빌헬름 폰 에델스하임Wilhelm von Edelsheim을 통해 알게 되었을 거라는 주장도 가능하다. 괴테는 그와 국가 경제에 관해 많은 대화를 나눴기 때문이다.

어쨌든 괴테는 튀르고의 사상과 개혁에 대해 적어도 간접적으로는 잘 알고 있었고, 이것은 그의 작품에서도 형상화되었다고 판단할 수 있다. 이를테면 튀르고는 소작 농부들이 농산물의 판매 이익의 일부를 (지주와 함께) 나눠 가질 수 있다고 주장했는데, 이것은 이를테면 『빌헬름 마이스터의 수업시대』의 지주 로타리오의 주장과 유사하다.

뫼저의 국가 경제 사상

괴테의 국가 경제관을 형성하는 데 있어 언급해야 하는 인물로 유스투스 뫼저를 들 수 있다. 독일 오스나브뤼크의 관료 정치인(추밀법률고문관)이자 역사가인 그의 저술 『오스나브뤼크의 역사Osnabrückische Geschichte』와 『애국적 환상Patriotische Phantasien』(1774) 등이 젊은 괴테의 (독일 역사에 기초한) 국가와 문화 이념에 끼친 영향은 괴테의 자서전 『시와 진실』에서도 언급되듯이 지대하다고 할 수 있다. 작은 바이마르 공국에서 관료와 정치인으로 일을 하게 된 계기도 뫼저의 사상이 작용했다. 뫼저의 영향은 비단 행정과 정치뿐만 아니라 경제에 대한 괴테의 시각을 형성하는 데도 적지 않은 영향을 준 것으로 짐작할 수 있는데, 당시 유럽에서 경제는 항상 정치경제학의 성격을 가지고 있었기 때문이다. 즉 경제의 이론과 실무는 항상 국가(궁정) 정치와 행정의 연장으로 인식되었다. 따라서 뫼저의 국가 이념이 괴테에게 영향을 줬다면 경제에 대한 그의 사상도 동일한 영향을 줬을 것으로 쉽게 짐작할 수 있다.

물론 뫼저는 경제 이론가는 아니었다. 그는 당시 (이를테면 프랑스에서) 유행하는 것처럼 '학문적 (경제) 이론'으로 국가를 운영하는 것은 어리석다고 했다(『애국적 환상』). 하지만 그의 저술과 글들에 나타난 경제 사상은 충분히 추적이 가능하다. 그는 독일의 역사적 국가 경제관의 바탕에서, 정치와 행정의 현장에서 획득한 자신의 경험적 인식을 더해 나름의 주체적 경제관을 형성했다. 당시 유럽의 주요 경제 사상인 중상주의(상업주의), 중농주의, 아담 스미스의 고전학파 경제 이론 등에서 볼 수 있는 것처럼 국가 경제에서 중요한 이슈는 노동(분업)과 생산, 세금(과세)과 국가 재정 그리고 돈과 부의 형성 등에 대한 것이었다. 이런 이슈에 대해 뫼저는 노동과 생산에 있어서는 일부 중농주의적(혹은 아담 스미스적) 시각을, 세금과 국가 재정에는 온건 자유주의적이며 실용적 시각을, 돈과 부의 형성에서는 윤리적이고 보수적 시각을 보인다고 할 수 있다. 물론 이런 평가는 그의 주장의 다양한 맥락에 따라 항상 달라질 수 있다. 핵심은 그의 경제관은 전통적 · 현실적 · 실용적이라는 것인데 이런 시각이 국가 경제의 현장에 있었던 괴테의 경제관으로 작용했을 수 있다.

괴테와 아담 스미스의 고전적 자유주의 경제 이론

고전주의 경제학의 대표자 아담 스미스 경제 이론이 괴테에게 준 영향을 살펴보는 것은 빠질 수 없는 중요한 부분이다. 아담 스미스Adam Smith(1723–1790)는 맬서스Thomas Robert Malthus(1766–1834)와 리카도David Ricardo(1772–1823) 등과 더불어 (스코틀랜드를 포함한) 영국 고전주의 경제학의 대표자이자 현대 경제학의 원조라고 할 수 있는 인물이다. 그의 주저 『국부론An Inquiry into the Nature and Causes of the Wealth of Nations』(1776)에 나타난 경제 이론은 중농주의의 자유방임 경제 사상을 발전시켜 고전적 자유주의Klassischer Liberalismus 경제 사상을 구축하게 한다. 그의 경제 사상이 낙관적 고전주의 경제관을 대표하고 있다면, 맬서스와 리카도 그리고 존 스튜어트 밀John Stuart Mill(1806-1873) 등은 비관적 내지 회의적 고전주의 경제관을 보여 주고 있다.

경제학자이자 사상가 슘페터Joseph Alois Schumpeter는 아담 스미스의 『국부론』에서는 분석적 생각이나 방법론을 찾아볼 수 없다고 평가했다. 경제 이론에서 분석적 방법론이 본격적으로 사용된 것이 신고전주의(네오클래식)의 미시경제학부터라는 것을 생각하면 어쩌면 당연한 말이다. 그의 저작의 가치는 분석적 생각이나 방법론에 있는 것이 아니다. 아담 스미스가 『국부론』을 통해 가장 먼저 강조하는 것은 노동과 노동 분업의 가치라고 할 수 있다. 물론 이런 시각이 새로운 것은 아니다. 특히 노동 분업은 영국의 중상주의 경제 이론가 윌리엄 페티William Petty(1623-1687)가 시계 제조에서 분업의 예를, 독일의 중상주의 이론가 에른스트 루드비히 칼Ernst Ludwig Carl(1682-1743)이 (아담 스미스가 사용한) 핀 생산에서 분업의 예를 이미 언급하고 있다. 이탈리아와 프랑스 경제 사상가들도 분업과 그것의 생산성에 대해 지적했고, 아담 스미스의 스승 허치슨Francis Hutcheson도 이 점을 여러 번 논의했다.

아담 스미스의 업적은 노동과 분업의 가치를 보다 자세하게 설명해서 이를 대중화시키고, 노동을 경제(생산)의 가장 중요한 한 요소로 만들었다는 점이다(노동, 자본, 토지). 여기서 상품의 가격과 임금(또한 자본 이윤과 지대) 역시 노동에 기준한 고전주의 경제학의 가격과 임금 이론을 보여 주고 있다. 즉 임금은 노동 수요와 노동 상품의 가격에 따라 결정되고, 자본 이윤은 임금 증감과 반비례한다. 한 상품에 사용된 노동이 그 상품의 가치를 보여 주는 실제 척도이자 노동에 따른 가격이 실제 (자연적) 가격이다. 돈이란 노동의 명목 가격일 뿐이다. 즉 노동이 자본(내지 토지)보다 우위에 있음을 강조한다. 물론 스미스가 주장한 노동의 객관적 가치론은 이후 네오클래식에서는 주관적·상대적 효용 가치론으로 변화하지만, 그의 객관적 가치론에서도 교환가치와 연관된 주관적 가치를 역시 인정하고 있다. 그가 노동 가치론에서 보여 주려는 것은 경제 역시 자연에서 관찰할 수 있는 질서 혹은 자연적 상태—중농주의자들은 이것을 '자연의 질서'라 했다—를 반영해야 한다는 것이며, 이렇게 될 때 경제의 수익과 부가 창출된다는 신념에 따른 것이다. 즉 그가 말한 가치의 객관성은 자연의 객관적 질서와 연결되는 시각이라 할 수 있다.

다음으로 경쟁에 대한 시각이다. 보통 한 상품의 시장 가격은 노동에 따른 실제 가격과 일치하지 않는데, 이것은 주로 시장의 경쟁 구조에 따른 현상이다 (독점, 과점, 자유 경쟁 구조). 이때 독점이 가장 높은 가격을, 자유 경쟁에서 가장 낮은 시장 가격을 형성한다. 고전주의 경제학에서 경쟁을 강조하는 것은 여기에 있다. 시장 가격과 경쟁의 원칙은 이후 주류경제학(네오클래식, 케인즈주의, 뉴클래식, 뉴케인즈주의 등) 이론에서 (불)완전 경쟁 시장에서의 수요와 공급, 가격과 시장 균형에 대한 이론 등으로 발전한다.

또한 생산성을 개인의 소득과 국가의 부를 증가시키는 요인으로 주장한다. 생산성을 증가시키기 위해서는 노동 분업과 더불어 노동의 생산성, 즉 생산적인 노동이 중요했다. 자본 역시 노동의 생산성을 증가시키는 요소로 작용한다. 이때 자본은 그 자체가 아니라 생산 활동에 사용될 때 (투자) 생산성을 증가시킨다고 설명한다. 현대 경제학의 생산과 경제 성장 이론에서 긍정하는 자본의 축적 자체는 옹호하지 않지만, 그것이 생산을 위해 사용된다면 역시 생산성 증대에 기여할 수 있는 것으로 암시한다(생산성과 성장, 투자의 이론).

시장의 자율적인 기능—'보이지 않는 손'—에 대한 지적은 그의 경제 사상에서 무엇보다 잘 알려진 부분이다. 인간의 본성과 윤리 및 자유주의에 근거한 그의 경제 사상을 대표하는 시장의 '보이지 않는 손'이라는 비유는 물론 완전히 독창적이라 할 수는 없다. 프랑스 (백과전서) 사상가들은 한번 감은 시계태엽이 자동적으로 작동하는 비유를 사용해서 세계는 자율적으로 기능한다는 것을 지적하는데(기계적 세계 질서), 스미스의 이 비유와 크게 다르지 않다. 다만 그는 인간의 본성과 윤리를 자유주의 경제 사상과 연결하고 있다는 점이 다를 뿐이다. 하지만 보이지 않는 손에 가려서 그가 이후에 지적한 점을 간과하면 안 된다. 즉 스미스는 보이지 않는 손에 의한 시장의 자율성 역시 경우에 따라 작동하지 않을 수 있다는 점도 지적하는데, 주로 (중상주의 정책에서도 볼 수 있는) 시장의 독점과 수익의 독점, (수공업 조합에서도 볼 수 있는) 경제 활동의 특권, 자유로운 경제 행위에 대한 부당한 억압(수출입 제한 등) 등의 경우를 언급한다. 이 경우 보이지 않는 손과 자유로운 시장 질서를 파괴하는 것을 막기 위해 국가(통치자)의 적절한 (시장) 개입은 정당하다고 강조한다. 또한 국가는 개인의 경제 활동을 포함한 자유와 사회 내부의 개인에 대한 억압과 불법적 폭력, 불의로부터 안전을 보장하기 위해 법질서를 강화하고, 자유로운 교역과 무역을 보장하며, 외부 침략으로부터 국가의 독립을 유지하기 위해 관세와 국가의 방어 무력을 구축할 것도 강조한다. 나아가 사회 내의 경제 활동을 촉진시키기 위해 도로 등과 같은 인프라를 구축하고, 가난한 하층민의 자녀들을 교육시키는 것도 국가의 의무(지출)임을 지적한다. 마지막으로 소득과 재산, 토지에 대한 세금과 과세 원칙(공평/동일 과세, 낮은 과세, 경제적 약자 배려 등), 생산적 활동에 사용되는 자본에 대한 가벼운 과세, 화폐의 (엄격한) 발행과 통화 관리, 국가 부채의 관리 등도 언급하고 있다. 이렇게 (계몽주의적인) 고전적 자유주의 경제 이론은 구축되었고, 이것은 이후 현재까지 자유주의 시장 경제 시스템의 핵심 사상이 된다.

괴테가 아담 스미스의 『국부론』을 직접 읽었는지 정확히 알려 주는 연구는 아직 없다. 하지만 그 내용을 독일의 스미스주의자라 할 수 있는 괴팅겐 대학의 (경제)역사학자 자르토리우스Georg Sartorius(1765–1828)를 통해 충분히 알았을 것으로 판단할 수 있다. 자르토리우스는 1796년 스미스의 저서를 충실히 축약해서 『핸드북Das Handbuch der Staatswirthschaft zum Gebrauche bey akademischen Vorlesungen nach Adam Smith's Grundsätzen』으로 발행하고, 1806년에는 제2판을 발행해서 이것을 자신의 논문과 함께 괴테에게 보냈기 때문이다. 또한 『국부론』은 발행되자마자 바로 독일에서도 번역되는 등 관심의 대상이었던 만큼 괴테 역시 자르토리우스를 통하지 않더라도 그 내용에 대해 살펴봤을 것으로 짐작할 수 있다. 다만 괴테의 경제관이 아담 스미스로부터 얼마나 영향을 받았는지 구체적으로 근거를 대기는 쉽지 않다.

평가와 과제

괴테와 경제 내지 경제 사상에 대한 연구는 19세기부터 시작되었고, 20세기까지 꾸준히 전개되었다. 비단 독일 문학뿐만 아니라 독일의 사상과 문화에서 괴테가 가지는 비중과 그의 영향을 생각하면 당연한 일이다. 괴테와 경제(사상)에 관련하여 경제학자들의 연구와 비경제학자(주로 독문학자)들에 의한 연구로 나눌 수 있다. 전자의 경우 좀바르트(Werner Sombart)(1928), 박사(Jakob Baxa)(1932), 코베르크(Fritz Koberg)(1932), 데브리츠(Walter Däbritz)(1949), 메츠너(Max

Metzner)(1955), 무테지우스(Volkmar Muthesius)(1955), 파우쉬(Alfons Pausch)(1961) 등을 들 수 있다. 후자는 주로 괴테의 문학 작품에 나타난 경제 사상을 살펴보는 연구들이 시도되었는데, 샤가브Pierre-Paul Sagave(1953/1968/1976), 클링엔베르크 Anneliese Klingenberg(1972), 블레신Stefan Blessin(1975), 메춰Thomas Metscher(1976), 말Bernd Mahl(1982) 등을 들 수 있다. 지금까지 주로 언급된 문학 작품은 『빌헬름 마이스터의 수업시대』, 『빌헬름 마이스터의 편력시대』, 『파우스트』 등이 대표적이다. 아쉬운 것은 이와 관련된 대부분의 연구가 괴테 작품을 당대의 경제 사상과 비교 분석하기 때문에 논의가 더 이상 전개되지 못하는 측면도 있다. 또한 작품에 나타난 괴테 경제 사상의 우월성을 주로 강조하는 연구 역시 논의를 독일 문학계에만 머물게 하는 한계를 가진다.

앞으로 괴테와 경제에 대한 연구가 성과를 거두기 위해서는 관련 문헌에 대한 발굴은 물론, 기존 자료에 대한 새로운 해석도 수행되어야 할 것이다. 또한 아담 스미스(『국부론』) 외의 고전주의 경제 사상가와 현대 경제학의 이론을 바탕으로 그의 작품을 해석하려는 노력도 있어야 할 것이다. 이를테면 위에 언급한 고전주의 경제 사상가, 네오클래식의 경제 모델, (뉴)케인즈주의 경제 모델, 하이에크의 시장 질서와 사회 규범 및 경쟁 관련 이론, 밀턴 프리드먼의 통화주의 등은 시사점을 줄 수 있다.

조우호

GOETHE
LEXIKON
II

괴테와 미국 독립

> 나는 그야말로 커다란 역사적 사건들이 마치 매일의 일과처럼 하루가 멀다 하고 일어나던 시대에 태어났기 때문에 커다란 이익을 봤지. 그런 대형 사건들은 내가 살아오는 동안 계속해서 벌어졌네. 그러기에 나는 7년 전쟁에서 시작해서 영국으로부터의 미국 독립과 프랑스 혁명 그리고 마침내는 나폴레옹 전성기부터 이 영웅의 몰락과 뒤따르는 사건들에 이르기까지 생생히 목격한 산증인이지. 그렇기 때문에 내가 도달한 결론이나 판단은 현재 태어난 사람들의 그것과는 전혀 다르다네. 그들은 그러한 대사건을 자신도 이해하지 못하는 책을 통해서만 접할 수밖에 없으니까 말일세.

괴테는 1824년 2월 25일, 에커만에게 18세기 후반에 일어난 세계사적 사건들, 이를테면 7년 전쟁, 영국으로부터의 미국 독립, 프랑스 혁명, 나폴레옹의 등장과 몰락 그리고 이후의 사태 등을 이처럼 회고하면서 자신을 시대의 산증인으로 추켜세운 바 있다. 그야말로 세기적 사건들의 목격자이던 괴테는 무엇보다도 프랑스 대혁명에 찬동하지 않았다. 마인츠 공화국을 건립하는 데 혁혁한 공을 세운 혁명론자인 포르스터Forster의 혁명 예찬에도 동감하지 않았다. 하지만 '미국 혁명'으로 일컬어지는 미국의 독립은 괴테에게 당시 영국 및 유럽 대륙을 풍미하던 계몽주의 철학의 긍정적 표출로 비춰졌다. "기요틴이 없는 공화국[뵈르네L. Börne]"인 미국은 당시 프랑스 혁명의 지속적 영향권에 있었으며, "미국의 미래는 덕망 있고 계몽된 시민으로 구성된 국가로 비춰졌다."

미국의 독립전쟁 전과 후, 이에 대한 괴테의 직접적 의사 표시의 증거를 찾기는 어렵지만, 괴테에게 적어도 미국 혁명은 헤르더의 관점에서 인류의 보편사적인 정치적 희망을 실현시킨 것으로 파악된다. 괴테는 프랑스 대혁명과 그 이후의 공포 정치에 앞서 동일한 계몽주의의 근원에서 파생된 유토피아적인 신세계가 미국 독립과 인권 선언으로 구체화된 바를 경험했다. 괴테는 말하자면, 미국을 도덕 공동체로서 바라보았던 것이다. 미국 혁명이야말로 구체제의 전복과 새로운 체제의 건설이라는 혁명적 계몽사상에 부응해 기존 질서에 대항하고자 일으킨 최초이자 프랑스 혁명에 대칭되는 가장 영향력이 큰 사건이었다. 미국 혁명은 "18세기 마지막 10년과 19세기 첫 10년간에 세계로 확산된, 역사가들이 소위 '혁명의 시대'라 부르게 된 시기의 일부이자 동시에 그 원인이기도 했다". 괴테에게 미국 혁명은 프랑스에서처럼 단적으로 보여졌던 근대적 혁명 이념들에 의해 추진된 혁명이 아니었고 프랑스 혁명을 극복하고 보완하기 위한 혁명으로 비춰졌던 것이다.

토마스 만이 "민주주의의 고전적 나라"로 미국을 거명했듯이, 괴테는 미국 독립의 혁명적 사건을 통해서 자유 쟁취를 위한 민주주의의 발전을 유심히 살펴보고 있었다. 다시 말해서 미국은 괴테에게 성숙한 사회를 갈망하는 "정치적 희망의 땅"으로 간주되었다. 괴테는 1775년의 방어적 성격을 지니는 무장 독립전쟁을 위시해 1776년 7월 4일에 행해졌던 미국 독립선언 등의 사건들을 암묵적으로 거론하면서 긍정적인 미국상을 표명했다. 이런 측면은 『시와 진실』에서 연방주의자인 프랭클린과 워싱턴을 높이 평가하는 대목에서도 확인된다.

> 이제 멀리 떨어져 있는 세계에서도 똑같은 사건이 되풀이되었다. 우리는 미국이 성공을 거두도록 빌었다. 프랭클린과 워싱턴의 이름은 정치와 군사 영역에서 찬란히 빛나기 시작했다.

프랭클린은 "결코 루소적 선동자가 아니라, '평화와 화해를 위해 통찰력 있는 제안을 행했던 매개자'"로 등장한다. 아울러 신대륙의 새로운 정치적 질서의 대변자로서 또 실천적 자연과학자로서도 나타난다. 이처럼 프랭클린의 등장은 괴테의 긍정적인 미국상에 크게 일조하고 있다. 기이한 것은 토마스 제퍼슨이 괴테의 주목을 받지 못했다는 사실이다. 제퍼슨은 전혀 언급되지 않고 있다.

미국의 정치적 유토피아에 대한 구체적인 암시들은 『빌헬름 마이스터의 수업시대』(이하 『수업시대』)에서 발견된다. 미국 독립의 산물인 인권 선언(1776)이 프랑스 인권 선언(1789)의 모델이었음은 역사적 정설이다. 『마이스터』의 두 연작 소설은 1776년 이후에 출간되었다. 『수업시대』가 미국 독립은 말할 것도 없고 프랑스 혁명과 실러와의 결합이 가능했던 이후에 출간되었으므로 프랑스 시민혁명의 결과로 나타난 폭력과 인명의 피해로 인해 혁명 자체에 대한 회의를 갖게 된 시기이자 실러의 『미학 편지』에서 보여지듯 조화의 사상 속에서 이상적 사회(미적 국가론)를 동경하던 때와 일치한다.

『수업시대』에서 주인공 빌헬름의 시민성과 나탈리에의 귀족성은 '탑의 결사'에서 조화되어 귀족적인 시민사회를 이루는데, 이는 바로 프랑스 시민혁명이 끝난 직후의 절대주의에 반하는 시대 상황과 대조된다. 프랑스 혁명 이후 전개되었던 정치 이념과 비교해 볼 때, 이와 같은 시민 계급과 귀족의 연대는 두 계급의 조화 가능성을 목표로 한다는 점에서 유토피아적이고 반동적인 성격을 지니게 된다. 따라서 '탑의 결사'가 내포한 정치성은 막 독립국가로 출발한 이상적 미국상이 투영된 괴테의 유토피아적 항명일 뿐만 아니라 나아가서 프랑스 대혁명에 대한 독일적 반동으로 이해될 수 있다. 참고로 카를 아우구스트 공의 둘째 아들인 바이마르의 베른하르트 왕자가 1825/26년에 출간한 미국 여행 기록이 괴테로 하여금 미국에 대한 관심을 크게 고조시켰는데, 이 여행기는 특히 『빌헬름 마이스터의 편력시대』(이하 『편력시대』)의 제2판본(1829)의 사회적 유토피아상에 영향을 끼쳤다.

로타리오의 귀국 그리고 정치적으로 진일보한 미국 체험을 토대로 사회적 혼란을 미리 예방하고자 하는 그의 토지관 등에서 보여지는 경제개혁 이념은 소위 '아래로부터의 폭력'(혁명)과 '위로부터의 폭력'(절대주의)을 동시에 지양하면서 혁명 없는 개혁을 지향하려는 괴테의 정치적 신념과 아울러 그의 미국관과도 어느 정도 관련성을 지닌다. 괴테는 『빌헬름 마이스터의 연극적 사명』을 개작한 『수업시대』의 제7권과 8권에서 로타리오를 통해 그의 공화주의적인 사회 정치적 사고를 표명하였다. 아우렐리의 애인 로타리오는 귀족 계급에 대한 면세 혜택을 스스로 포기하고 공평 과세 제도를 주장함으로써 개혁 귀족의 대변자로 등장한다. 소설 속의 로타리오가 지향하는 것은 분명 '혁명'이 아니고 귀족층을 중심으로 하는 점진적인 '개혁'이다. 점진적 개혁의 테마는 『수업시대』의 후속작인 『편력시대』에도 지속적으로 나타난다. 괴테가 당시 농지 개혁의 문제와 농업 경제와의 관련성을 주목 관찰했듯이, 소설에서 로타리오는 봉건제도를 폭력 없이 해체하려는 개혁, 이를테면 농민 해방, 균등한 세금, 권리의 평등 같은 개혁을 착수한다. '탑의 결사'는 사회적 변화를 혁명적 전복 없이 그리고 인간의 자유로운 상호 협동 생활을 개인적 인간관계의 총화로서 보장하는 조직이며 점차적인 사회적 안전이 실현되는 자유주의적 경제 단체로 기술된다.

'혁명의 시기'에 속해 있는 괴테의 정치적 사고에서 특징적인 것은 이처럼 '혁명Revolution'이 아니라 '진화Evolution'에 대한 구상이 피력되고 있다는 점이다. 따라서 실제적 현실과 다소 다른 미국이라 하더라도 괴테에게 미국의 독립 혹은 미국 혁명은 프랑스에서 진행되고 있는 혁명 사태에 대한 저항 모델로 간주될 수 있고 진화적인 역사발전의 모델을 내세우고 있다고 생각해야 할 것이다. 말하자면 괴테에게 미국은 프랑스 시민혁명의 자유, 평등, 박애에 대한 요청을 진정한 "인간 존중의 신념들"을 바탕으로 긍정적인 방식으로 성취한 나라로 간주된다. 이와 같은 괴테의 미국상은 이러한 정치적 전제들을 담고 있고, 보수적이고 반혁명적이며 시대 비판적이고도 이상향적인 사고를 함축하고 있다.

정원석

GOETHE
LEXIKON
II

화가 괴테

괴테는 어린 시절 그림 수업과 동판화 수업을 받았다. 당시 가정에서 그림 수업은 일반적인 교육과정 중 하나였다. 그는 많은 예술가와 교류하면서 예술가들과 공동 작업을 하기도 했고, 조형 예술에 대한 관심으로 미술관을 즐겨 찾았음을 자신의 『시와 진실』의 여러 곳에서 밝히고 있다.

그는 라이프치히대학 시절에도 독일의 화가이자 조각가 외저에게서 그림 수업을, 화가이자 동판화가 슈토크Johann Michael Stock(1737~1773)에게서 동판화 수업을 받았다. 이 시기에 동판화 외에도 괴테는 많은 스케치화를 남겼는데, 괴테는 한 소녀를 스케치한 자신의 작품을 '낙서Kritzeleien'라 평하고 있다. 그가 1774년부터 작업한 작품들에는 라바터Johann Kaspar Lavater(1741~1801)의 인상학에 영향을 받아 인물의 특징과 전형적인 요소를 포착하는 인물화가 많이 있다.

그는 『시와 진실』의 13장에서 자신이 화가가 되지 않은 이유를 재미있는 신탁으로 설명하고 있다. 그는 코브렌츠의 라 로슈 부인 집에서 편집자이자 자연연구가인 메르크Johann Heinrich Merck(1741–1791)를 만나기로 했다. 그곳으로 가는 도중에 괴테는 "만일 물에 떨어지는 칼이 우거진 버드나무에 가려 보이지 않을 때면" 화가가 되는 "희망도 노력도 버려야 한다"고 생각하고 칼을 던진다. 그런데 던져진 칼이 버드나무에 가려 보이지 않았지만, 반동으로 용솟음치며 보이게 된다. 괴테는 이 모호한 상황이 자신이 화가가 되지 말라는 신탁이라 생각해, 그림 그리는 일을 소홀히 했다고 밝히고 있다. 그러나 계속해서 그는 그림 그리는 일을 즐겨 했다. 그는 메르크에게 영향을 받아 풍경을 보는 즐거움을 알게 되었으며 그와 함께한 여행 중에 방문한 곳을 그렸다. 1775년에는 시인이자 번역가인 슈톨베르크Friedrich Leopold zu Stolberg 백작(1750~1819)과 스위스 여행을 떠나 많은 풍경화를 그렸다. 이곳에서는 주로 연필화로 작업했는데, 그중 대표적인 작품은 『로이스강의 폭포Wasserfall der Reuß』이다.

괴테는 바이마르 초기에서 1780년까지는 주로 초상화와 실루엣 그림을 많이 작업했는데, 그중 현재는 소수의 작품만이 보존되었다. 대표적인 것이 1777년 3월에 초크로 그린 슈타인Charlotte von Stein(1742~1827) 부인의 초상화이다. 그는 1784년 8월 8일부터 9월 14일까지의 하르츠 여행에서 화가 크라우스Georg Melchior Kraus(1737~1806)를 동반했다. 당시 괴테는 광석에 관심이 있었기에 크라우스는 많은 광물을 그려야만 했다. 후에 이 작업은 괴테의 자연 연구의 기초가 되었다. 괴테는 1784년 이후에는 해부학에도 관심을 가지기 시작하여 1786년의 스케치화 중에는 얼굴의 근육을 그린 작품이 많이 있다.

괴테의 그림은 1,000개 정도인데, 1786년 9월 3일에 이탈리아로 출발해 1788년 4월 고향으로 돌아오기까지 약 20개월의 이탈리아 체류 기간 동안 작업한 그림은 대략 850개다. 괴테가 이탈리아에서 작업한 그림들은 펨벨Gerhard Femmel이 편집한 『괴테 스케치화Corpus der Goethezeichnungen. Band Ⅱ Nr. 1-416. Italienische

Reise 1786 bis 1788. Die Landschaften』(1960)에서 볼 수 있다.

그는 1777년 11월, 첫 번째 하르츠를 여행할 때는 화가 베버Weber라는 이름을 썼으며, 이탈리아에서는 라이프치히 출신의 상인 혹은 화가 장 필리페 묄러Jean Philippe Möller, 필리포 묄러Filippo Möller, 밀러Miller라는 가명을 쓰면서 체류했다.

괴테가 이탈리아를 방문할 당시 로마에는 독일인 예술가가 80명 정도 활동하고 있었는데, 그는 이 중 3분의 1가량의 사람들과 친하게 지내며 교류를 했다. 괴테가 특히 친분을 가졌던 화가는 필립 하케르트Phillip Hackert(1737–1807), 빌헬름 티시바인Johann Heinrich Wilhelm Tischbein(1751–1829), 크니프Christoph Heinrich Kniep(1755–1825) 그리고 마이어Johann Heinrich Meyer(1760–1832)였다. 이들 중 마이어는 괴테의 노력으로 1792년 바이마르의 미술학교의 교수로 임명되었다. 또한 그는 마이어를 '예술 마이어Kunstmeyer'라고 칭하며 존중했고, 그와 함께 젊은 예술가들을 위한 경연 대회를 개최하기도 했다.

괴테는 로마에 도착해 팔라초 론디니니Palazzo Rondinini 건너편, 코르소 20에 있는 티시바인 집으로 이사하면서, 로마 체류 기간 동안에는 그와 가장 가깝게 지냈다. 이 집에는 화가 부리Freidrich Bury(1763–1823), 동판화가 립스Johann Heinrich Lips(1758–1817), 화가 쉬츠Johann Georg Schütz(1755–1813)가 함께 살고 있었다.

괴테는 이탈리아를 여행할 때도 화가들과 동반해 그림 수업을 받기도 했다. 『이탈리아 기행』 1786년 11월 15일 자 기록에도 화가 라이펜슈타인Johann Friedrich Reiffenstein(1719–1793)의 초대로 로마 근교 프라스카티Frascasti 근처를 여행할 때 하케르트와 동행했다고 밝히고 있다. 또한 1787년 6월 16일, 로마 근교 티볼리로 스케치 여행을 떠날 때에도 하케르트와 동반해 함께 그림을 그리며 그에게서 그림 그리는 법을 배웠다고 기록하고 있다. 또한 1787년 3월 23일과 24일 기록에 따르면 괴테는 크니프와 함께 나폴리 근교의 파에스툼을 함께 다녀왔다.

괴테는 1786년 9월 12일, 가르다 호수의 북쪽에 위치한 토르볼레Torbole에 도착하기 전 아디제Adige 강가에서 그림을 그리고 〈토르볼레의 항구Der Hafen von Torbole〉란 제목을 붙였다. 그는 자신이 스케치하는 방법을 다음과 같이 말하고 있다.

> 내가 앉아 있는 방에서 뜰 아래쪽으로 문이 나 있다. 나는 탁자를 문 앞으로 옮기고 몇 개의 선으로 경치를 스케치했다. 호수는 왼쪽 끝 부분만 제외하고 거의 전체가 시야에 들어온다.

화가 괴테의 그림은 세부적인 것보다는 전체적 인상에 관심을 가지고, "몇 개의 선"으로만 그린 풍경이 눈에 띈다. 그는 그림 그리는 작업에 대한 관심과 이탈리아에서 알게 된 화가들에게서 배운 그림 수업을 바탕으로 『빌헬름 마이스터의 편력시대』에서 빌헬름이 라고 마조레Lago Maggiore에서 만난 화가와의 에피소드를 그렸다.

그러나 안타깝게도, 괴테의 그림 능력은 아마추어 수준이라 평가될 정도이다. 그도 자신의 실력을 인지했는지, 1787년 2월 17일 나폴리에서 풍경을 그리려 시도하면서 다음과 같이 말하고 있다.

> 그러나 자신을 예술가와 비교할 필요는 없으며 오히려 나름의 고유한 방식대

로 처신해야 한다. (중략) 아무리 보잘것없는 사람이라도 가장 탁월한 존재로 인해 자신의 존재를 방해받지 않는 법이다. "작은 남자도 남자"인 것이다.

화가로서 스스로 한계를 느낀 괴테는 결국 로마 체류 말기인 1788년 2월 22일에 "로마에 비교적 오래 머물면서 얻은 수확은 조형 예술 훈련을 단념했다는 것"이라고 말하고 있다.

김선형

찾아보기

■ 주제어

■ 작품명

■ 인명

괴테사전 2

초판 인쇄　2021년 3월 15일
초판 발행　2021년 3월 23일

지은이　한국괴테학회
발행인　윤성우 Director, University Knowledge Press
편집장　신선호 Executive Knowledge Contents Creator
도서편집　장혜정 Contents Creator
이근영 Contents Creator
디자인　우승민 Designer
한지 Designer
재무관리　조아라 Managing Creator
전자책·사전　장혜린 Contents Creator
발행처　한국외국어대학교 지식출판콘텐츠원
02450 서울특별시 동대문구 이문로 107
전화 02)2173-2493~7
FAX 02)2173-3363
홈페이지 http://press.hufs.ac.kr
전자우편 press@hufs.ac.kr
출판등록 제6-6호(1969. 4. 30)
인쇄·제본　(주)케이프린텍 053)313-3673

ISBN 979-11-5901-855-8 [93850]　　정가: 20,000원

* 잘못된 책은 교환하여 드립니다.